Christoph Herder
Garantiert BASS lernen
für Vier- und Fünfsaiter

CD INSIDE

Übungen, Spielstücke, Play-Alongs im MP3-Format auch als ONLINE AUDIO!

Alfred

Impressum

Widmung

Für Milan

Danksagung

Mein Dank geht an alle meine Schüler, mit denen ich in den letzten zwei Jahrzehnten die Konzepte, die diesem Buch zugrunde liegen, erarbeitet habe.

Außerdem möchte ich mich ganz herzlich bei allen bedanken, die mich mit Rat, Tat oder sonstiger Unterstützung bei der Erstellung dieses Werkes bedacht haben:

Peter Brüning (Loud Audio), Christiane Herder, Hans-Erich Herder, Matthias Herder, Siggi Jäger (Human Base), Gernot Kögel, Christian Kussmann, Thomas Petzold, Jaques Ruppert (RMI), Philipp Salb (Musik Meyer), Lars Schurse, Peter Schwöbel, Marie-Christin Wolf

Christoph Herder spielt Bässe von Human Base (www.humanbase.de), die RMI Basswitch und Saiten von Ernie Ball.

ONLINE AUDIO – Note the code:

Zum Lieferumfang dieses Buchs gehört auch eine **CD im mp3-Format.** Das bedeutet, dass sie sich NUR auf mp3-kompatiblen Abspielgeräten wie Computer • mp3-Player u.ä. abspielen lässt, NICHT aber auf herkömmlichen Audio CD-Playern! Unsachgemäße Handhabung kann den Defekt eines nicht kompatiblen Abspielgerätes zur Folge haben! Eine Haftung des Herstellers ist ausgeschlossen! Solltest du **keinen adäquaten Player** besitzen, kannst du dir die dazugehörigen Dateien im mp3-Format auf unserer **Website downloaden:**

alfred.com/redeem:
Dein Password: 3943638294

Das gesamte Werk ist in allen seinen Teilen urheberrechtlich geschützt. Mit dem Kauf dieses Produkts übertragen wir dem Käufer das Recht, das Buch und die dazugehörigen digitalen Daten **ausschließlich für den persönlichen Gebrauch** zu nutzen. Jegliche Form der Verwendung außerhalb der engen Grenzen des Urheberrechts bedarf der vorherigen schriftlichen Zustimmung des Verlages. Dies gilt insbesondere für Vervielfältigungen wie Fotokopien, Einspeicherung und Verarbeitung in elektronischen Medien sowie die Übersetzung in eine andere Sprache oder Mundart. Jede Form der kommerziellen, nicht-privaten Nutzung ist ausdrücklich untersagt!

 *Autor und Verlag bestätigen, dass das vorliegende Buch und der beiliegende Datenträger sorgfältig erarbeitet und einer mehrmaligen, gewissenhaften Kontrolle unterzogen worden ist. Sollten Sie dennoch einen Fehler entdecken, würden wir uns über eine kurze Nachricht freuen.*

© 2018 / 2025 by **Alfred** Music Publishing GmbH
Lützerathstraße 127 • 51107 Köln (Germany)
alfred.com | garantiertbass.de
info@alfredverlag.de
Alle Rechte vorbehalten!
Printed in Germany

Covergestaltung: Thomas Petzold
Notensatz: Christoph Herder
Produktionsleitung: Thomas Petzold
Art.-Nr.: 20198G (Buch / MP3-CD)
ISBN-13: 978-3-943638-29-5
ISBN-10: 3-943638-29-4

CD-Produktion: Christoph Herder
Lars Schurse: Gitarre, Banjo
Christoph Herder: Bass www.bassklasse.de
Mix und Master: Gernot Kögel

Fotonachweis:
S. 8: Human Base
S. 9, 11: Musik Meyer
S. 10 (*alle außer unten*): Loud Audio LLC
S. 10 (*unten*): Mit freundlicher Genehmigung von www.thomann.de
S. 17 (*oben*): Andreas Huthansl
S. 17 (*unten*): Alfred Music
S. 59: DDrum
Peter Schwöbel www.photographenwerk.de:
Coverfoto, S. 15, 19, 20, 34, 35, 117, 151, 161

Vorwort

Hallo und vielen Dank,

dass du **Garantiert Bass lernen** erworben hast!

Ich freue mich sehr, dieses Werk selbst in den Händen halten zu können! Denn die Idee, eine Bassschule für Anfänger zu schreiben, trage ich schon lange mit mir herum. Als ich vor über 20 Jahren begonnen habe, meine Fähigkeiten am E-Bass weiterzugeben, gab es nämlich kein ausführliches, deutschsprachiges Lehrwerk, das meiner Vorstellung einer „guten" Bassschule entsprach.

Diese Not habe ich zur Tugend gemacht und selbst Unterrichtskonzepte entwickelt, die jetzt **Garantiert Bass lernen** zugrunde liegen. Für ein erfolgreiches Lernen sind vor allem klare Strukturen und kleine, logisch aufeinander aufbauende Schritte notwendig. Denn nur so kann man den Schüler quasi „an die Hand nehmen", und zwar auf allen Ebenen:

Mit **Garantiert Bass lernen** wirst du dir die technischen Grundlagen des E-Bass-Spiels (Haltung, Anschlag, Saitenwechsel, Greifen) und die speziellen Spieltechniken wie Dead Notes, Hammer On, Pull Off und Slides erarbeiten.

Auf der rhythmischen Ebene geht es von Viertelnoten über Achtel- bis hin zu Sechzehntelnoten. Auch Triolen, ternäre Rhythmik und das Spiel in verschiedenen Taktarten gehören dazu.

Für deine Praxis als Bassist ist es auch notwendig, dir ein grundlegendes harmonisches Handlungswissen anzueignen. Denn um eigene Basslinien bilden zu können, musst du wissen, *welche* Töne du *wie* verwenden kannst und *wo* sie auf dem Griffbrett liegen. Das beginnt hier bei den Grundtönen, geht über die Akkordtöne, Tonleitern, Pentatoniken bis hin zu diatonischen und chromatischen Durchgängen. In **Garantiert Bass lernen** gibt es neben vielen Spielstücken und Übungen auch ein Play-Along je Kapitel, bei dem keine Basslinie vorgegeben ist. Hier sollst du deinen eigenen Ideen entwickeln!

Auch die Frage, *wann* du welche Töne spielen kannst, wird geklärt. Im Bandkontext bildet das Schlagzeug gemeinsam mit dem Bass die Basis für die restlichen Musiker. Deshalb wird das Schlagzeug, seine einzelnen Instrumente und deren Zusammenspiel in Groove Analysen beleuchtet. Um dir einen stilistischen Überblick zu schaffen, stammen die Spielstücke aus ganz unterschiedlichen Genres wie Rock, Pop, Funk, Soul, Rhythm & Blues, Hip Hop, Blues, Jazz, Ska, Reggae, Surf und Country.

Da **Garantiert Bass lernen** für das Selbststudium konzipiert ist, sind alle Inhalte sehr klar und unmissverständlich aufgearbeitet. Sie führen dich Schritt für Schritt zu dem Ziel, mit dem Bass Musik machen zu können. Und zwar am besten in einer Band!

Dennoch kann ein Buch nie die intensive Interaktion einer Unterrichtssituation von Schüler und Lehrer ersetzen! Denn nur hier kann dir der Lehrer eine kompetente Rückmeldung zu deinem Spiel geben.

Bei speziellen Fragen zu **Garantiert Bass lernen** kannst du gerne Kontakt über die Website **garantiertbass.de** zu mir aufnehmen. Dort findest du auch MP3-Downloads und andere nützliche Informationen zu meinem Buch.

Ich wünsche dir viel Spaß mit dem E-Bass, diesem Buch und ein erfolgreiches Lernen!

Christoph Herder

Inhalt

Inhaltsverzeichnis

Vorwort 3

Vorbemerkungen 8
   Grundausstattung 8
      Instrument 8
      Verstärker und Lautsprecherboxen 10
      Stimmgerät, Basssaiten 11

Kapitel 1 12
   Allgemeine Musiklehre 12
      Notensystem, Notenschlüssel, Tabulatur 12
      Notennamen 13
      Taktarten, $\frac{4}{4}$-Takt 13
      Noten- und Pausenwerte 14
      Tempo 15
   Haltung des Instruments 15
   Stimmen des Instruments 16
      Leersaiten 16
      Stimmgerät, Referenzinstrument, Referenzton 17
      Konventionelles Stimmen der Saiten 18
   Anschlag 18
      Schlaghand, Position des Daumens, Wechselschlag 18
      Wiederholungszeichen 20
      Leersaiten-Etüde 1 21
   Saitenwechsel 22
      „rake", „left hand mute" 22
   Spielstück „*Four Quarters*" (Rock Blues) 23
      Doppelstrich, Schlussstrich, Haus 1 / Haus 2 25
      Saitenwechsel-Etüden 25
      $\frac{3}{4}$-Takt 25
   Viertel-Rhythmik 29
      Zählzeiten 29
      Leersaiten-Etüde 2 30
   Spielstück „*Smooth Flow*" (Soul Groove) 32
   Play-Along „*Home Coming*" (Rock Ballade) 33

Kapitel 2 34
   Greifhand 34
      Entspannungsübung 34
      Griffbrettübersicht Viersaiter – Stammtöne bis zum 5. Bund 36
      Griffbrettübersicht Fünfsaiter – Stammtöne bis zum 5. Bund 38
      Handposition 40
      Haltebogen 40
      Viertel-Etüden 40
   Dynamik 43
   Spielstück „*Steppin' In*" (Reggae) 44
   Intervall 45
      Halbton 45
      Quinte 45
   Wechselbass 47
      Kreuz-Versetzungszeichen (♯) 49
   Spielstück „*Rock 'Em Hard*" (Rock) 49
   Play-Along „*Beat The Train*" (Country Rock) 52

Inhalt

Kapitel 3 53
  Achtel-Rhythmik 53
    Achtelnoten und -pausen 53
    Zählzeiten 53
    Achtel-Etüden 54
    Der Punkt hinter einer Note 56
    Etüde mit punktierten Noten 57
    Schlagzeug-Notation 59
  „Amsterdam Groove" 59
    ♭-Versetzungszeichen 62
    Fermate (⌢) 62
  Spielstück „Arousing Bossa" (Latin Rock) 63
    Groove Analyse „Arousing Bossa" 64
  Dreiklänge 65
    Die Terz (große und kleine Terz) 65
    Dur-Dreiklang oder Dur-Akkord 66
      Arpeggios 66
    Moll-Dreiklang oder Moll-Akkord 67
      Arpeggios 67
      Grooves mit Dreiklängen 69
    Da Capo, No Chord, Unisono 69
  Spielstück „Little Rude Boy" (Ska) 71
    Groove Analyse „Little Rude Boy" 73
    Griffbrettübersicht Viersaiter – bis zum 12. Bund 74
    Griffbrettübersicht Fünfsaiter – bis zum 12. Bund 75
    Die 5-Bünde-Regel 75
    Dal Segno 76
  Play-Along „Surfing with the Munsters" (Surf-Rock) 76
    Groove Analyse „Surfing with the Munsters" 77
    „Surfing with the Munsters" 78

Kapitel 4 80
  Dur-Tonleiter 80
    Ganzton 80
    C-Dur Tonleiter 80
    Dein Griffbrett besser kennenlernen 81
      Tonleiter-Etüden 82
  Artikulation 84
    Tenuto 84
    Staccato 85
    Akzente 89
  Spielstück „Funky Fragments" (Funk-Pop) 89
    Groove Analyse „Funky Fragments" 91
  Die Dur-Tonarten mit Kreuz-Vorzeichen (♯) 92
    Tetrachord 92
    Die Kreuz-Tonarten (♯) 92
      Etüden in G-Dur 95
  Die Dur-Tonarten mit ♭-Vorzeichen 97
    Die ♭-Tonarten 97
      Etüden in F-Dur 100
  Spielstück „Cameo Appearance" (Hip Hop) 101
    Groove Analyse „Cameo Appearance" 103
    Der sus4-Akkord 104
  Play-Along „Better Have Mercy" (Soul Jazz) 105
    Groove Analyse „Better Have Mercy" 105

Inhalt

Kapitel 5 108
  Sechzehntel-Rhythmik 108
    Sechzehntelnoten und -pausen 108
    Zählzeiten 108
    Sechzehntel-Etüden 109
    Sechzehntelgrooves 112
    Senza rep., Con rep. 113
  Crescendo (cresc.), decrescendo (diminuendo) 114
  Spielstück *„You Got 2 B Funky"* (Pop Funk) 114
    Groove Analyse *„You Got 2 B Funky"* 116
    Dead Notes 117
      Dead Note-Etüden 118
      Sechzehntelgrooves mit Dead Notes 121
    Der verminderte Dreiklang 123
  Spielstück *„Swamp Soul"* (Soul-Funk) 125
    Groove Analyse *„Swamp Soul"* 126
    Der übermäßige Dreiklang 127
  Play-Along *„Watching Waterfalls"* (Pop) 129
    Groove Analyse *„Watching Waterfalls"* 129
    „Watching Waterfalls" 130

Kapitel 6 131
  Dur-Pentatonik 131
    C-Dur Pentatonik 131
    Dur-Pentatonik Etüden 132
    Dur-Pentatonik Grooves 134
    Auflösungszeichen 137
  Spielstück *„Donald's Tail Feather"* (Rhythm & Blues) 137
    Groove Analyse *„Donald's Tail Feather"* 139
  Moll-Tonleiter 140
    Natürliche A-Moll-Tonleiter 140
    Parallele Tonleitern, Parallele Tonarten 141
    Der Quintenzirkel 141
  Moll-Pentatonik 142
    A-Moll Pentatonik 142
    Moll-Pentatonik Etüden 142
    Moll-Pentatonik Grooves 144
  Taktwechsel 146
  Spielstück *„Hidden Observations"* (Funk) 147
    Groove Analyse *„Hidden Observations"* 148
  Play-Along *„Pentatonic Jungle"* (Funk-Pop) 148
    Groove Analyse *„Pentatonic Jungle"* 148
    „Pentatonic Jungle" 150

Kapitel 7 151
  Hammer On 151
    Hammer On – Etüden 152
    Grooves mit Hammer Ons 154
  Tonartwechsel (Modulation) 155
  Chromatik 156
  Bluestonleiter 156
  Spielstück *„320 Horsepower"* (Blues Rock) 157
    Groove Analyse *„320 Horsepower"* 159
  Diatonische Stufendreiklänge 159
    Stufendreiklangs-Etüden 160

Inhalt

Pull Off	161
Pull Off – Etüden	162
Grooves mit Pull Offs	164
Auftakt	165
Slash Chords	165
Spielstück *„Push And Pull"* (Soul-Funk)	166
Groove Analyse *„Push And Pull"*	168
Play-Along *„Keep Moving!"* (Pop)	168
Groove Analyse *„Keep Moving!"*	169
„Keep Moving!"	170

Kapitel 8 ... 171
- Vierklänge / Septakkorde ... 171
  - Major-Sieben Akkord ... 171
  - Dominant-Septakkord ... 171
  - Moll-Septakkord ... 172
  - Halbverminderter Septakkord ... 172
- Diatonische Stufenvierklänge ... 174
- Ternäre Rhythmik ... 174
  - Achteltriole ... 174
    - Zählzeiten ... 174
    - Achteltriolen-Etüden ... 175
  - Shuffle ... 177
    - Ternäre Notation ... 177
    - Shuffle Grooves ... 178
- Power Chord ... 179
- Spielstück *„Manic Three"* (Psychedelic Rock) ... 180
  - Groove Analyse *„Manic Three"* ... 182
- Slide ... 183
  - Slide-Etüden ... 183
  - Grooves mit Slides ... 184
- $\frac{6}{8}$-Takt ... 186
- Der 7(sus4)-Akkord ... 187
- Spielstück *„Haven of Tranquility"* (Jazz-Pop) ... 187
  - Groove Analyse *„Haven of Tranquility"* ... 189
- Play-Along *„A Trace of Pepper"* (Pop-Rock) ... 191
  - Groove Analyse *„A Trace of Pepper"* ... 191
  - *„A Trace of Pepper"* ... 192

CD-Trackliste ... 193
Stichwortverzeichnis (Register) ... 194
Ausklappbare Grifftabellen Vier- / Fünfsaiter

Vorbemerkungen

Die Grundausstattung

Um mit dem E-Bass richtig loszulegen, brauchst du – neben diesem Buch – noch ein paar Dinge. Da es besonders am Anfang etwas schwierig ist, sich einen Überblick über das Angebot zu verschaffen, möchte ich dir ein paar Tipps für den Kauf geben.

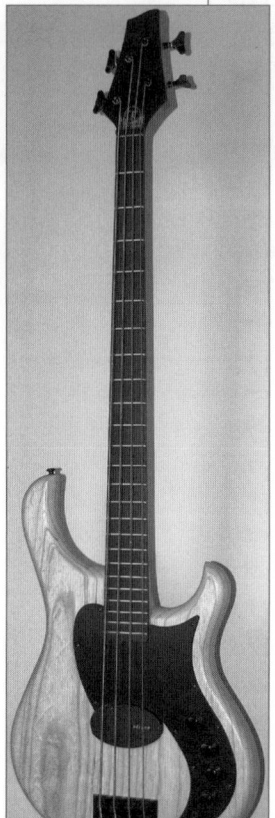

Das Instrument

Das Wichtigste ist natürlich das Instrument selbst. Zum einfacheren Lernen ist es am besten, ein hochwertiges Instrument zu kaufen. Denn je besser das Instrument ist, desto mehr Spaß macht das Spielen und desto schneller wirst du Fortschritte machen. Mit einen guten Instrument musst du nicht mit dem E-Bass selbst „kämpfen", sondern lediglich mit dessen Erlernen.

Im Gegensatz dazu stehen oft das eigene Budget auf der einen Seite und ein noch wenig Erfahrung auf der anderen Seite. Den Satz *„Für den Anfang reicht der Bass"* hört man in diesem Zusammenhang recht häufig. Und gänzlich falsch ist das auch nicht. Denn wenn du eine zeitlang auf einem günstigen Einsteigerinstrument gespielt und Fortschritte gemacht hast, wirst du ein Gespür dafür entwickeln, was dir an einem E-Bass gefällt und was nicht. Und dann wirst du vielleicht noch mal etwas Geld in ein hochwertigeres Instrument investieren.

Vier- oder Fünfsaiter?

Diese Frage solltest du dir als erstes stellen. Ich habe die Erfahrung gemacht, dass es für einen Anfänger nicht schwieriger ist, auf einem *Fünfsaiter* zu beginnen, als es mit einem *Viersaiter* ist. Die Auswahl an Viersaitern ist allerdings deutlich größer. Die Hälse sind meistens etwas schmaler und insgesamt etwas leichter als die ihrer fünfsaitigen Kollegen. Für einen Fünfsaiter spricht allerdings der nach unten erweiterte Tonumfang und die Möglichkeit für die Greifhand, in einer Position mehr Töne erreichen zu können.

Leider ist es aber deutlich schwieriger, einen fünfsaitigen E-Bass mit einer definierten, tiefen B-Saite zu bauen. Deshalb würde ich – solltest du dich für einen Fünfsaiter entscheiden – mindestens ein Instrument der Mittelklasse empfehlen.

Welches Holz?

Die Basis für den Klang eines E-Basses – auch wenn er elektrisch verstärkt wird – ist immer das Holz! Dein Instrument sollte deshalb aus massivem Holz bestehen. Die typischen Klanghölzer für den *Korpus* sind Esche und Erle, aber auch Mahagoni oder Linde. Für *Hälse* wird oft Ahorn verwendet, für *Griffbretter* – neben Palisander und Ebenholz – ebenfalls.

Die Konstruktion

Es gibt drei verschiedene Möglichkeiten, Basshälse und -korpusse zu verbinden. So gibt es Bässe mit angeschraubten Hälsen, wie sie von *Fender* populär gemacht wurden. Eingeleimte Hälse findet man – wie im klassischen Geigen- und Gitarrenbau – z. B. bei *Höfner*-Bässen. Als letzte Möglichkeit gibt es noch durchgehende Hälse, bei denen die Korpusflügel an den Hals selbst angeleimt werden. Neben *Gibson* oder *Rickenbacker* nutzen vor allem viele Nobel-Bassherteller diese Konstruktionsweise. Diesen drei Möglichkeiten liegen unterschiedliche Fertigungsprozesse zugrunde. Alle haben ihre Vor- und Nachteile, insbesondere aber unterschiedliche klangliche Auswirkungen. Einem Bass mit durchgehendem Hals wird oft ein längeres Ausschwingverhalten (*Sustain*) zugesprochen, einer Schraubhalskonstruktion eine schnellere Ansprache (*Attack*).

Die Grundausstattung

Die Mensur

Als *Mensur* eines Instruments bezeichnet man die Länge der schwingenden Saite, also der Abstand zwischen Steg und Sattel. Bei E-Bässen unterscheidet man zwischen **langer Mensur** (*Long Scale, 34" bzw. 86,4 cm*), **mittlerer Mensur** (*Medium Scale, 32" bzw. 81,2 cm*) und **kurzer Mensur** (*Short Scale, 30" bzw. 76,2 cm*). Die meisten E-Bässe besitzen eine lange Mensur, da hier die tiefen Saiten auch definiert und straff schwingen können. Ich empfehle dir deshalb, einen Bass mit langer Mensur zu kaufen. Solltest du aber sehr kleine Hände haben oder noch im Wachstum sein, kann auch ein Short Scale-Bass im Frage kommen. Bei Kindern liegt die „Mensurgrenze" zwischen dem 12. und 14. Lebensjahr.

Welche Tonabnehmer (Pick-Ups) / Elektronik?

Neben den Hölzern haben die verbauten *Tonabnehmer* und die Elektronik einen großen Einfluss auf den Klang deines Instrumentes. Üblich sind ein bis zwei Tonabnehmer, die sich in ihrer Lautstärke regeln lassen. Außerdem unterscheidet man grundsätzlich zwischen einer *passiven Elektronik* (ohne Batterie) und einer *aktiven Elektronik* (mit Batterie). Diese bietet meistens mehr Möglichkeiten, den Klang noch weiter zu formen. Aber auch ein passiver Bass mit nur einem Tonabnehmer muss nicht zwingend schlechter klingen als ein E-Bass mit zwei Tonabnehmern und einer aufwändigen, aktiven Elektronik.

Welche Farbe?

E-Bässe gibt es in allen möglichen Versiegelungen und Farben: Von geölten Naturhölzern über das klassische „Sunburst" hin bis zu den poppigsten Lackierungen kann man alles finden. Du solltest unbedingt einen Bass kaufen, dessen Farbe bzw. optische Ausführung dir auch gefällt! Denn dann macht es dir sicherlich mehr Freude, dieses Instrument auch oft in die Hand zu nehmen.

Das Gewicht

Wenn du also in einem Musikladen bist und einen Bass gefunden hast, der deine Grundkriterien erfüllt und dich anspricht, solltest du ihn dir zuerst an einem Gurt umhängen. Er sollte nicht zu schwer sein. Dabei ist alles *um 4 kg* herum leicht, *über 4,5 kg* wird es schon schwer. Fünfsaiter wiegen meistens etwas mehr als die entsprechenden Viersaiter. Am Gurt sollte sich der E-Bass in einer angenehmen Position einpendeln, die für den Bass-Hals bei ca. 30 Grad liegt. Der Bass sollte nicht kopflastig sein! Wenn die Kopfplatte in Richtung Boden zieht und du mit der Greifhand den Hals in Position halten musst, sind das keine idealen Voraussetzungen zum entspannten Spiel.

Bespielbarkeit

Für ein ermüdungsfreies Spiel ist neben einem angenehmen Gewicht auch eine gute Bespielbarkeit wichtig. Für die Greifhand bedeutet das: Alle Töne auf dem Griffbrett lassen sich gut erreichen, die Saiten leicht herunterdrücken und ohne Scheppern anschlagen. Die Saitenlage sollte dabei nicht zu hoch sein, damit der Kraftaufwand für deine Greifhand gering ist.

Welcher Gurt?

Damit dein E-Bass auch sicher an deinem Körper hängt, empfehle ich dir, einen möglichst breiten, gepolsterten Gurt zu kaufen. Dann kann sich das Gewicht des Instruments auf deiner Schulter verteilen, ohne Einzuschneiden. Auch sollte er ohne großen Aufwand in der Länge verstellbar sein. Für sichere Verbindungen zwischen Gurtenden und Endpins am Bass können sogenannte *Security Locks* sorgen. Sie verhindern ein versehentliches Abrutschen des Gurtes vom E-Bass und sind von verschiedenen Herstellern erhältlich.

Vorbemerkungen

Der Verstärker (Amp)

Es ist notwendig, den Klang deines Instruments durch einen Verstärker hörbar zu machen. Für das Üben zuhause gibt es eine ganze Reihe Übungsverstärker. Sie sind sogenannte *Combo-Verstärker* oder Combos, bei denen der eigentliche Verstärker und der Lautsprecher in einem gemeinsamen Gehäuse sitzen. In der Regel haben sie Ausgangsleistungen zwischen 10 und 100 Watt und je einen Lautsprecher der Größe 8", 10" oder 12". Achte beim Kauf auf Handlichkeit und darauf, dass der Verstärker den Klang in niedrigen bis zu mittleren Lautstärken voll und unverzerrt wiedergeben kann. Auch sollte er über eine grundlegende Klangregelung und einen zusätzlichen Eingang verfügen, um etwa einen mp3-Spieler oder eine andere Musikquelle einspeisen zu können.

Für das Spielen in einer Band sind diese Übungs-Combos allerdings nur bedingt geeignet. Denn sobald ein lauter Schlagzeuger mit im Raum ist, wirst du eine deutlich größere Verstärkerleistung benötigen, die eher bei 200 Watt anfängt.

Bei den bandtauglichen Verstärkeranlagen unterscheidet man zwischen *Combos* und *Topteilen* mit separaten *Lautsprecherboxen*. Dabei gibt es für die eigentlichen Verstärker die drei Bauformen **Röhrenverstärker**, **Transistorverstärker** und **Verstärker mit digitalem Schaltnetzteil**. Diese klingen grundsätzlich und auch je nach Hersteller recht unterschiedlich und haben wiederum Vor- und Nachteile. Hier würde ich – genau wie beim Bass-Kauf auch – den eigenen Geschmack entscheiden lassen.

Für **Lautsprecherboxen** werden üblicherweise 10"-, 12" und 15"-Lautsprecher verbaut. Dabei gilt der Grundsatz: Je mehr Membranfläche (also die Gesamtfläche aller Lautsprecher) du insgesamt hast, desto mehr Luft wird auch „bewegt" und desto satter wird dein Klang. Neben dem Verstärker ist also auch die Box ganz entscheidend für das Ergebnis! Mir persönlich gefallen die kompakten, direkten 10"-Lautsprecher am besten. Verschiedene Hersteller bieten hier die klassischen 4x10"-Boxen an. Aber auch die etwas größeren, oft mittiger wirkenden 12"-Lautsprecher sind seit ein paar Jahren sehr beliebt.

Das Kabel

Die Verbindung von Instrument zu Verstärker wird durch ein Instrumentenkabel hergestellt. Für den E-Bass ist das immer ein Kabel in Monoausführung, das an beiden Enden je einen 6,3mm großen *Klinkenstecker* hat.

Die Grundausstattung

Das Stimmgerät (Tuner)

Die verschiedenen Möglichkeiten, deinen E-Bass zu stimmen, erkläre ich in *Kapitel 1*. Am einfachsten ist das mit einem *elektronischen Stimmgerät*. Es gibt spezielle Stimmgeräte für E-Gitarren und E-Bässe und chromatische Stimmgeräte, die den gespielten Ton automatisch erkennen. Außerdem unterscheidet man zwischen Geräten, in die man den Bass einstöpseln muss, die ein Mikrophon besitzen oder schließlich einen piezokeramischen Tonabnehmer besitzen. Das ist vor allem bei den aktuell sehr beliebten *Clip-Tunern* der Fall. Sie werden einfach an die Kopfplatte geklemmt und nehmen die Schwingung des Instruments auf. Beim Fünfsaiter haben die meisten Clip-Tuner allerdings Schwierigkeiten, die tiefe B-Saite klar zu erfassen.

Clip-Tuner

Mittlerweile werden Stimmgeräte schon sehr günstig angeboten, die leider oft in der Stimmgenauigkeit und im Display klare Mängel haben. Für ca. EUR 20 bekommt man aber schon ein sehr genaues, chromatisches Stimmgerät mit einem eingebauten Mikrophon.

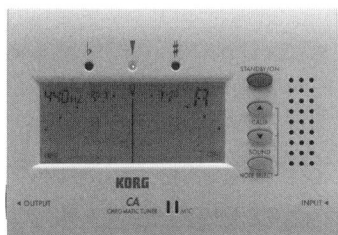
Chromatischer Tuner

Boden-Tuner

Welche Basssaiten?

Die Saiten, mit denen dein Bass bespannt ist, sind leider nicht unendlich haltbar. Sie sind Verbrauchsmaterial: Mit zunehmender Spieldauer werden sie stumpfer im Klang, sehr alte Saiten lassen sich auch nicht mehr gut stimmen. Manchmal passiert es auch, dass eine Saite reißt, was aber – im Gegensatz zu Gitarrensaiten – nur sehr selten passiert.

Je nach Nutzung solltest du deshalb deine Saiten alle paar Monate erneuern. Aus klanglichen Gründen empfehle ich dir, immer einen kompletten Satz zu tauschen, und nicht nur einzelne Saiten.

Basssaiten bestehen immer aus einem Kern und einer Umwicklung. Da die Tonabnahme beim E-Bass über elektromagnetische Tonabnehmer geschieht, sind die üblicherweise eingesetzten Materialien Legierungen aus *Stahl* oder *Nickel*. Stahlsaiten klingen oft etwas brillanter als Nickelsaiten, fühlen sich aber beim Anschlagen meist etwas stumpf an. Nickelsaiten „flutschen" dagegen besser und sind nicht ganz so spitz in den Höhen.

Außerdem unterscheidet man Saiten auch in ihrer Ausführung: Es gibt *ungeschliffene* (*Roundwound*) und *geschliffene* Basssaiten (*Flatwound*). Bei *Flatwounds* wird die Umwicklung noch geschliffen bzw. auf einen Ebene heruntergearbeitet. Das ist ein Arbeitsschritt mehr in der Fertigung, führt zu einer glatteren Oberfläche und damit zu einem weicheren Klangbild.

Beim Kauf solltest du auch auf die richtige Länge achten! Für jede Mensur gibt es auch die passenden Saiten, also *Short Scale*, *Medium Scale* und *Long Scale*. Auch die *Saitenstärke* ist entscheidend, sie wird in Zoll angegeben. Eine sogenannte „40er" G-Saite hat einen Durchmesser von 0,040" (Inch), was 1,016 mm entspricht. Je dünner eine Saite ist, desto leichter lässt sie sich bespielen, desto weniger durchsetzungsstark ist sie aber auch.

Für den *Viersaiter* empfehle ich dir deshalb ungeschliffene Saiten der Stärken 40 oder 45 (G-Saite), 60 oder 65 (D-Saite), 80 oder 85 (A-Saite) und 100 oder 105 (E-Saite). Die tiefe B-Saite deines *Fünfsaiters* sollte eine Stärke zwischen 120 und 130 besitzen. Bezüglich der Stärken eines Saitensatzes gibt es keine Normen, verschiedene Hersteller bieten unterschiedliche Sätze an. Deren Stärken sind meist gut aufeinander abgestimmt. Deshalb solltest du auch auf komplette Saitensätze zurückgreifen und dir keinen Einzelsaiten kaufen.

Kapitel 1

Das Notensystem

Musik wird mit Hilfe von Noten niedergeschrieben. Diese stehen in einem Notensystem, das aus fünf waagerechten Linien und den vier daraus resultierenden Zwischenräumen besteht. Dabei gilt, je höher bzw. tiefer eine Note im Notensystem notiert ist, desto höher bzw. tiefer klingt sie. Für Noten, die unterhalb oder oberhalb des Notensystems stehen, werden Hilfslinien verwendet.

Das Liniensystem

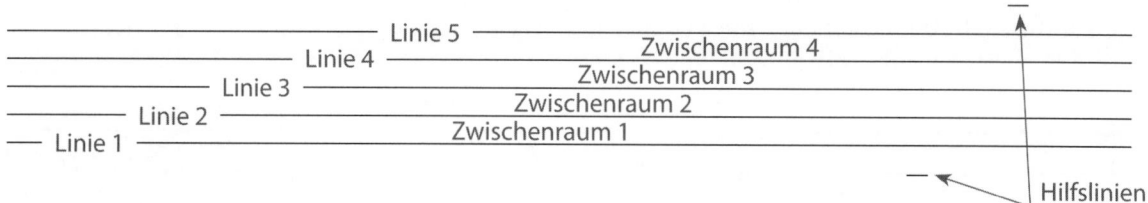

Der Notenschlüssel

Für den E-Bass wird im Allgemeinen der Bass-Schlüssel verwendet. Er wird auch F-Schlüssel genannt, weil er auf den Ton F auf der vierten Linie hinweist. Der E-Bass wird eine Oktave höher notiert, als er erklingt. Dies spart bei der Notation im gebräuchlichen Register viele Hilfslinien.

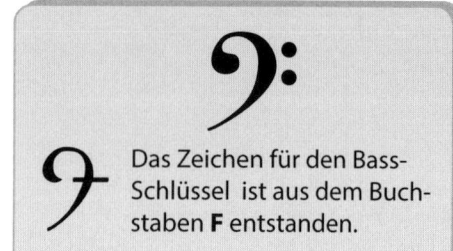

Das Zeichen für den Bass-Schlüssel ist aus dem Buchstaben **F** entstanden.

Notensystem mit F-Schlüssel, Ton F

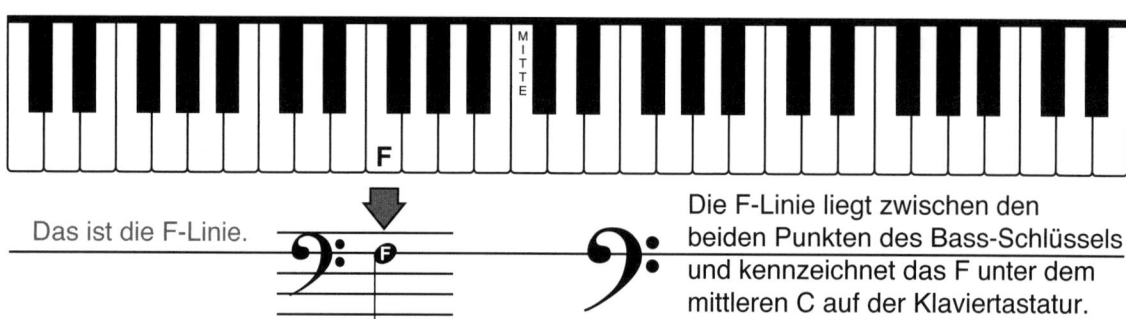

Das ist die F-Linie.

Die F-Linie liegt zwischen den beiden Punkten des Bass-Schlüssels und kennzeichnet das F unter dem mittleren C auf der Klaviertastatur.

Die Tabulatur

Außer dem herkömmlichen Notensystem werden in diesem Buch auch Tabulaturen verwendet. Dabei werden mit vier Linien die vier bzw. mit fünf Linien die fünf Saiten des Griffbretts dargestellt. Die notierten Zahlen auf den Linien geben den Bund an, auf dem gegriffen wird.

4-Saiter
Ton F

5-Saiter
Ton F

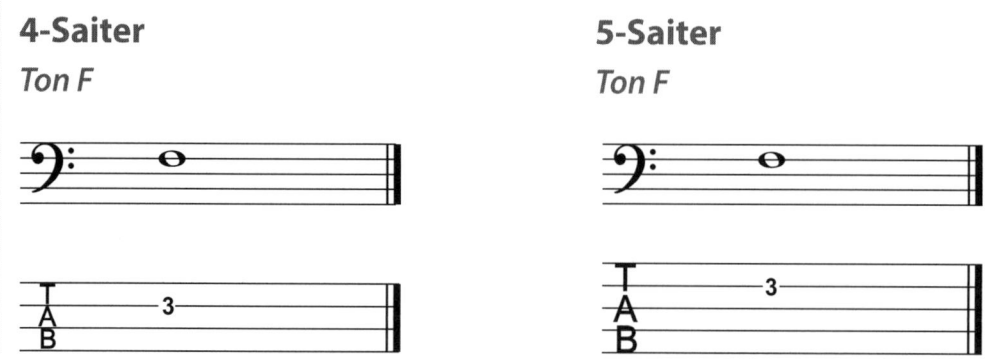

Das Notensystem

Die Notennamen – Das Noten ABC

Die Noten werden mit den ersten sieben Buchstaben des Alphabets, also „A", „B", „C", „D", „E", „F" und „G" benannt. Im deutschsprachigen Raum existiert noch der Notenname „H", der dem internationalen „B" entspricht.

In diesem Buch wird allerdings konsequent auf die deutschsprachige Tonbezeichnung verzichtet.

Der Tonumfang bis zum 12. Bund

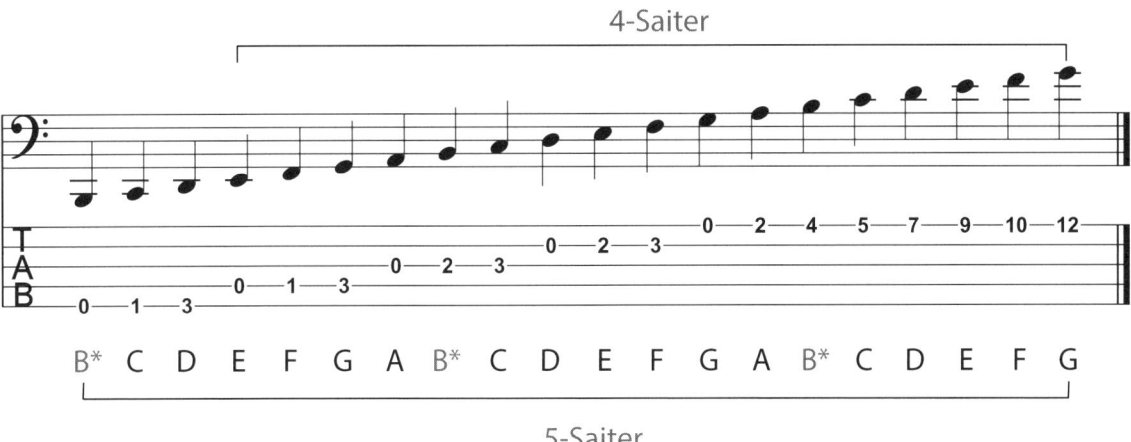

Die Taktarten

Das Notensystem wird durch senkrechte Striche, die sogenannten Taktstriche, in Takte eingeteilt. Die Taktart wird durch einen Bruch festgelegt, dessen Zähler die Anzahl und dessen Nenner die Länge der Schläge pro Takt bezeichnet.

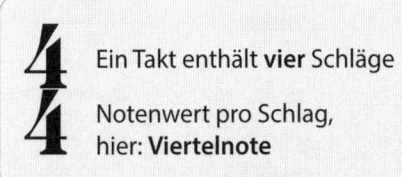

Die wichtigste Taktart ist der $\frac{4}{4}$-Takt, in dem vier gleich lange Schläge pro Takt enthalten sind.

Taktart und Taktstriche

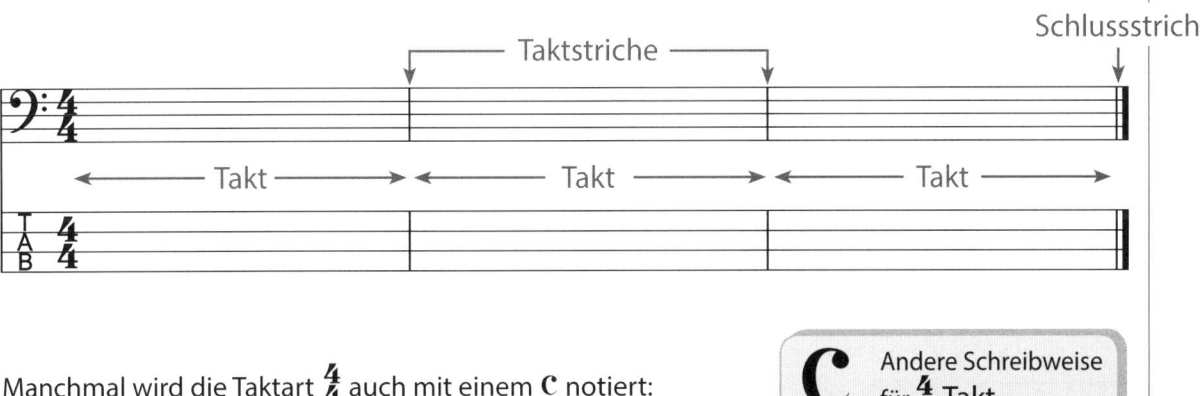

Manchmal wird die Taktart $\frac{4}{4}$ auch mit einem **C** notiert:

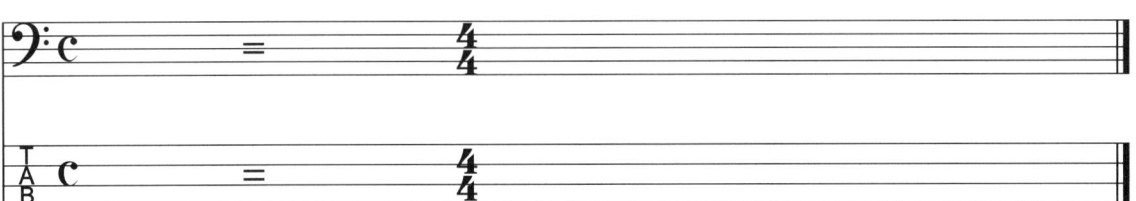

---

* *Internationale Schreibweise: Der Ton B entspricht dem deutschen Ton H.*

Kapitel 1

Die Noten- und Pausenwerte

Es gibt verschiedene Noten- und Pausenwerte. Für dieses Kapitel sind zunächst **Ganze Noten**, **Halbe Noten** und **Viertelnoten** und die entsprechenden Pausen relevant.

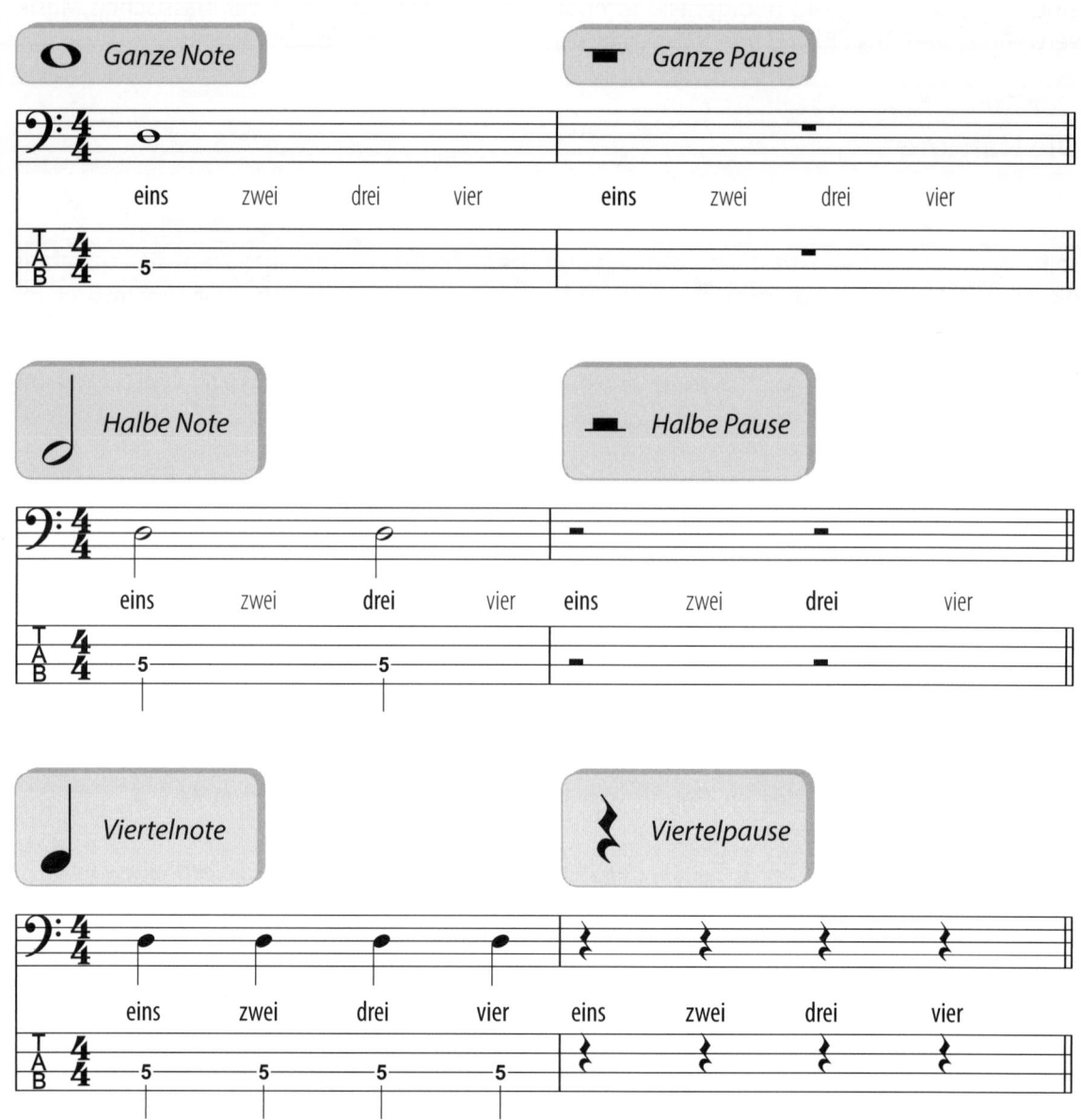

Achtung: In der Tabulaturschreibweise unterscheiden sich die Notenwerte von Halben Noten und Viertelnoten nicht. Deshalb ist ein Blick auf das eigentliche Notensystem immer hilfreich!

Die Haltung des Instruments

Das Tempo

Das Tempo eines Musikstückes wird in Schlägen pro Minute (engl. **bpm** = *beats per minute*, traditionell **mm** = *metronom maelzel*) angegeben. Dabei müssen diese Schläge immer in einem Bezug zu einem Notenwert stehen. Traditionelle Tempobezeichnungen, wie sie in der Klassischen Musik verwendet werden (z.B. *Andante, Allegro etc.*) sind für die Popmusik nicht relevant.

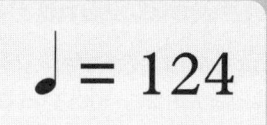

Die Haltung

Verwende nach Möglichkeit immer einen Gurt. Achte darauf, dass das Instrument in einer ausgewogenen Lage am Körper hängt, so dass der Basshals leicht nach oben zeigt. Der Gurt sollte so eingestellt sein, dass die Position von Instrument zum Körper im Sitzen wie im Stehen dieselbe ist. Nur so kannst du im Sitzen eingeübte Bewegungsabläufe auch entspannt im Stehen, z. B. bei Konzerten, ausführen.

Sitzend

Stehend

Kapitel 1

Schon in Stimmung?

Vor jedem Spielen sollte die Stimmung des Instruments überprüft werden. So kannst du sicherstellen, dass die verschiedenen Saiten deines Instruments im richtigen Verhältnis zueinander stehen. Wenn du mit anderen Musikern spielen willst, solltest du außerdem darauf achten, dass ihr denselben Referenzton zum Stimmen der jeweiligen Instrumente benutzt.

Die Leersaiten

Die vier bzw. fünf Saiten deines Instruments müssen – gemäß ihrer Namen – auf folgende Tonhöhen gestimmt werden:

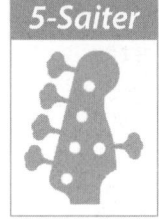
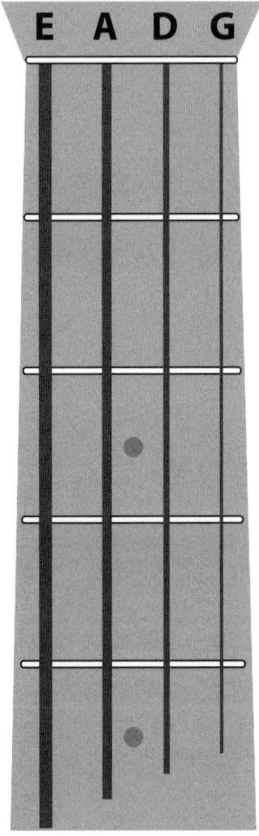
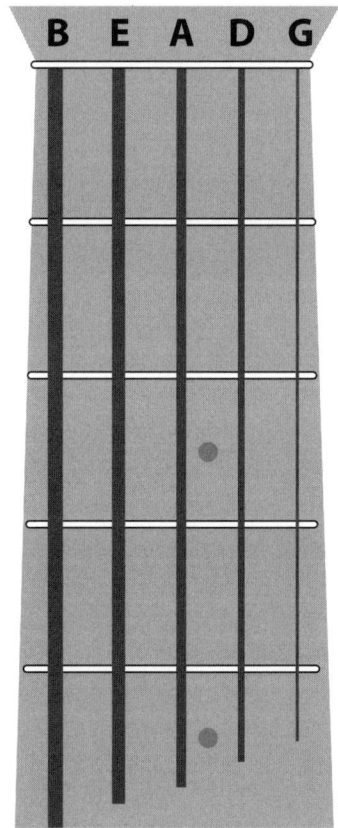
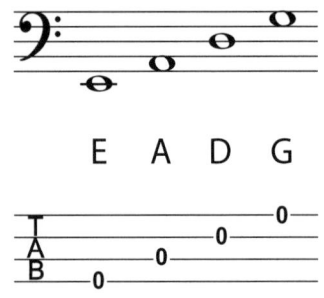
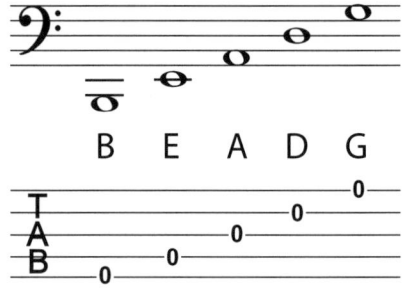

Saiten stimmen

Für das Stimmen selbst gibt es folgende Methoden:

Das Stimmgerät

Die einfachste und schnellste Methode, das Instrument zu Stimmen, ist die Benutzung eines **Stimmgerätes**. Je nach Modell oder Ausstattung zeigt es automatisch an, welcher Ton erklingt und ob er zu hoch oder zu tief ist. Klingt die Saite zu tief, spannst du die Saite etwas mehr an der jeweiligen Stimmmechanik solange, bis das Stimmgerät dir anzeigt, dass die Saite die richtige Tonhöhe hat. Klingt die Saite im Vergleich zu hoch, verringerst du die Saitenspannung etwas.

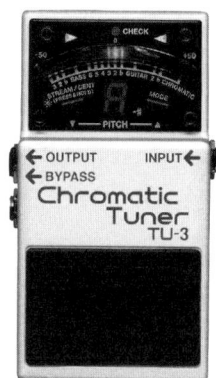

Referenzinstrument

Wenn du Zugang zu einem **Klavier** oder **Keyboard** hast, kannst du dein Instrument auch damit stimmen. Das sind die Töne auf der Klaviatur, die den vier bzw. fünf Saiten deines Instruments entsprechen:

Das Klavier als Referenzinstrument

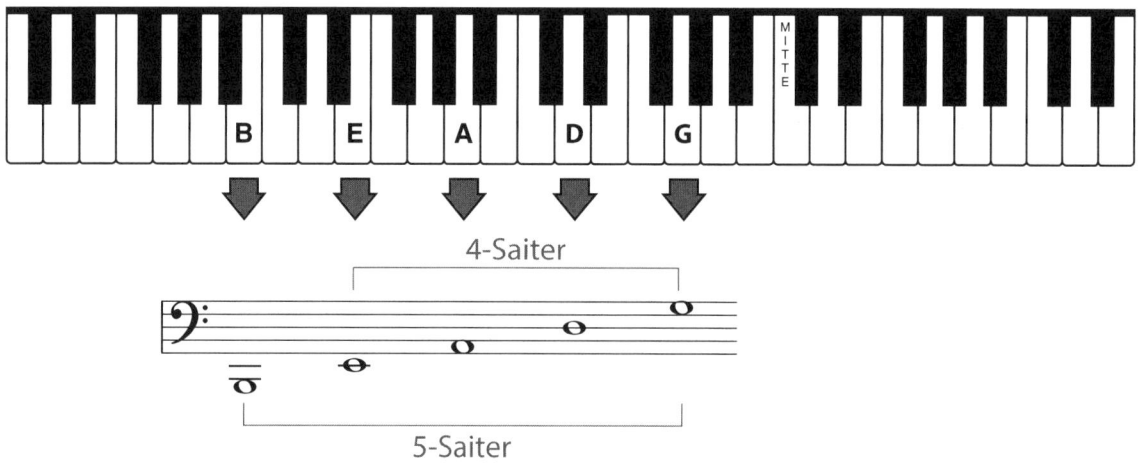

Spiele dabei zunächst den Ton auf der Tastatur an. Vergleiche dann seine Tonhöhe mit der Tonhöhe der jeweiligen Saite und justiere die Saite an der jeweiligen Stimmmechanik so lange, bis die beiden Tönhöhen übereinstimmen.

Referenzton

Auch mit einer **Stimmgabel** kannst du dein Instrument stimmen. Sie liefert üblicherweise den Kammerton „A". Berühre dazu die A-Saite mit dem ersten Finger der Greifhand direkt über dem Bundstäbchen des 5. Bundes leicht, ohne jedoch die Saite auf das Bundstäbchen herunterzudrücken. Schlage dann die A-Saite fest und in der Nähe des Stegs an. Den so erzeugten Ton nennt man natürlichen Oberton oder auch Flageolett. Vergleiche die Tonhöhe dieses Flageoletts mit der Tonhöhe der Stimmgabel und justiere die Saite an der jeweiligen Stimmmechanik solange, bis die beiden Tonhöhen übereinstimmen.

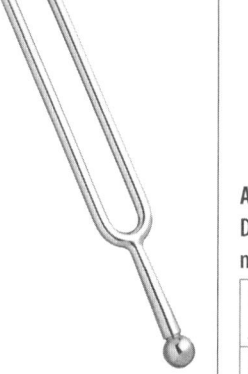

Die restlichen Saiten lassen sich auch unter Benutzung von Flageoletts stimmen. Dabei gilt folgendes: der Flageolett-Ton über dem 5. Bund der benachbarten tieferen (dickeren) Saite entspricht dem Flageolett-Ton über dem 7. Bund der benachbarten höheren (dünneren) Saite. Der Flageolett-Ton im 5. Bund der A-Saite entspricht also dem Flageolett-Ton im 7. Bund der D-Saite, der Flageolett-Ton im 5. Bund der D-Saite dem Flageolett-Ton im 7. Bund der G-Saite etc.

Auf einen Blick: Der Stimmvorgang mit Flageoletts:

B-Saite	E-Saite
5. Bund	7. Bund
E-Saite	A-Saite
5. Bund	7. Bund
A-Saite	D-Saite
5. Bund	7. Bund
D-Saite	G-Saite
5. Bund	7. Bund

Kapitel 1

Konventionelles Stimmen der Saiten

Wer sich noch schwer damit tut, die Flageoletttöne zu erzeugen, der kann auch nach der konventionellen Art und Weise vorgehen:

**Auf einen Blick:
Der konventionelle Stimmvorgang:**

B-Saite 5. Bund	E-Saite leer
E-Saite 5. Bund	A-Saite leer
A-Saite 5. Bund	D-Saite leer
D-Saite 5. Bund	G-Saite leer

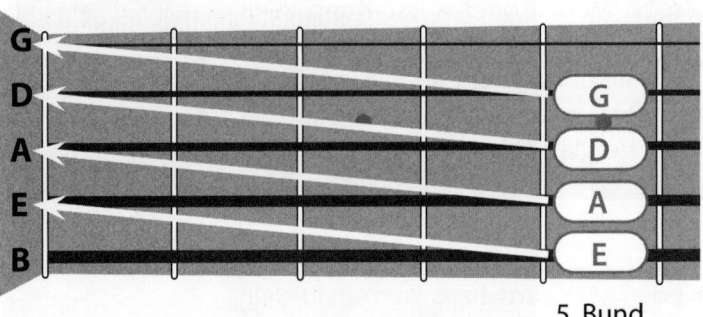

1. Schritt: Stimme die A-Saite nach Stimmgabel, Klavier/Keyboard, Gitarre o.a. Instrument.
2. Schritt: Spiele die leere A-Saite. Vergleiche mit dem Ton im 5. Bund auf der E-Saite.
3. Schritt: Greife die A-Saite in Bund 5. Vergleiche den Ton mit der leeren D-Saite.
4. Schritt: Greife die D-Saite in Bund 5. Vergleiche den Ton mit der leeren G-Saite.
Nur Fünfsaiter:
5. Schritt: Greife die B-Saite in Bund 5. Vergleiche mit der leeren E-Saite.

Für das Ohr ist es etwas einfacher, wenn du immer zuerst die Saite anschlägst, die schon stimmt und danach erst die zu stimmende Saite. Auch wenn das Stimmen ohne Stimmgerät anfangs etwas mühsam erscheint, trainiert es doch dein Gehör. Damit ist es dem Stimmen mit einem Stimmgerät, bei dem dein Gehör nicht involviert ist, klar vorzuziehen.

Der Anschlag

Es gibt verschiedene Möglichkeiten bzw. Techniken, die Saiten zum Schwingen zu bringen oder schlicht anzuschlagen. Neben *Tapping*, *Slapping* und dem Spiel mit dem *Daumen* sind vor allem die *Plektrumtechnik* und der reguläre Anschlag mit den *Fingern (Pizzicato)* zu nennen. Am Anfang ist für dich vor allem die Entwicklung einer soliden Pizzicato-Technik wichtig.

Die Schlaghand

Die Schlaghand ist bei Rechtshändern die *rechte*, bei Linkshändern die *linke Hand*. Sie wird zum Anschlagen der Saiten benutzt. Dabei kommen der **Zeigefinger (Z)** und der **Mittelfinger (M)** zum Einsatz.

Die Position des Daumens

Der **Daumen** der Schlaghand dient als Dreh- und Angelpunkt zwischen dem Instrument und der Schlaghand selbst.

Bei **viersaitigen Bässen** ruht er auf dem Rand der *Tonabnehmerkappe*, wenn auf der E- und A-Saite gespielt wird. Beim Spielen auf der D- und G-Saite rückt der Daumen auf die *E-Saite* vor. Es gibt also *zwei Positionen* des Daumens der Schlaghand beim viersaitigen Bass:

Der Saitenanschlag

Die zwei Positionen des Daumens auf viersaitigen Bässen

Daumen auf der Tonabnehmerkappe

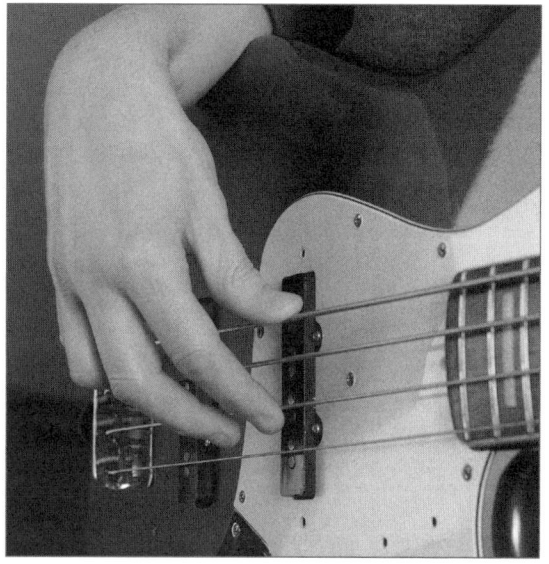

Daumen auf der E-Saite

Die drei Positionen des Daumens auf fünfsaitigen Bässen

Ähnlich verhält es sich bei **fünfsaitigen Bässen**.

Hier sitzt der Daumen auf der *Tonabnehmerkappe*, wenn die B-Saite gespielt wird. Der Daumen rückt für das Spiel auf der E- und A-Saite auf die *tiefe B-Saite* vor. Zum Spielen auf der D- und G-Saite sitzt der Daumen auf der *E-Saite*. Dabei sollte er nicht zu steil aufgesetzt werden, so dass er gleichzeitig die B-Saite abdämpft (*siehe nebenstehendes Foto*). Es gibt also *drei* verschiedene Daumenpositionen beim fünfsaitigen Bass.

Daumen auf der E-Saite dämpft B-Saite ab.

Der Wechselschlag

Lege den Daumen der Schlaghand auf den Rand der Tonabnehmerkappe oder B- bzw. E-Saite, so dass die restlichen Finger im rechten Winkel zu den Saiten stehen. Zum Anschlagen der Saiten werden abwechselnd der **Zeigefinger** und der **Mittelfinger** verwendet. Beim Anschlagen sollte der jeweilige Finger eine leichte, abrollende Kreisbewegung vollbringen, die diagonal in den Korpus hinein zielt. Angeschlagen selbst wird mit dem weicheren Teil der **Fingerkuppe**.

Nach dem Anschlagen einer Saite sollte der verwendete Finger auf der benachbarten tieferen Saite ruhen, bis er wieder benutzt wird. Diese Anschlagtechnik nennt sich *gestützter Wechselschlag*. Beim Spielen auf der tiefsten Saite (E-Saite bzw. B-Saite bei fünfsaitigen Bässen) ruht der benutzte Finger nach dem Anschlag am Daumen der Schlaghand. Dies gewährleistet ein ausgewogenes Spiel über alle Saiten, bei dem die jeweiligen Anschlagsbewegungen gleich groß sind. Achte stets darauf, dass die Finger sich *immer* abwechseln.

Kapitel 1

Zeigefinger beim Anschlag *Zeigefinger nach dem Anschlag (gestützt)*

Das Wiederholungszeichen

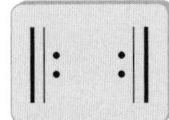

Das Wiederholungszeichen ist ein Notationssymbol, das den Formablauf eines Stücks bestimmt. Es besteht immer aus einem regulären und einem dickeren Taktstrich und zwei zusätzlichen Punkten. Diese Punkte stehen immer auf der Seite, in deren Richtung die Wiederholung passieren soll.

Im folgenden Beispiel werden also der zweite und dritte Takt wiederholt:

Wiederholung innerhalb eines Stückes

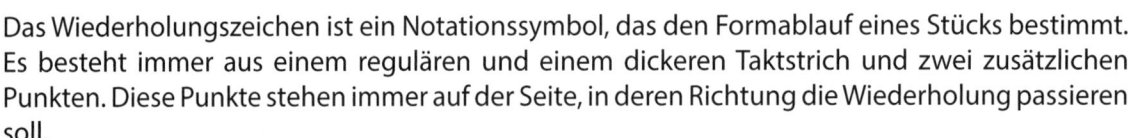

Wenn von Beginn eines Stückes wiederholt werden soll, wird dort allerdings kein Wiederholungszeichen benutzt. Hier werden demnach die ersten drei Takte wiederholt:

Wiederholung von Beginn eines Stückes

Der Wechselschlag

Leersaiten-Etüde

Kommen wir jetzt zur Anwendung des Wechselschlags.

Benutze zum Üben der folgenden Etüde ein Metronom, das du zwischen ♩ = **60 bpm** bis ♩ = **120 bpm** einstellst. Achte darauf, dass dein Timing exakt und dein Sound voll ist. Der **Daumen** der Schlaghand sitzt dabei auf der E-Saite, **Zeige-** und **Mittelfinger** müssen sich immer abwechseln. Der richtige Fingersatz steht unter den Noten. Beachte auch das Wiederholungszeichen am Ende der Etüde.

NOTE THE CODE!
Die Hörbeispiele findest du nicht nur auf der beiliegenden CD unter der angegebenen Tracknummer, sondern auch als Download auf unserer Website: **alfred.com**. Dein dazugehöriges Password ist auf Seite 2 abgedruckt!

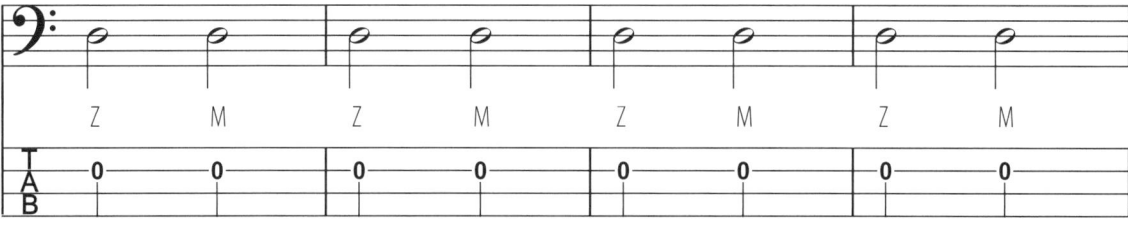

Spiele diese Etüde auch auf allen anderen Leersaiten!

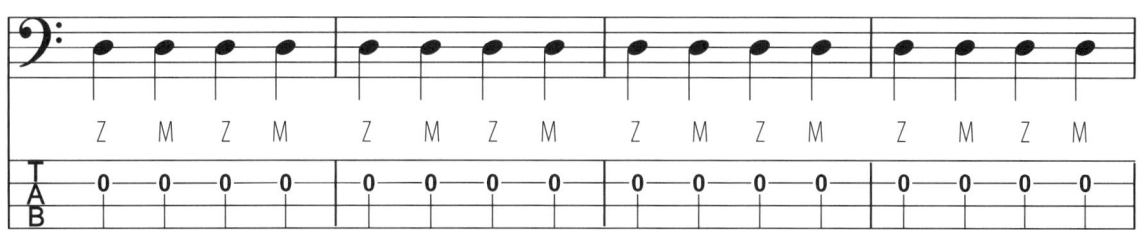

Wiederholung ab Takt 1 bis Ende

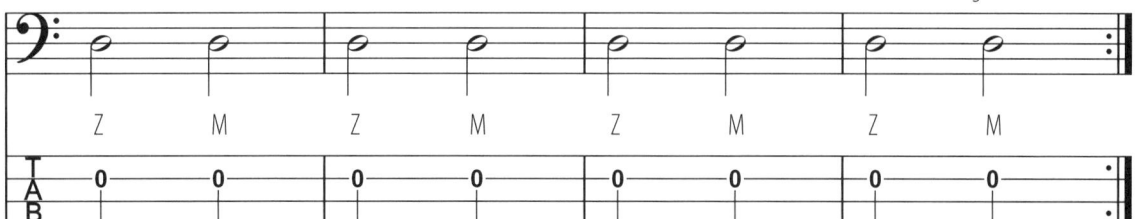

Spiele diese Etüde auch auf allen anderen Leersaiten und starte jeweils auch mit dem **Mittelfinger** der Schlaghand. Die notierten Fingersätze der Schlaghand (Z und M) drehen sich dann natürlich um (zu **M und Z**). Achte dabei auch auf die richtige Position des Daumens.

Kapitel 1

Der Saitenwechsel

Bisher haben wir jeweils nur auf einer Saite gespielt. In der Praxis ist es allerdings unumgänglich, auf allen Saiten deines Instruments zu spielen, also **Saitenwechsel** durchzuführen. Dabei ändert sich im Bezug auf den *gestützten Wechselschlag* bei einem Saitenwechsel von einer tieferen Saite zu einer benachbarten höheren Saite nichts.

Der „Rake"

Bei einem Saitenwechsel von einer höheren Saite zu einer benachbarten tieferen Saite jedoch passiert folgendes: der Finger, der zuletzt die höhere Saite angeschlagen hat, ruht auf der benachbarten tieferen Saite. Deshalb wird er danach auch zum Anschlagen der tieferen Saite benutzt. Den anderen Finger der Schlaghand zu benutzen, würde eine unnötige Bewegung darstellen. Dieses „Durchziehen" des Fingers nennt sich *rake* oder *raking* und ist eine Technik, die von Kontrabassisten im Jazzbereich abstammt. Ein *rake* passiert also immer dann, wenn ein Saitenwechsel von einer höheren zu einer benachbarten tieferen Saite durchgeführt wird.

In der folgenden Übung geht es um den Saitenwechsel von der A-Saite zur D-Saite und wieder zurück. Achte dabei ganz genau auf den notierten Fingersatz der Schlaghand und die *rakes* an den richtigen Stellen.

Achtung: Auch bei der Wiederholung am Ende kommt es zu einem *rake*!

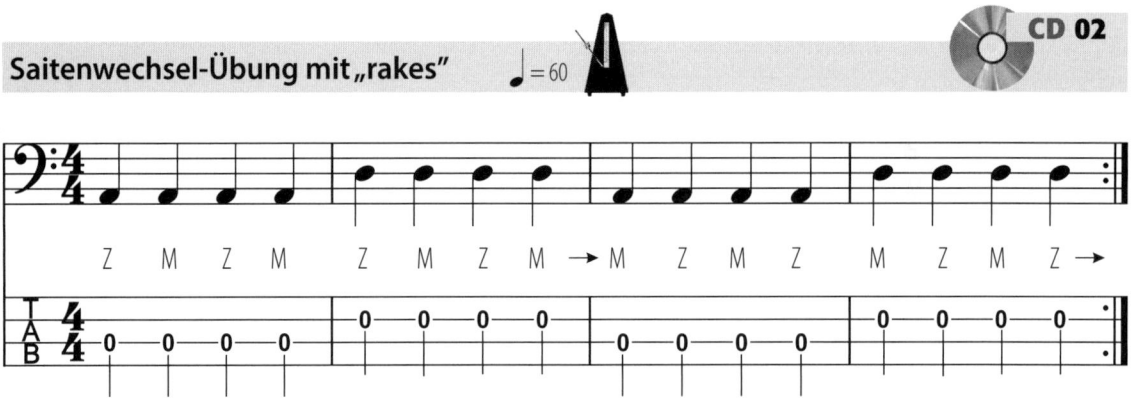

Diese Übung kannst du auch auf alle anderen, benachbarten Leersaitenpaare übertragen.

„Left hand muting"

Beim Spiel auf Leersaiten kommt aber noch ein Problem hinzu: Nach dem Saitenwechsel von einer höheren Saite auf eine benachbarte tiefere Saite klingt die höhere Saite noch weiter. Hier kommt zum ersten Mal die Greifhand (bei Rechtshändern die *linke*, bei Linkshändern die *rechte* Hand) ins Spiel: Lege einfach einen (oder mehrere) Finger der Greifhand auf die Leersaite, die nicht mehr klingen soll. Dieses Abdämpfen mit der Greifhand nennt man **left hand muting**. Es erfordert einige Koordination, mit der Schlaghand eine Saite anzuschlagen und gleichzeitig die benachbarte höhere Saite mit der Greifhand abzudämpfen.

Saitenwechsel („Rakes' | „Left Hand Muting")

Die nächste Übung ist ein kleiner Blues, bei dem es noch mehr Saitenwechsel gibt. Achte dabei wieder auf die richtigen Fingersätze der Schlaghand, die *rakes* und die *left hand mutes*.

Saitenwechsel-Übung mit „rakes" und „left hand muting" ♩ = 60   **CD 03**

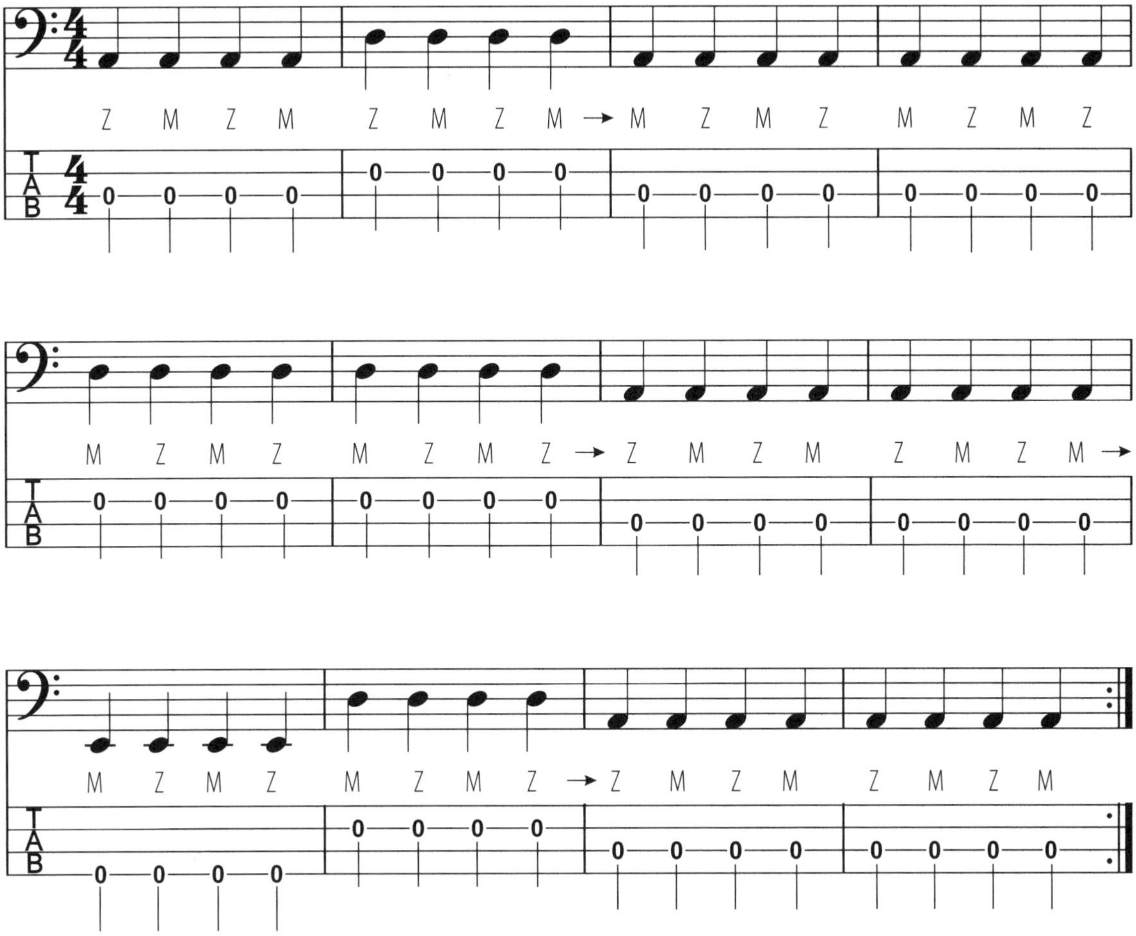

Spielstück „Four Quarters"

Mit den Leersaiten kann man schon richtige Musik machen. Das folgende Stück **Four Quarters** ist ein rockiger Blues. Ich habe ihn für dich – wie alle anderen Spielstücke auch – auf der CD jeweils in einer Version mit Bass zum Anhören und in einer Version ohne Bass zum Mitspielen aufgenommen.

Zu Beginn der Mitspielversion befindet sich folgender zweitaktiger „Anzähler":

Der Anzähler

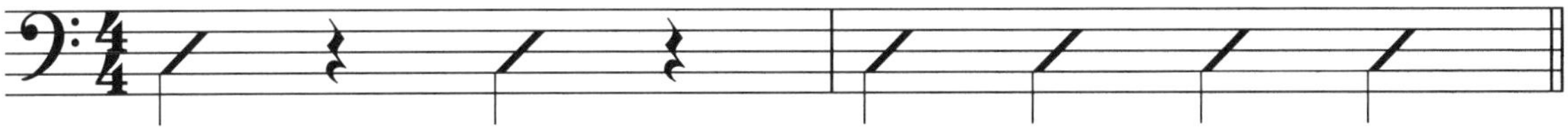

Für eine rein rhythmische Notation, bei der die Tonhöhe nicht relevant ist, kommen oft diese schrägen Notenköpfe zum Einsatz.

Höre dir zuerst die **Version mit Bass** an und versuche dabei, im Notentext mitzulesen. Hier geht es um durchgehende Viertelnoten, die ein solides Fundament für die restliche Band liefern. Versuche deshalb, die einzelnen Noten immer möglichst breit, d. h. ihrer vollen Länge entsprechend, zu spielen.

Saitenwechsel („Rakes' / „Left Hand Muting")

In *Four Quarters* finden sich drei neue Notationszeichen:

Der Doppelstrich

Um im Notentext einen neuen Abschnitt zu markieren, kann man einen doppelten Taktstrich oder – kurz – Doppelstrich verwenden. Er dient also lediglich einer besseren Übersicht. In *Four Quarters* kommt er am Ende der dritten Notenzeile vor.

Der Schlussstrich

Durch den Schlussstrich, der aus einem regulären Taktstrich und einem etwas dickeren Taktstrich besteht, wird das Ende eines Musikstückes gekennzeichnet. In *Four Quarters* findest du ihn deshalb am Ende des letzten Taktes.

„Haus eins / Haus zwei"

Die Klammern (genannt „Haus eins / Haus zwei" oder 1. Klammer / 2. Klammer) über dem letzten Takt vor dem Wiederholungszeichen in *Four Quarters* bedeuten, dass im ersten Durchgang der Takt unter der 1. Klammer gespielt wird und in der Wiederholung stattdessen der Takt unter der 2. Klammer bis zum Ende.

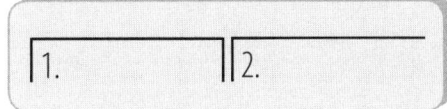

Saitenwechsel-Etüden mit „rakes"

Natürlich kann es auch vorkommen, dass man schon nach einem Ton oder zwei oder drei Tönen einen Saitenwechsel durchführen muss. Die nächsten Etüden sind zur vertiefenden Übung dieser Saitenwechsel mit *rakes* und *left hand muting* gedacht. Benutze ein Metronom und starte langsam. Bei diesen Übungen geht es nicht um Geschwindigkeit, sondern um Koordination von Schlaghand und Greifhand und ein genaues Timing. Die Fingersätze für die Schlaghand stehen wieder unter den Noten. Achte darauf, die *rakes* an den richtigen Stellen durchzuführen und mit der Greifhand abzudämpfen. Bei der Schlaghand kommt jetzt auch noch das richtige Positionieren bzw. „Mitnehmen" des Daumens hinzu.

Der $\frac{3}{4}$-Takt

Neben dem $\frac{4}{4}$-Takt, den wir bisher ausschließlich verwendet haben, kommt bei den folgenden Übungen erstmals der $\frac{3}{4}$-Takt zum Einsatz. Diese Taktart enthält drei Schläge, die jeweils eine Viertelnote lang sind:

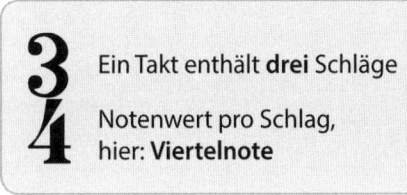

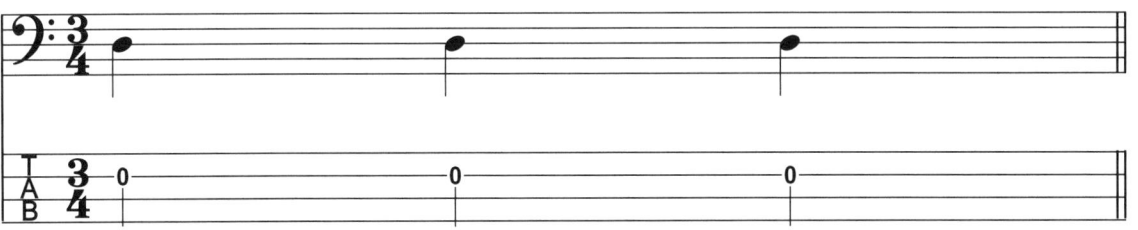

Kapitel 1

4-Saiter

Saitenwechsel-Etüden für Viersaiter

Etüde 1 ♩ = 60 CD 06

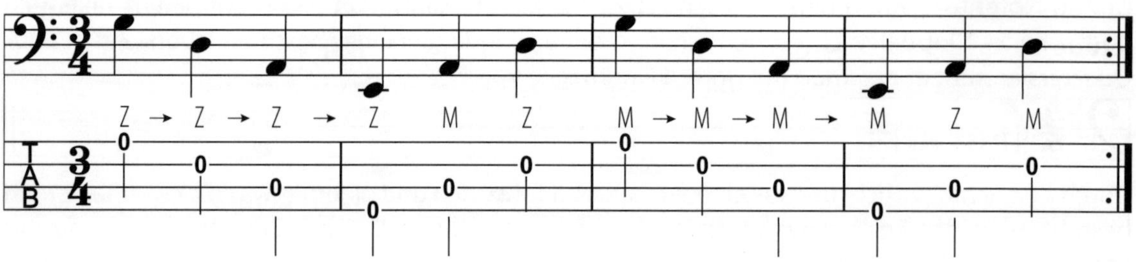

Etüde 2

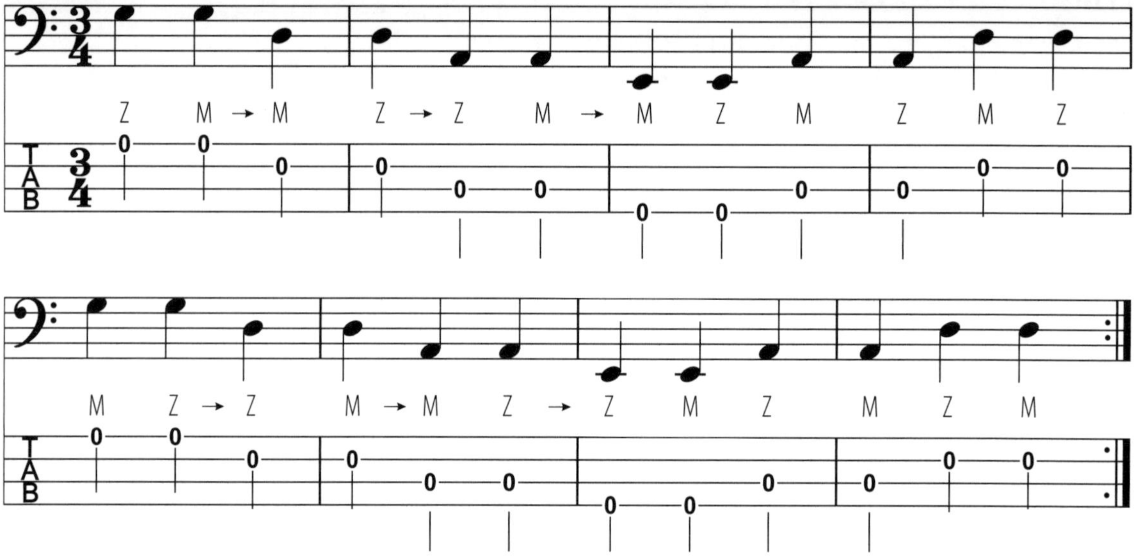

Etüde 3

garantiertbass.de

Saitenwechsel („Rakes' | „Left Hand Muting")

Saitenwechsel-Etüden für Fünfsaiter

Die ersten vier Übungen für den *Fünfsaiter* stehen im $\frac{4}{4}$-Takt.

Etüde 1

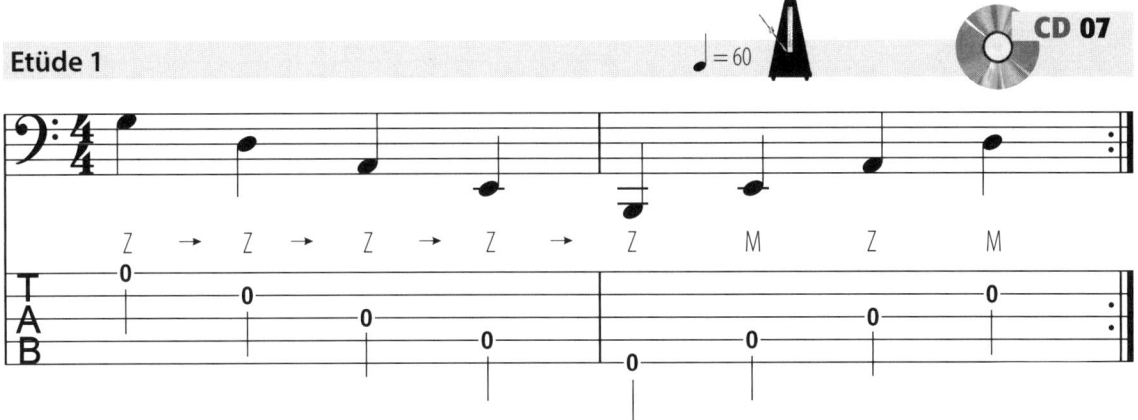

Etüde 2

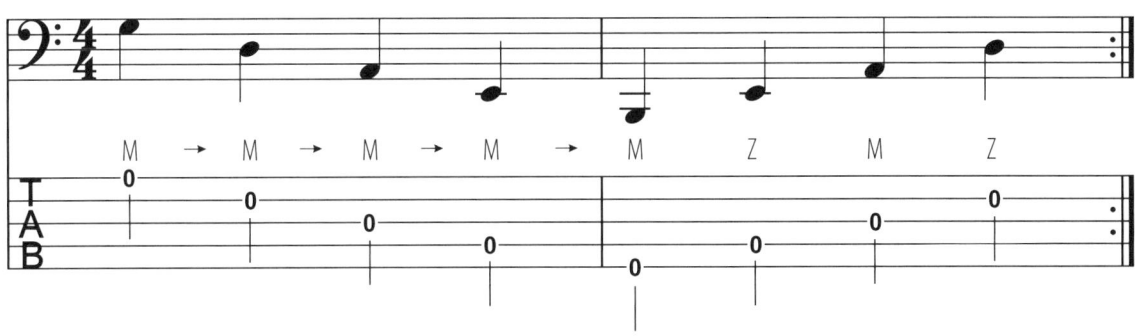

Etüde 3

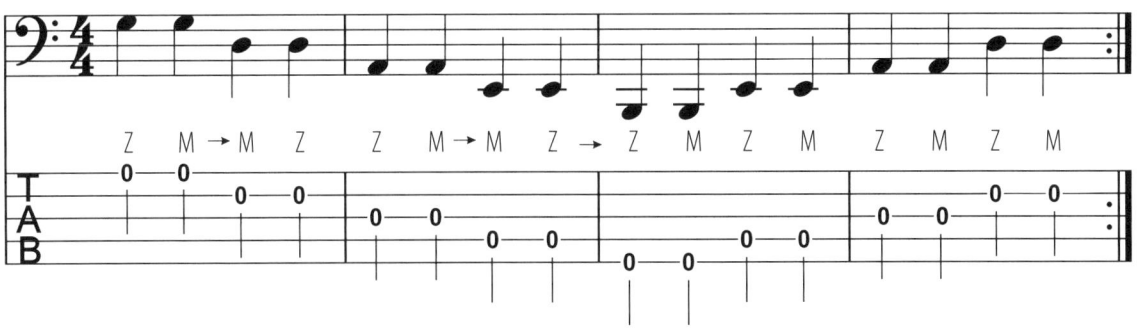

Etüde 4

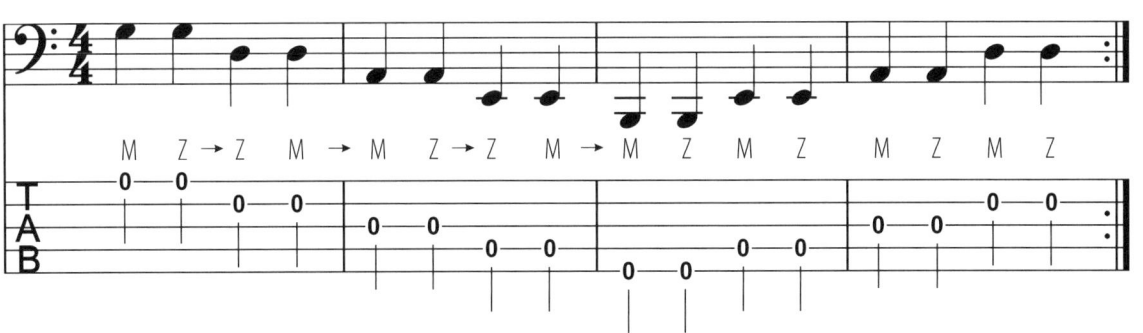

Kapitel 1

5-Saiter

Und hier noch zwei Etüden für den *Fünfsaiter* im ¾-Takt.

Etüde 5

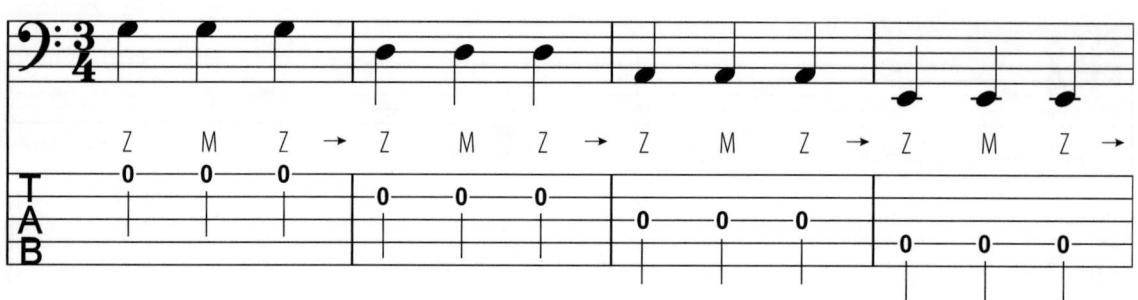

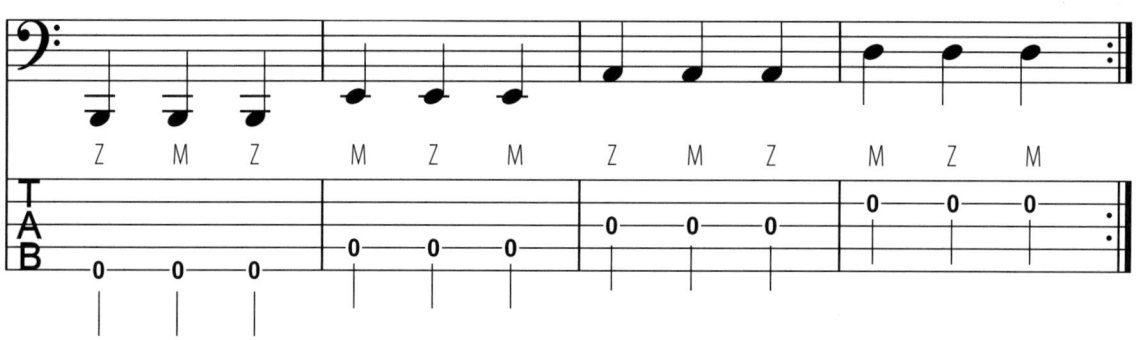

Etüde 6

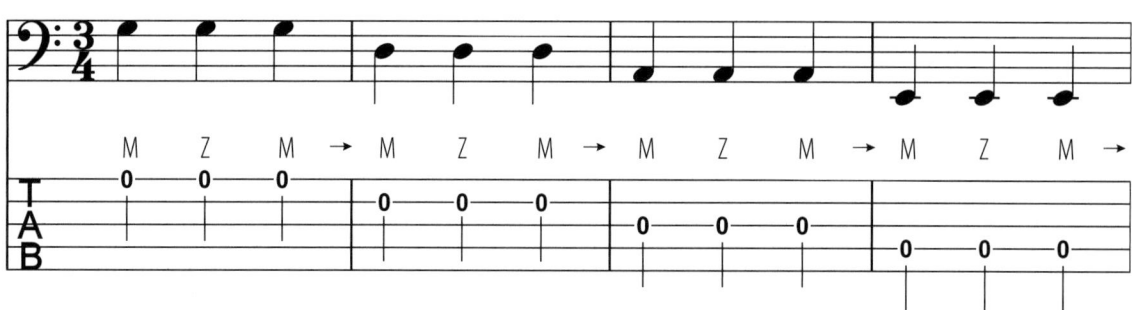

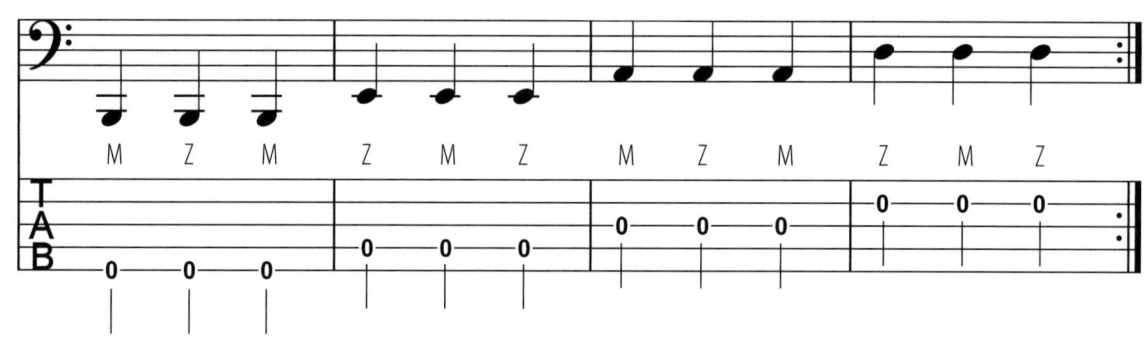

Viertel-Rhythmik

Die Viertel-Rhythmik

Viertelnoten werden je nach ihrer Position im 4/4-Takt mit den Zahlen „eins" bis „vier" bezeichnet. Man spricht auch von **Zählzeiten**:

Die Zählzeiten

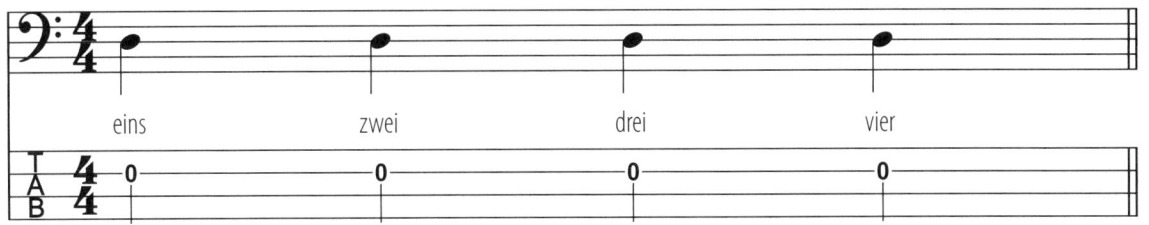

Es gibt folgende *fünfzehn* Möglichkeiten, eine bis vier Viertelnoten in einem 4/4-Takt anzuordnen. Die Raster über den Noten veranschaulichen die Positionen der Viertelakzente für jeden Takt:

Kapitel 1

Mache dir diese Rhythmen wie folgt klar, bevor du zu den nächsten Etüden übergehst: Stelle dein Metronom auf ♩ = 60 bpm ein und sprich laut die einzelnen Viertelnoten im Takt („eins", „zwei", „drei", „vier"), mit. Klatsche dann mit deinen Händen den Rhythmus des ersten Taktes dazu. Sobald dir der Takt völlig klar ist, gehst du zum nächsten Takt über usw. Wenn du alle Takte durchgeklatscht hast, wiederhole das Ganze mit dem Bass, indem du die Rhythmen auf einer Leersaite spielst. „Spiele" auch die Pausen ganz bewusst. Lege dafür die Finger deiner Greifhand flach auf die Saiten, um sie so abzudämpfen. Vergiss dabei nicht, laut mitzuzählen!

Leersaiten-Etüde 2 für Viersaiter ♩ = 60

CD 08

Jetzt bist du dran:
Trage die fehlenden Finger und Pfeile (→) für die „rakes" in die Noten ein.

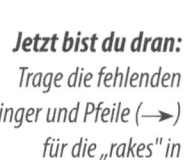

30 garantiertbass.de

Leersaiten-Etüde

Leersaiten-Etüde 2 für Fünfsaiter ♩ = 60

5-Saiter

Jetzt bist du dran: Trage die fehlenden Finger und Pfeile (→) für die „rakes" in die Noten ein.

Kapitel 1

Spielstück „Smooth Flow"

Das nächste Spielstück ist eine soulige Groovenummer, die in drei Teile (A-B-A) gegliedert ist. Höre dir wieder zunächst die Version mit Bass an und lies im Notentext mit. Achte danach beim Spielen auf eine gute Technik der Schlaghand. Auch die richtige, volle Notenlänge der Viertelnoten ist wichtig. Spiele deshalb immer quasi bis zur folgenden Note oder Pause hin.

„Smooth Flow" (Soul Groove)   ♩ = 89

CD 10 | 11
+ Bass − Bass

Play-Along „Home Coming"

Play-Along „Home Coming"

Von dem nächsten Stück gibt es auf CD nur eine Version *ohne* Bass zum Mitspielen. Deshalb sollst du auf der Basis deines jetzigen Wissensstandes eine eigenständige Basslinie entwickeln.

Akkordsymbol / Grundton

Wahrscheinlich sind dir bei den vorangegangenen Stücken die Buchstaben und Ziffern über den Noten aufgefallen. Diese Zeichen bzw. Kürzel nennt man Akkordsymbole. Ein *Akkordsymbol* gilt immer so lange, bis das nächste Symbol erscheint. Auf deren weitere, genaue Bedeutung werden wir später noch eingehen. Zunächst reicht es, dass du jeweils nur den *Grundton* jedes Akkords kennst. Er wird mit dem jeweiligen Großbuchstaben bezeichnet und klingt gut und passend. Für *Home Coming* suchst du dir also einfach die jeweils zum Buchstaben des Akkords passende Leersaite heraus.

C G^7 Am Em^7

Home Coming ist eine rockige Ballade, die sich in drei Teile gliedert:
Im **A-Teil** (erste Zeile) geht es noch recht ruhig zu. Für die Basslinie würden hier Ganze oder Halbe Noten gut passen. Im **B-Teil** (zweite Zeile) wird es etwas dichter. Hier würden sich Halbe oder Viertelnoten sicherlich gut machen. Allerdings würde ich die Viertelnoten erst im B-Teil der allerletzten Zeile spielen. So kannst du noch eine kleine Steigerung erzeugen, die ja auch im Schlagzeug passiert. Im **3. Teil** (dritte Zeile) wird der B-Teil noch einmal wiederholt und auf dem A-Dur Akkord zu Ende gebracht.

Höre dir zunächst die Aufnahme von *Home Coming* an. Lies den Formablauf mit. Dort hast du Platz, um deine eigenen Ideen auf der Grundlage der Akkordsymbole zu notieren. Versuche dann zu der Aufnahme zu spielen, indem du die Leersaiten, die den Akkordsymbolen entsprechen, in der jeweils vorgeschlagenen Rhythmik anschlägst. Wenn dir dein Ergebnis gefällt, schreibe es mit Bleistift in die leeren Notenlinien bzw. Tabulaturen hinein.

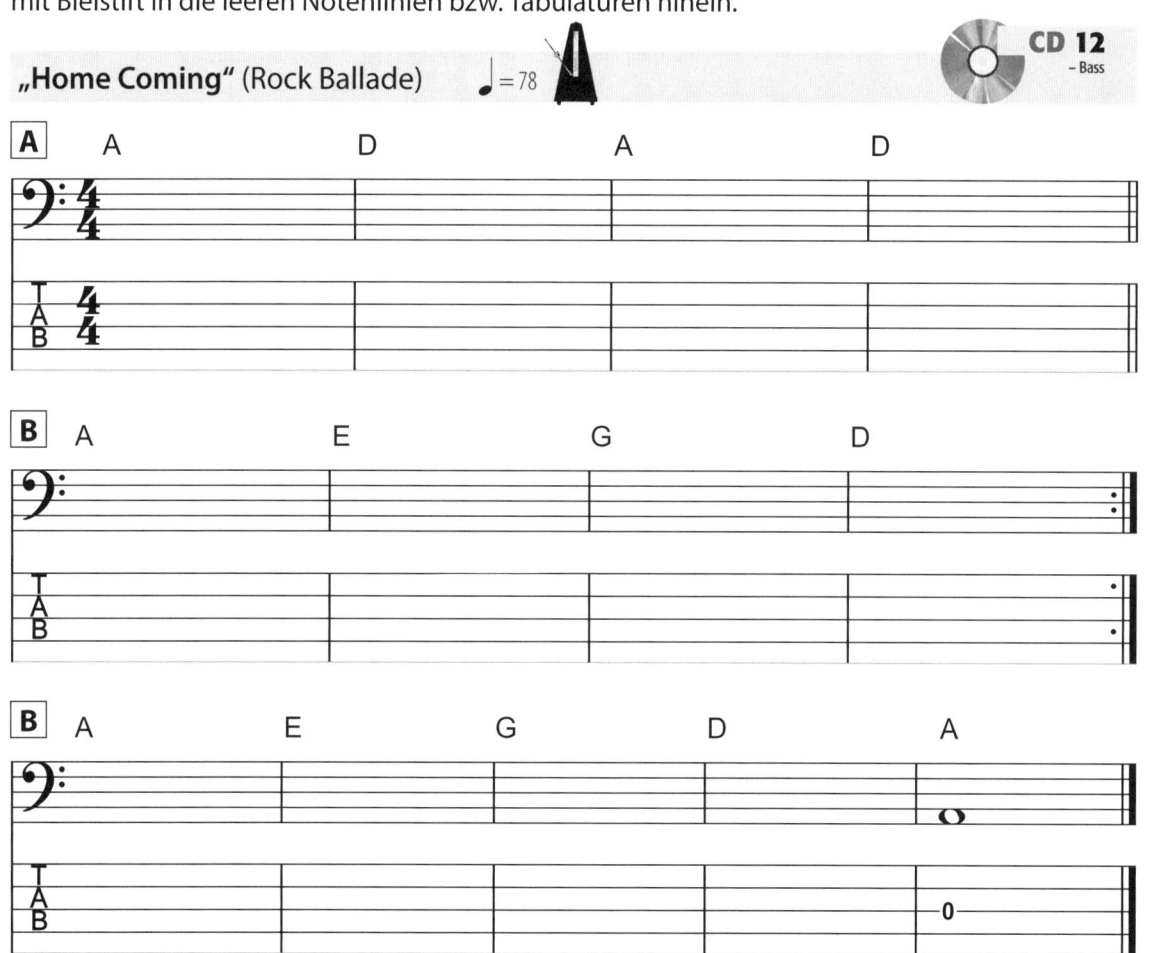

Achtung: Die **fünfte Linie** in der Tabulatur ist in **grau** dargestellt. So kannst du deine Basslinie eintragen, unabhängig davon, ob du Vier- oder Fünfsaiter spielst.

Kapitel 2

Die Greifhand

Die Greifhand ist bei Rechtshändern die *linke*, bei Linkshändern die *rechte Hand*. Sie wird zum Abgreifen der Saiten an einem bestimmten Bund benutzt, wodurch die Tonhöhe der Saite verändert wird.

Entspannungsübung

Die Grundlage für ein ermüdungsfreies Spiel ist eine entspannte Haltung der Greifhand. Mache deshalb folgende Übung zunächst ohne Instrument:

1. Entspanne deine beiden (!) Arme und lass sie dabei locker am Körper herunterhängen.
2. Drehe dann die Handfläche deiner Greifhand um ca. 60° nach vorne.
3. Beschreibe dann mit deiner Greifhand eine Bewegung, deren Zielpunkt ca. 25 cm neben (vom Körper weg) und ca. 10 cm unterhalb deiner Schulter liegt.

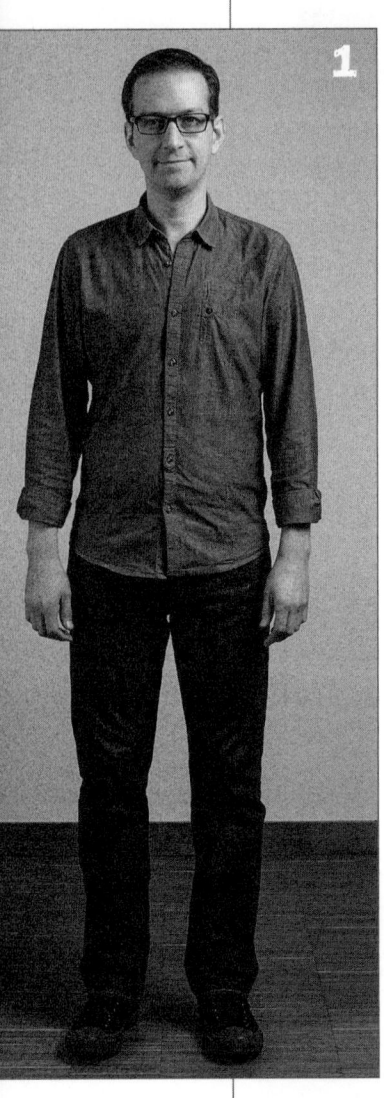
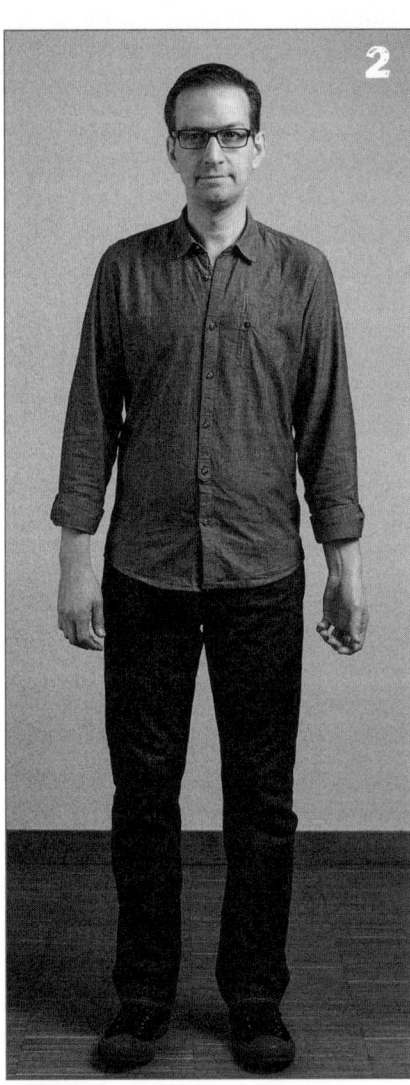
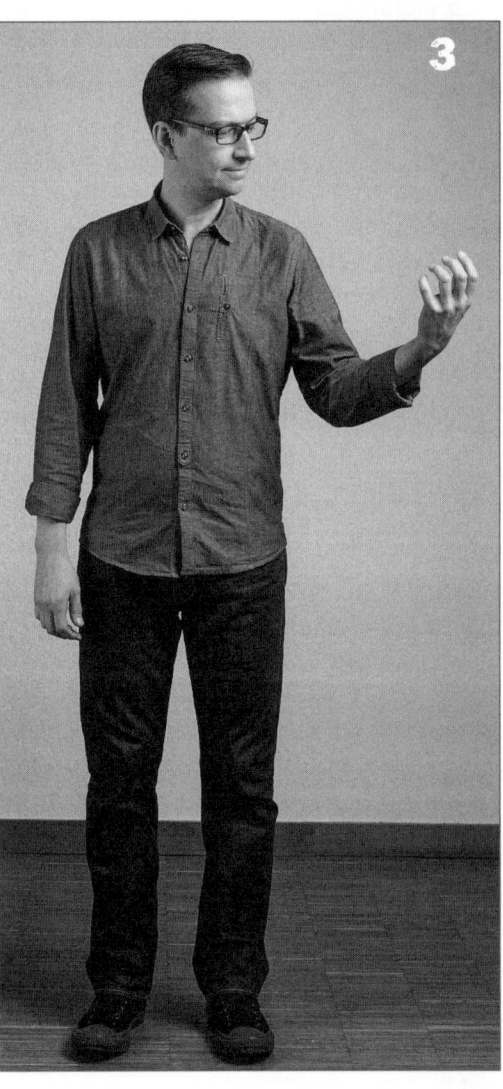

Nimm dir viel Zeit für diese Übung und achte immer darauf, dass der Arm deiner Greifhand und die Greifhand selbst locker bleiben.

Die Greifhand

Mache dieselbe Übung jetzt mit deinem Instrument:
1. Entspanne deine beiden (!) Arme und lass sie dabei locker am Körper herunterhängen.
2. Drehe dann die Handfläche deiner Greifhand um ca. 60° nach vorne.
3. Hebe dann deine Greifhand zum Hals und umfasse ihn.

Entspannte Armhaltung ...　　　Handfläche nach vorne drehen ...　　　Greifhand zum Hals führen ...

4. Im letzten Schritt korrigierst du die Haltung deiner Greifhand wie folgt:

Der Daumen liegt in der Mitte des Halsrückens, ihm gegenüber auf der Griffbrettseite liegt der Mittelfinger (2. Finger). Der Zeigefinger (1. Finger), der Ringfinger (3. Finger) und der kleine Finger (4. Finger) verteilen sich auf die angrenzenden Bünde, wobei ein Finger pro Bund zum Einsatz kommt. Setze die Finger der Greifhand möglichst nah am (oberen) Bundstäbchen auf. Achte darauf, dass du alle Finger rund machst, sie von oben aufsetzt und sie sich dabei möglichst parallel zu den Bundstäbchen verhalten. Halte die Hand in einer lockeren, offenen Position, bei der du den Daumen nicht durchdrückst. Der Daumen ist jetzt nur dafür da, die Position der Greifhand zu fixieren und dem Druck, der durch das Aufsetzen der Finger entsteht, entgegenzuwirken. Er ist nicht dazu da, den Hals in Position zu halten, das ist die Aufgabe des Gurtes!

  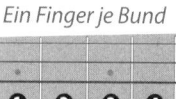

Ein Finger je Bund

Fingerhaltung (von vorn)　　　Fingerhaltung (von oben)

Kapitel 2

4-Saiter

Die Griffbrettübersicht

Die folgende Übersicht zeigt das Griffbrett deines Viersaiters vom Sattel (bzw. Nullbund) bis zum 5. Bund. Zusätzlich findest du noch diejenigen Noten, mit denen wir uns zunächst beschäftigen werden. Es sind die sogenannten *Stammtöne* der C-Dur Tonleiter.

Du kannst die Griffbrettübersicht in zwei „Richtungen" benutzen: Zum einen, um herauszufinden, wo du welche Note auf dem Griffbrett greifen bzw. spielen kannst, zum anderen, um die Lage der Töne auf deinem Griffbrett kennenzulernen.

Griffbrettübersicht 4-Saiter – Stammtöne bis zum 5. Bund

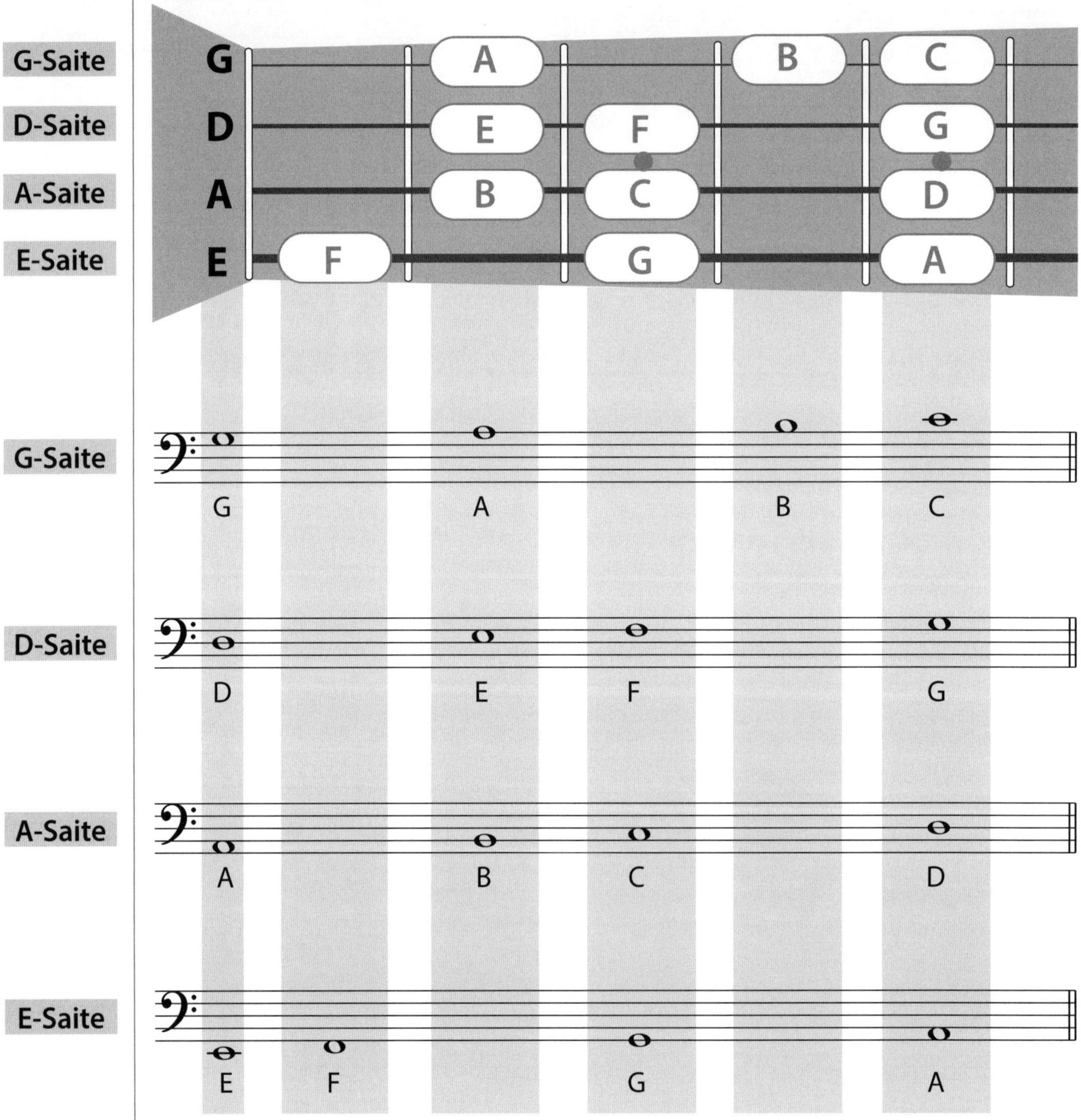

Griffbrettübersicht 4-Saiter

Hier ist eine kleine Übung mit den Tönen der E-Saite:

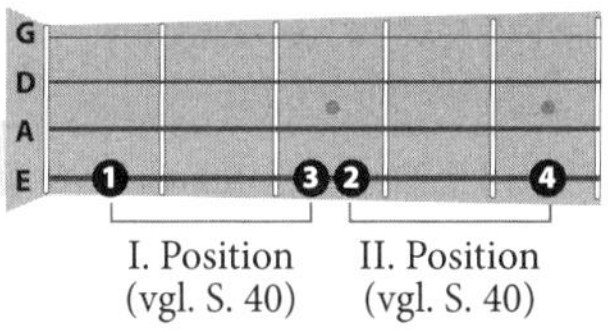

Übung E-Saite

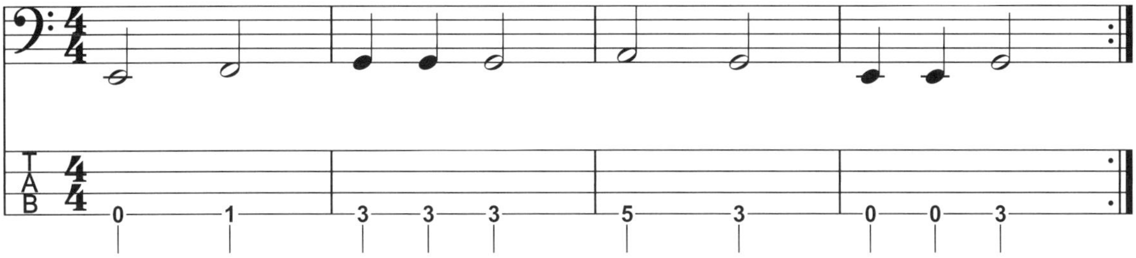

I. Position (vgl. S. 40) II. Position (vgl. S. 40)

Diese Übung wird auf der A-Saite gespielt:

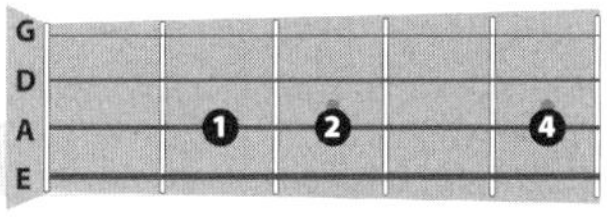

Übung A-Saite

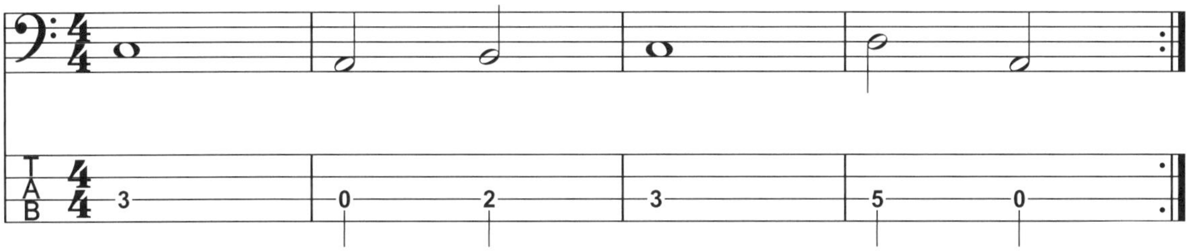

In dieser Übung geht es um die Töne der D-Saite:

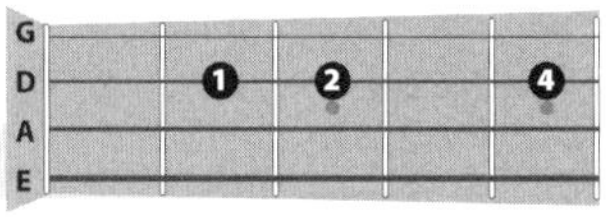

Übung D-Saite

Und zum Abschluss die Übung auf der G-Saite:

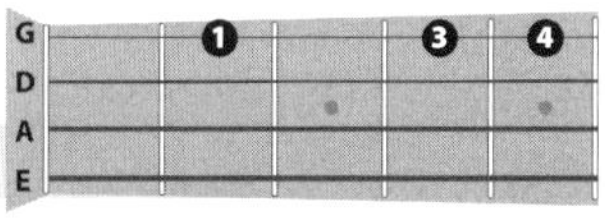

Übung G-Saite

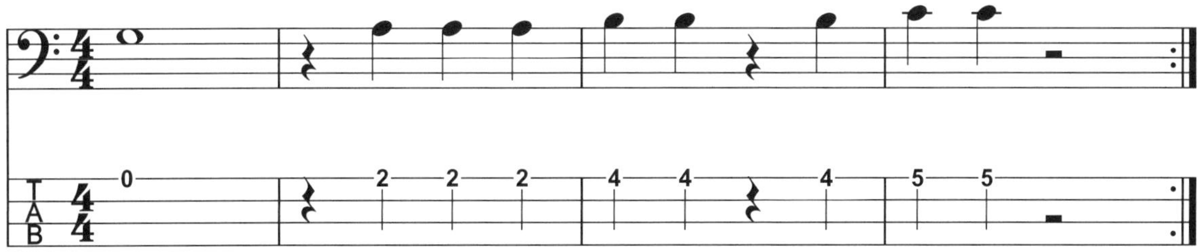

Die Finger deiner Greifhand:
❶ = *Zeigefinger*
❷ = *Mittelfinger*
❸ = *Ringfinger*
❹ = *Kleiner Finger*

Kapitel 2

5-Saiter

Das ist die Griffbrettübersicht deines Fünfsaiters. Zu den Tönen, die du auch auf dem Viersaiter findest, kommen noch die Töne der tiefen **B-Saite** hinzu:

Griffbrettübersicht 5-Saiter – Stammtöne bis zum 5. Bund

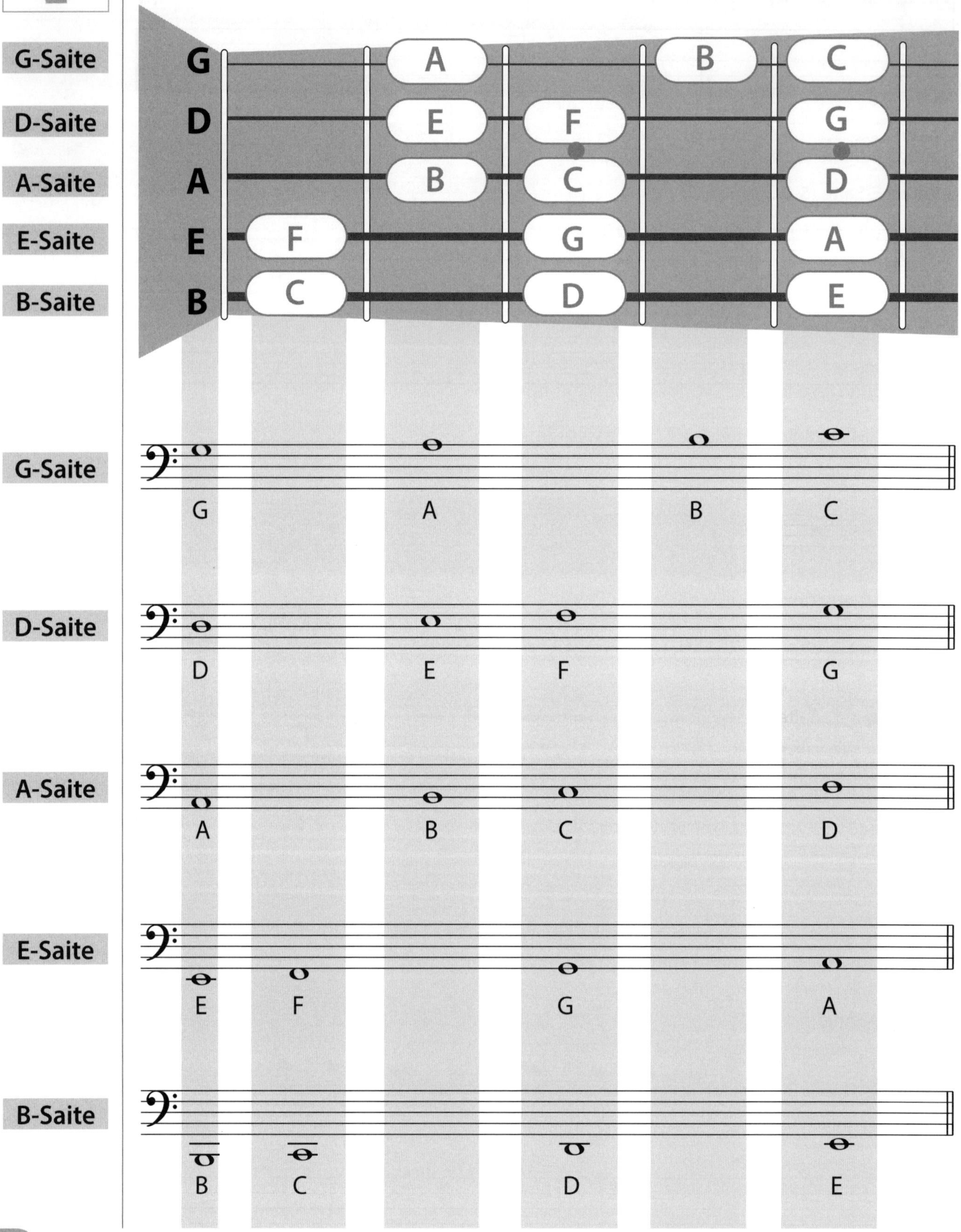

Griffbrettübersicht 5-Saiter

Das ist eine Übung auf der B-Saite:

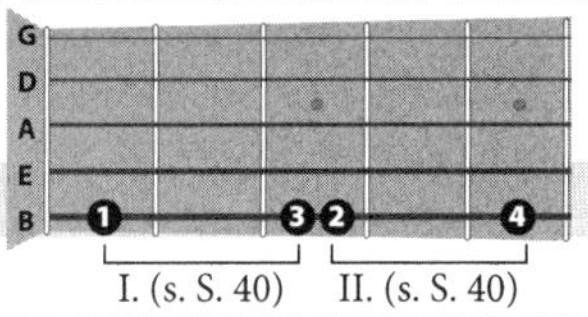

Übung B-Saite (5-Saiter)

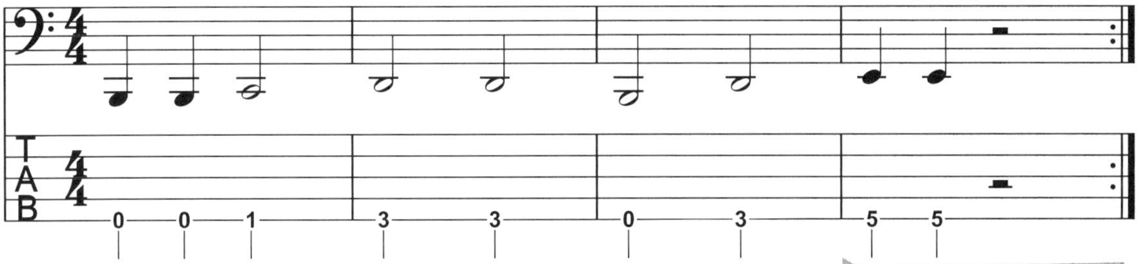

Hier werden die Töne auf der E-Saite gespielt:

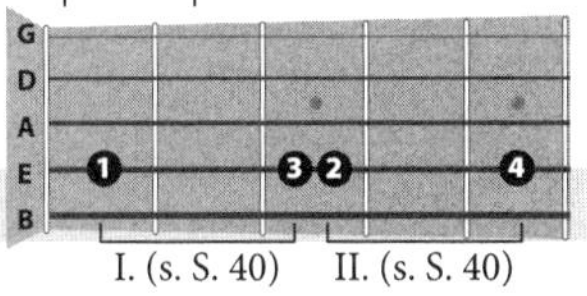

Übung E-Saite (5-Saiter)

Die Finger deiner Greifhand:
- ❶ = *Zeigefinger*
- ❷ = *Mittelfinger*
- ❸ = *Ringfinger*
- ❹ = *Kleiner Finger*

Mit dieser Übung geht es auf der A-Saite weiter:

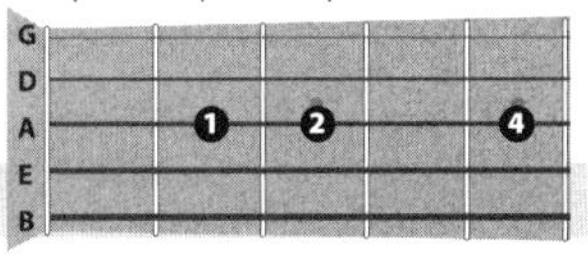

Übung A-Saite (5-Saiter)

Die Töne der D-Saite dürfen auch nicht fehlen:

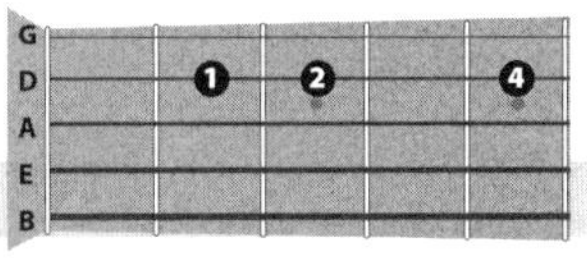

Übung D-Saite (5-Saiter)

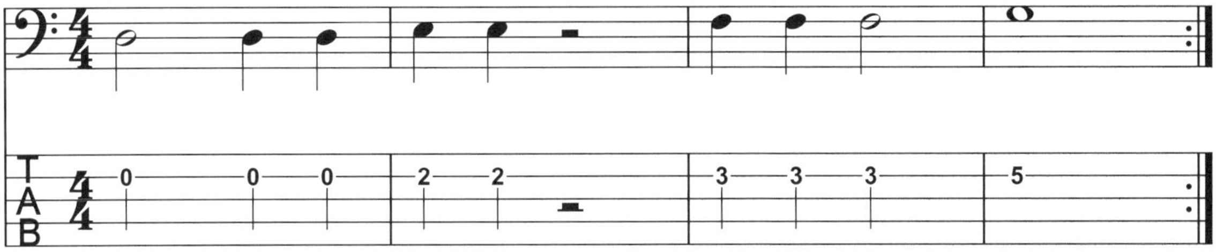

Und schließlich die Übung auf der G-Saite:

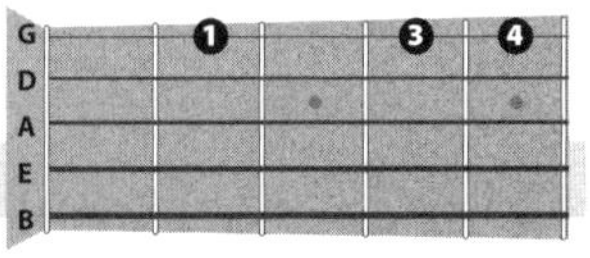

Übung G-Saite (5-Saiter)

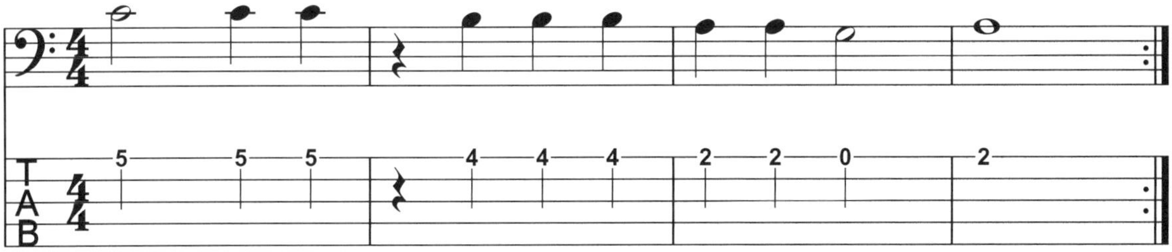

Kapitel 2

Vielleicht hast du bemerkt, dass im 5. Bund derjenige Ton liegt, der der nächst höheren Leersaite entspricht. So ist z.B. das „A" im 5. Bund der E-Saite gleich der leeren A-Saite, das „D" im 5. Bund der A-Saite gleich der leeren D-Saite etc. (*vgl. Kapitel 1 – Konventionelles Stimmen der Saiten, S.18*).

Alle Töne der **drei Stücke** aus *Kapitel I* kann man deshalb auch ohne Leersaiten, d.h. mit gegriffenen Tönen spielen. Suche dir also in der Griffbrettübersicht die gegriffenen Töne zu den entsprechenden Leersaiten heraus und spiele die Stücke jetzt ohne Leersaiten. Die einzige Ausnahme ist natürlich die leere E-Saite beim viersaitigen Bass.

Handposition

Die *Positionen* der Greifhand werden immer nach dem Bund benannt, auf dem sich der **1. Finger** (*Zeigefinger*) der Greifhand befindet und mit *römischen Zahlen*, die über dem Notensystem stehen, angegeben. Durch das konsequente Einsetzen von vier Fingern für vier Bünde ist diese Bezeichnung immer eindeutig.

Der Haltebogen

Ein Haltebogen verbindet zwei aufeinanderfolgende Noten gleicher Tonhöhe, die dann wie ein einziger Ton behandelt bzw. gespielt werden. Die beiden Noten werden nur einmal angeschlagen, wobei sich die einzelnen Notenwerte addieren. Dadurch sind Notenlängen über den Taktstrich hinweg möglich. Innerhalb eines Taktes sorgen Haltebögen für mehr rhythmische Klarheit.

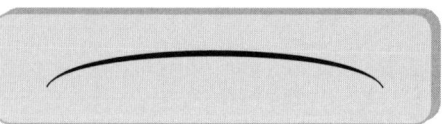

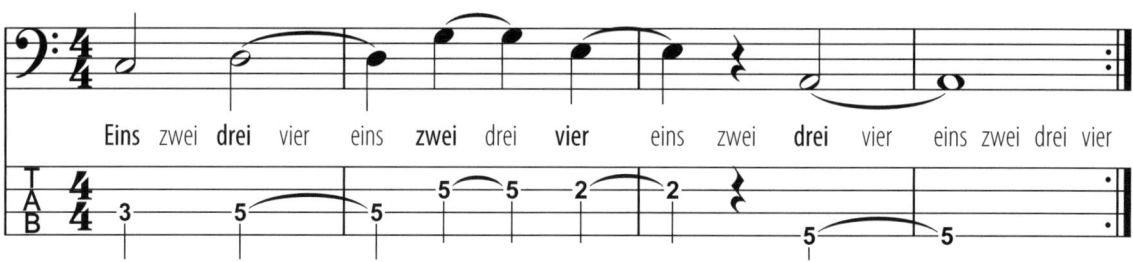

Viertel-Etüden

In den beiden folgenden Etüden lernst du die gegriffenen Töne vom 1. bis zum 5. Bund besser kennen. Ich habe dir die passenden Positionen (hier jeweils I. und II. Position) über die Noten geschrieben. Achte auf eine gute, entspannte Haltung der Greifhand. Bei den Saitenwechseln bleibt der **Daumen** der Greifhand immer in der Mitte des Halsrückens. Er hat quasi die Funktion eines Kugelgelenks: Wenn du auf den tieferen Saiten (B-, E- und A-Saite) spielst, bewegt sich die Greifhand etwas weiter *vor* den Hals und die Finger sind weiter *gestreckt* als bei dem Spiel auf den höheren Saiten (D- und G-Saite), wo die Finger *runder* sind und sich die Hand etwas weiter *hinter* dem Hals befindet.

Die Leersaiten solltest du ab jetzt zugunsten der entsprechenden, jeweils im 5. Bund gegriffenen Töne, vermeiden. Die **gegriffenen Töne** klingen einfach besser und fügen sich harmonischer in die restlichen, gegriffenen Töne ein. Die *Ausnahmen* sind wieder die leere E-Saite beim viersaitigen Bass und die leere E-Saite und die leere B-Saite beim fünfsaitigen Bass. Beide Etüden starten jeweils in der Position II mit dem 2. Finger (Mittelfinger) auf dem Ton „C" im dritten Bund auf der A-Saite. Benutze ein Metronom, das du zwischen ♩ = **60 bpm** bis ♩ = **120 bpm** einstellst. Auch wenn der Fokus auf der Greifhand liegt, achte dennoch auf deine Schlaghand, also die korrekte Position des Daumens, den Wechselschlag und die *Rakes* (*vgl. S. 22*).

Viertel-Etüden

Viertel-Etüde (Viersaiter) ♩= 60

Trage bei den Saitenwechseln nach unten die „rakes" in die Noten ein.

Kapitel 2

5-Saiter

Viertel-Etüde (Fünfsaiter) ♩ = 60

CD 14

Trage bei den Saitenwechseln nach unten die „rakes" in die Noten ein.

Dynamik

Die Dynamik

Mit dem Begriff *Dynamik* wird in der Musik die Lautstärke bezeichnet, mit der die Töne gespielt werden sollen. Dabei stammen die Begriffe für **laut** (*forte*) und **leise** (*piano*) aus der italienischen Sprache. Die wichtigsten dynamischen Abstufungen sind:

Im Notentext erscheinen diese Dynamikbezeichnungen immer unter den eigentlichen Noten und gelten solange, bis ein neues Dynamiksymbol erscheint.

Wichtig für die Praxis:
Versuche die Dynamikunterschiede immer durch einen unterschiedlich intensiven Anschlag herauszuarbeiten, nicht durch das Herumregeln am Lautstärkeregler von Bass oder Verstärker!

Der Sound liegt in deinen Fingern!

ff – fortissimo = sehr laut

f – forte = laut

mf – mezzoforte = mittellaut

mp – mezzopiano = mittelleise

p – piano = leise

pp – pianissimo = sehr leise

Kapitel 2

Spielstück „Steppin' In"

Den folgenden Reggae *Steppin' In* könntest du komplett in der Position I spielen. Allerdings müsstest du dann relativ viele Leersaiten benutzen, die im Vergleich zu gegriffenen Tönen oft etwas dünn klingen. Besser wäre es also, Positionswechsel einzubauen. Ich habe dir meinen Vorschlag für die Positionen der Greifhand über die Noten geschrieben.

Beachte die beiden *Wiederholungen*, die erste geht ganz zum Anfang zurück. Das Tempo ist zwar relativ schnell, da aber nur Viertelnoten gespielt werden, ist *Steppin' In* sicherlich gut zu meistern. Achte auch auf die *Dynamik*: Die beiden A-Teile sollen **laut** (*forte*) gespielt werden, der B-Teil **leise**r (*mezzopiano*).

III. Position:
Der Zeigefinger greift im 3. Bund, der Ringfinger im 5. Bund.

Spielstück „Steppin' In"

Das Intervall

Den Abstand zwischen zwei Tönen nennt man *Intervall*. Werden beide Töne nacheinander gespielt, spricht man von einem *melodischen* Intervall. Klingen sie gleichzeitig, ist es ein *harmonisches* Intervall.

Der Halbton

Das kleinste Intervall in unserem (abendländischen) Tonsystem ist ein *Halbton*, was auf deinem Instrument dem Abstand von einem Bund zum nächsten entspricht.

Die Quinte

Startet man auf dem Ton „C" und geht die C-Dur Tonleiter weiter *aufwärts*, erhält man beim **fünften Ton** das Intervall der sogenannten *reine Quinte*, den Ton „G".

Kapitel 2

Diese reine Quinte beschreibt den Abstand von *sieben Halbtonschritten* und ergibt immer dasselbe Griffbild auf deinem Griffbrett: Ausgehend von deinem Startton findest du die passende reine Quinte immer eine Saite höher und zwei Bünde höher.

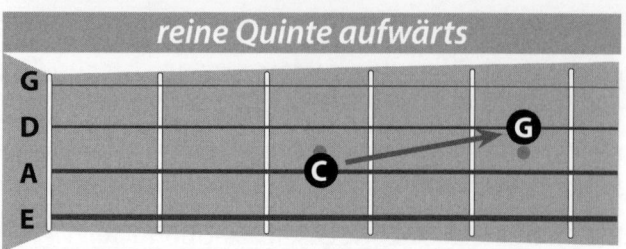

Die Quinte als Akkordton

Bisher haben die Basslinien der Spielstücke ausschließlich aus den Grundtönen der Akkorde bestanden. Dieses harmonische Wissen hast du bereits im *Play-Along* des *ersten Kapitels* (*vgl. S. 33*) anwenden können.

Neben dem Grundton eines Akkords ist auch die Quinte ein wichtiger Akkordton, den du für die Entwicklung eigener Basslinien benutzen kannst. Dabei ist es einerseits möglich, die Quinte wie eben oberhalb des Grundtons zu spielen:

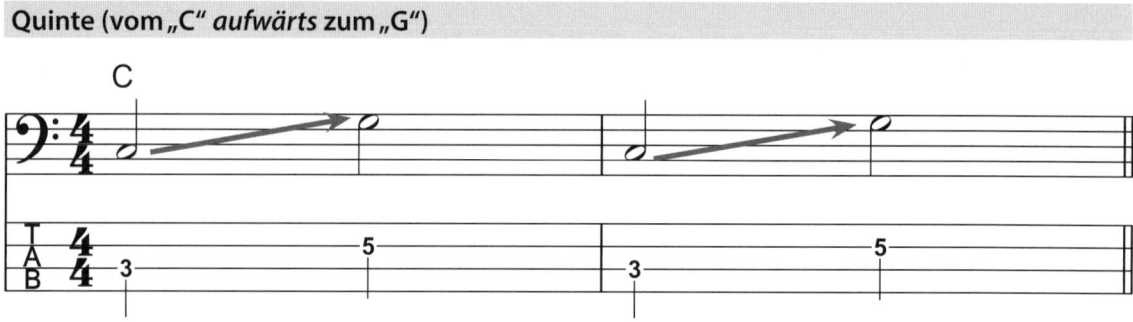

Aber auch „unterhalb" des Grundtons kannst du die Quinte des Akkords spielen:

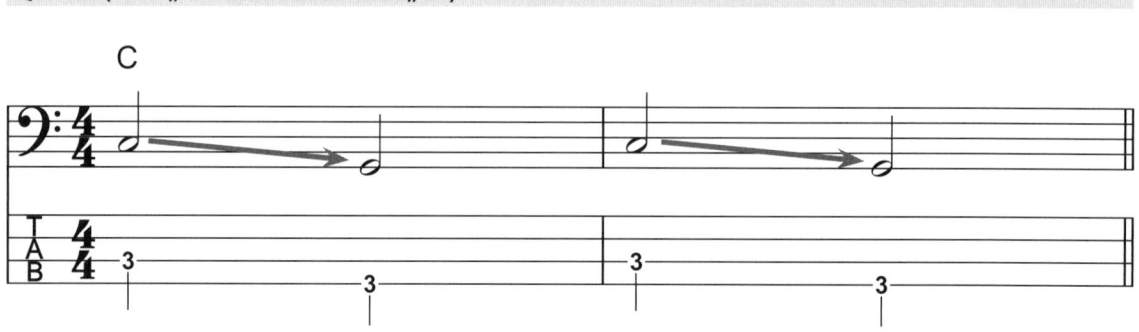

Auf dem Griffbrett findest du diese Quinte *nach unten* im selben Bund wie den Grundton, nur eine Saite tiefer.

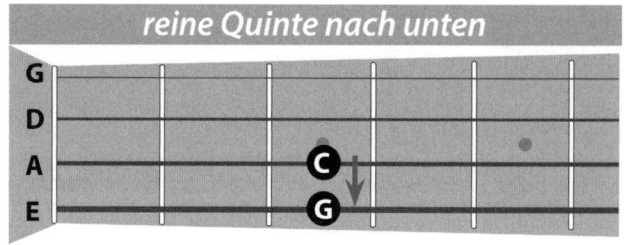

Der Wechselbass

Der Wechselbass

Eine Spielweise, bei der in der Basslinie vor allem die Grundtöne und Quinten der Akkorde vorkommen, und die rhythmisch auf Halben Noten bzw. Viertelnoten mit Viertelpausen basiert, nennt man *Wechselbass*. In ganz unterschiedlichen musikalischen Stilen wie etwa *Country*, *Schlager* oder *Polka* kann man diese Spielweise antreffen.

Hier ist eine kleine Wechselbass-Übung für *viersaitige* Bässe in Viertelnoten. Dabei fällt der Grundton des jeweiligen Akkords immer auf die Zählzeit „1" im Takt, die Quinte auf die Zählzeit „3". Achte hier auf die richtigen Notenlängen und die Pausen zwischen den Tönen.

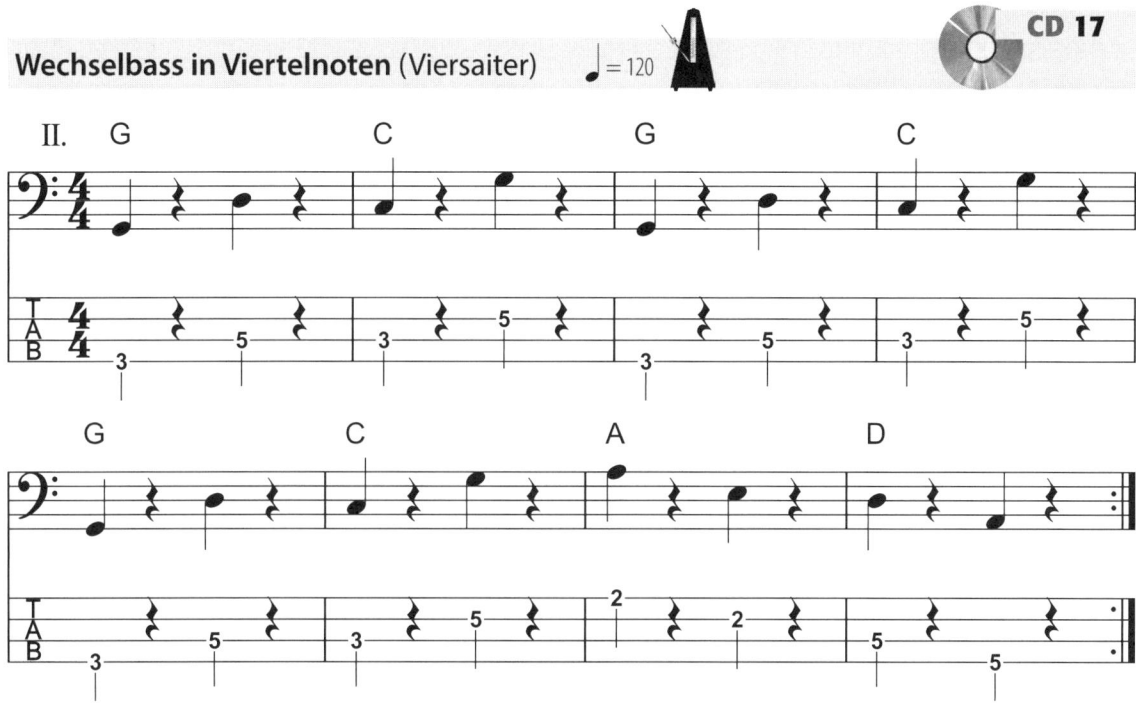

Es folgt die entsprechende Viertelübung für *fünfsaitige* Bässe:

Kapitel 2

Neben dieser eher kurzen Spielweise mit Vierteln und Viertelpausen gibt es noch die Möglichkeit, die Töne länger zu spielen. Die jeweiligen Töne werden zu Halben Noten, die ihre volle Länge gehalten werden müssen.

Das ist die Übung für *viersaitige* Bässe, bei der Quinten auch von den Leersaiten A und D gespielt werden:

4-Saiter

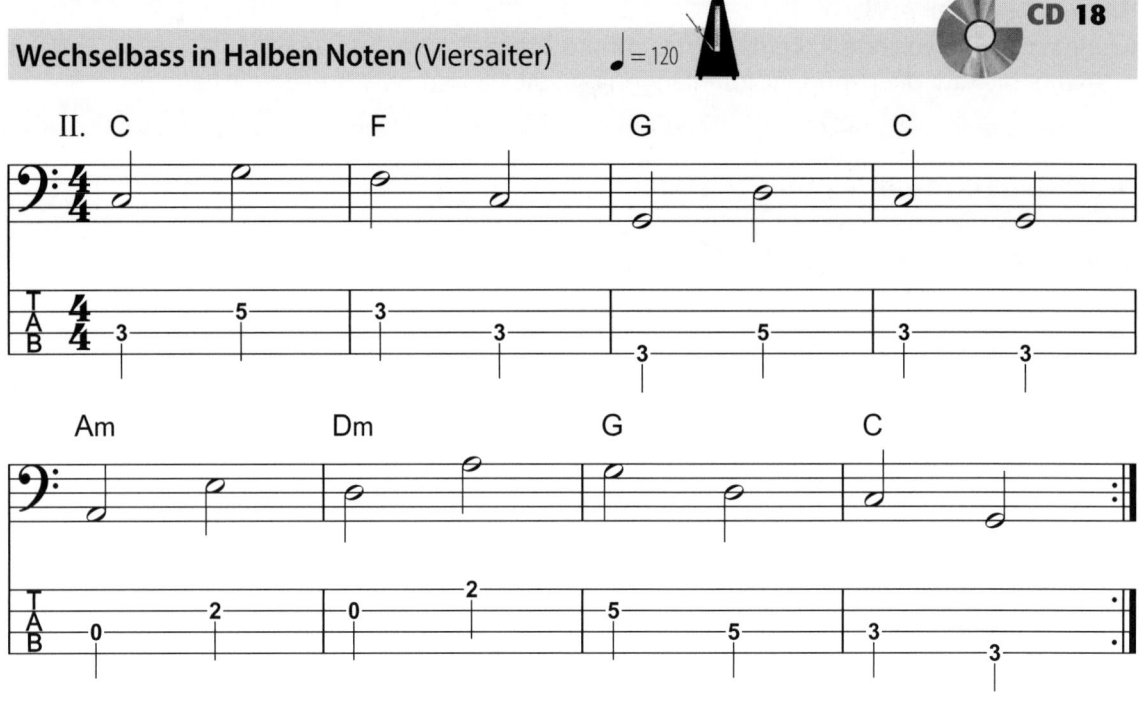

Auch bei dieser Übung für *Fünfsaiter* gibt es an zwei Stellen Quinten, die von Leersaiten ausgehen.

5-Saiter

Der Wechselbass

Das Kreuz-Versetzungszeichen

Ein Kreuz (♯) ist ein Versetzungszeichen. Es steht vor einer Note und *erhöht* diese um einen Halbton. Auf dem Griffbrett musst du diesen Ton also einen Bund höher greifen. Dem bisherigen Notennamen wird die Silbe "-is" angehängt. So wird etwa aus dem Ton „F" durch ein Kreuz der Ton „Fis". Jedes Versetzungszeichen gilt jeweils nur bis zum nächsten Taktstrich.

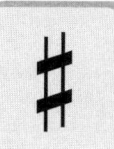

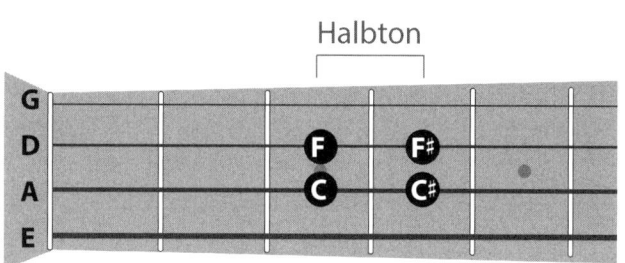

Kreuz-Versetzungszeichen

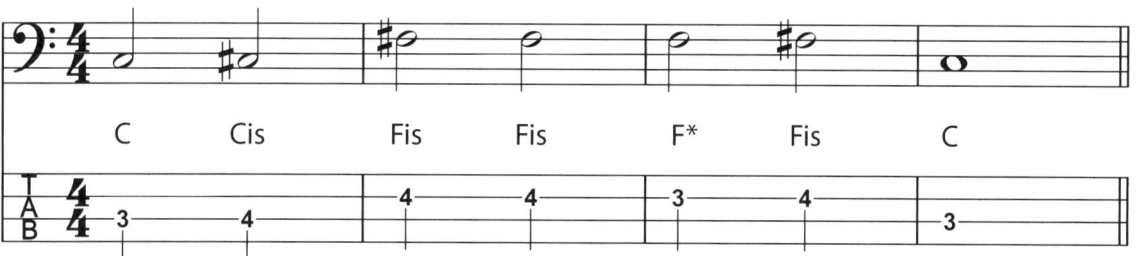

* Das Kreuz aus dem Vortakt (Ton Fis) hat im nächsten Takt seine Gültigkeit verloren!

Spielstück „Rock 'Em Hard"

Bei dem Spielstück **Rock 'Em Hard** auf der nächsten Seite werden die beiden bisherigen harmonischen Konzepte kombiniert: Im A-Teil werden geradlinige Grundtöne gespielt, während im Mittelteil (B) der Wechselbass zum Einsatz kommt. Hier gibt es auch das erste Versetzungszeichen, durch ein Kreuz (♯) wird aus dem „F" ein „**Fis**". Die beiden Teile unterscheiden sich auch dynamisch. Die Basslinie des A-Teils ist **lauter** (*forte*) als im B-Teil (*mezzoforte*).

Achte beim Üben auf die richtigen Notenlängen und die Pausen beim Wechselbass. Auch habe ich dir über die Noten meine Vorschläge für sinnvolle Positionen der Greifhand notiert. Es gibt hier also Lagenwechsel von der II. Position zur IV. Position und zurück. Es gibt nur eine Wiederholung. Wenn du also am Wiederholungszeichen (in der vierten Zeile) angekommen bist, musst du nochmals zum Anfang (A-Teil) springen.

Kapitel 2

Play-Along „Beat the Train"

Play-Along „Beat The Train"

Das Play-Along *Beat The Train* ist ein rockiges Countrystück in mittlerem Tempo, für das du eine eigene Basslinie entwickeln sollst. Das Lied gliedert sich in zwei Teile. Im **A-Teil** kann ich mir gut einen Wechselbass mit Viertelnoten und –pausen vorstellen. Nach der Wiederholung geht es in den Mittelteil (**B**), der durch das Schlagzeug und die liegenden Akkorde etwas offener wirkt. Deshalb sind hier Halbe Noten – immer noch als Wechselbass – passender. Im letzten **A-Teil** würde ich wieder Viertelnoten und die entsprechenden Pausen vorschlagen.

Suche dir also die Grundtöne der Akkordsymbole und die passenden Quinten heraus, um deine eigene Wechselbass-Linie zu entwickeln. Die Frage, ob die Quinte „nach oben" oder „nach unten" gespielt wird, solltest du aus dem Kontext heraus beantworten. Wenn du ein Ergebnis hast, dass dir gefällt, kannst du es wieder in die leeren Notenlinien und Tabulaturen schreiben. Hier sind einige mögliche Griffbilder zur Auswahl der Töne:

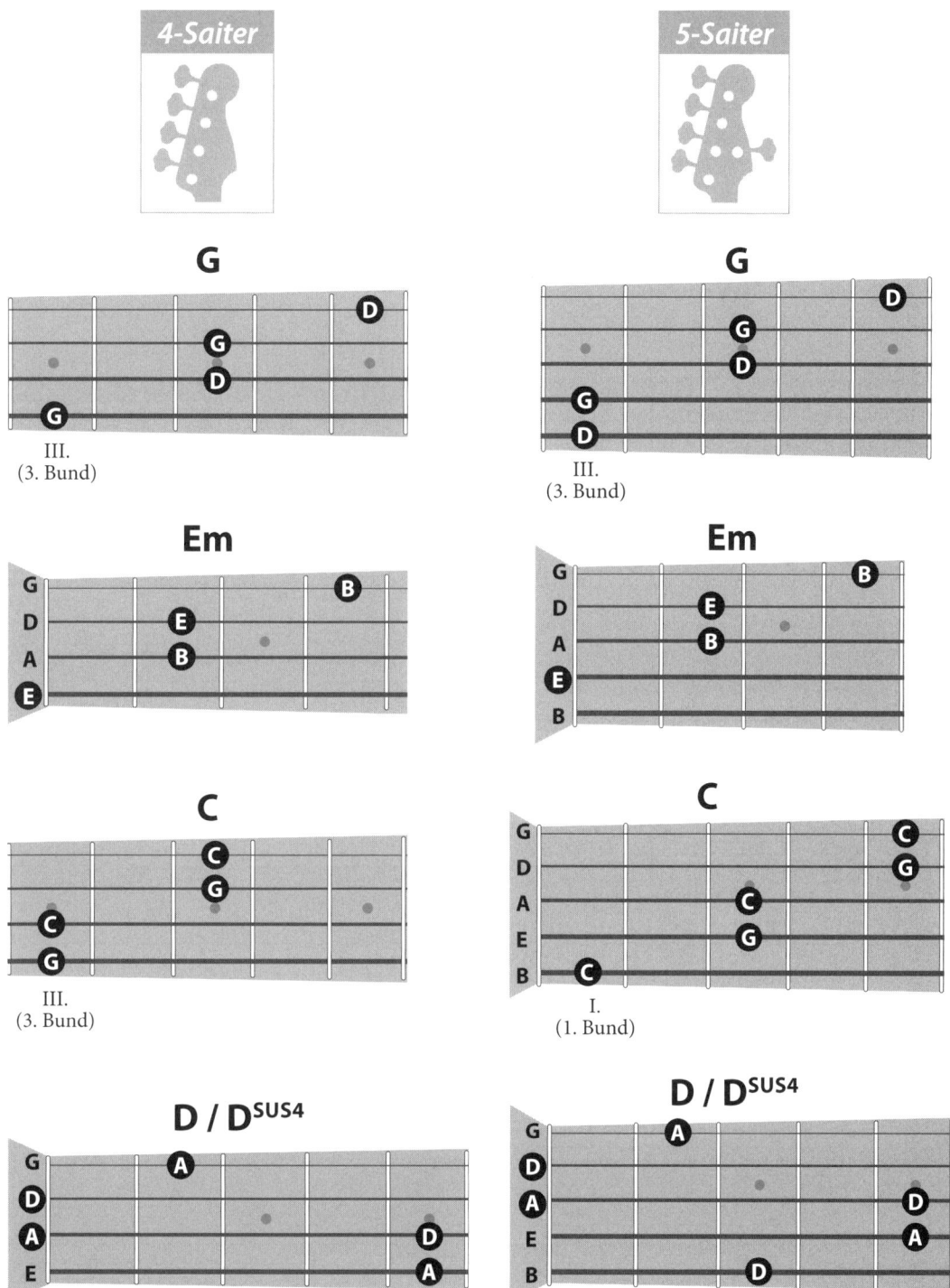

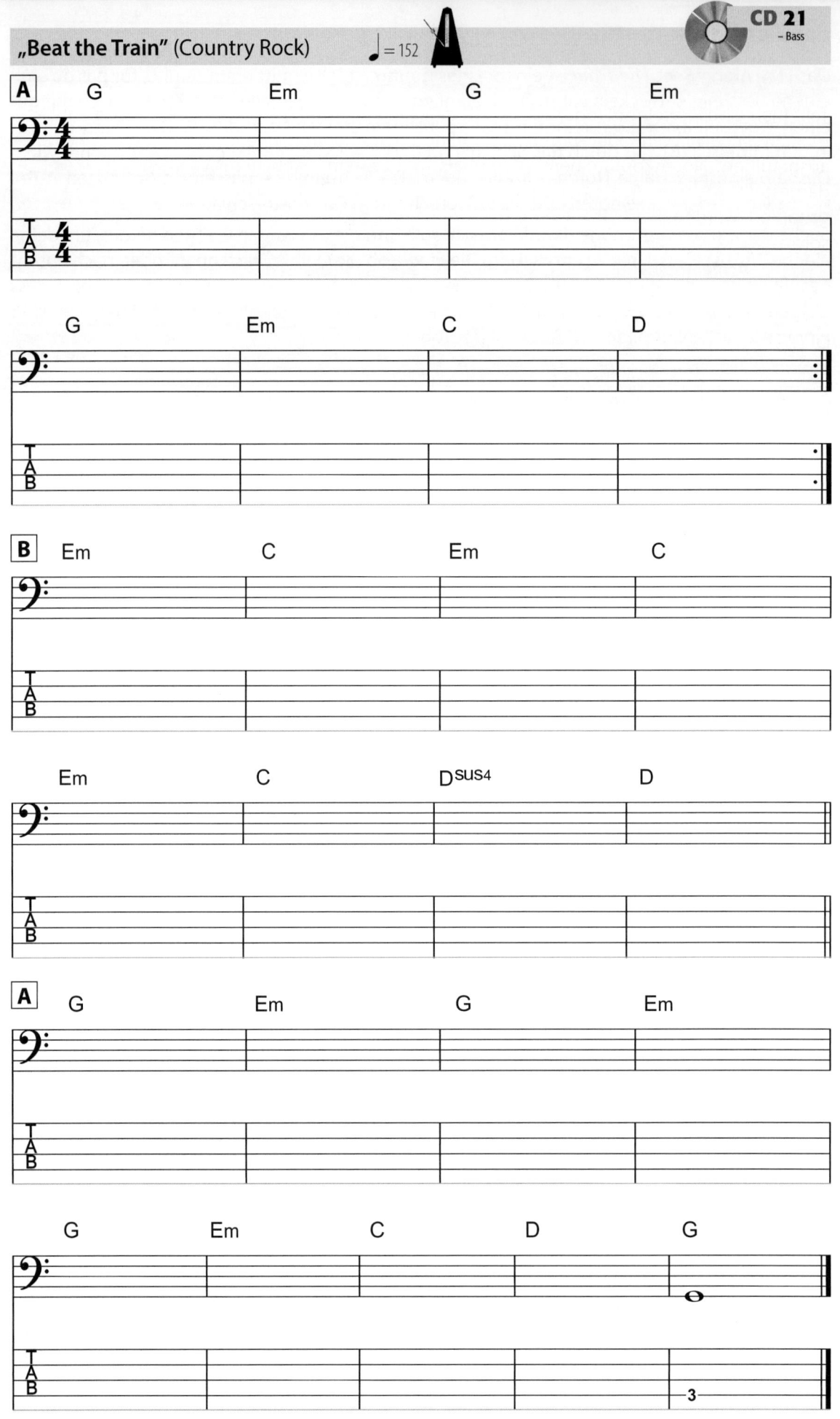

Kapitel 3

Die Achtel-Rhythmik

Achtelnoten

Teilt man eine Viertelnote (oder –pause) in gleichlange Hälften, erhält man *zwei Achtelnoten* (oder *-pausen*). Achtelnoten werden mit einem ausgefüllten Notenkopf, einem Notenhals mit einem Fähnchen dargestellt. Mehrere Achtelnoten können auch durch einen **Balken** gruppiert werden, was oft für eine bessere Übersicht im Notenbild sorgt.

Die Achtelzählzeiten

Die zusätzlichen Zählzeiten zwischen den vollen Zählzeiten der Viertelnoten werden mit der Silbe „**und**" bezeichnet. Die erste Achtelnote im Takt steht damit auf der Zählzeit „**eins**", die zweite auf der Zählzeit „**eins und**" usw. Es entsteht folgendes Achtelraster:

Es gibt folgende *fünfzehn* Möglichkeiten, eine bis vier Achtelnoten in einem 2/4-Takt anzuordnen:

Kapitel 3

Mache dir diese Rhythmen wie in *Kapitel 1, S. 29* klar, bevor du zu den nächsten Etüden übergehst: Stelle dein Metronom auf ♩ = 60 bpm ein und sprich laut die einzelnen Achtelnoten im Takt, also „eins", „und", „zwei", „und", mit. Klatsche dann mit deinen Händen den Rhythmus des ersten Taktes dazu. Mache das, bis dir der Takt völlig klar ist und gehe erst dann zum nächsten Takt über usw. Wenn du alle Takte durchgeklatscht hast, wiederhole das ganze mit deinem Instrument, indem du die Rhythmen nicht mehr klatschst, sondern auf einer Leersaite spielst. Vergiss dabei nicht, laut mitzuzählen!

Achtel-Etüden

Für die folgenden Etüden habe ich dir wieder die jeweiligen Positionen für die Greifhand über die Noten geschrieben. Suche dir anhand der Griffbrettübersicht die entsprechenden Töne heraus. Spiele bzw. halte auch hier wieder die Töne und Pausen ganz bewusst ihre jeweilige, volle Länge. Achte auf saubere Positionswechsel, und darauf, die "rakes" an den richtigen Stellen durchzuführen. Benutze wieder ein Metronom, das du zwischen ♩ = 60 bpm und ♩ = 120 bpm einstellst.

Achtel-Etüde (Viersaiter) ♩ = 60

CD 22

Achtel-Etüden

Achtel-Etüde (Fünfsaiter)   ♩ = 60   CD 23

5-Saiter

Kapitel 3

Der Punkt hinter einer Note

Der Punkt hinter einer Note bedeutet, dass sie um die *Hälfte* ihres Notenwertes *verlängert* wird. Eine Halbe Note wird also durch den Punkt dahinter um die Hälfte ihres Wertes (d.h. um ein Viertel) verlängert, wodurch sie zu einer 3/4-Note (𝅗𝅥 + ♩) wird. Es gibt natürlich auch punktierte Viertelnoten (♩.), sie sind ♩ + ♪ = 3 Achtel (♪ ♪ ♪) lang:

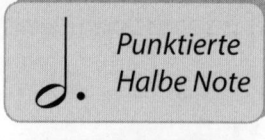
Punktierte Halbe Note

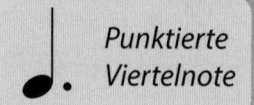
Punktierte Viertelnote

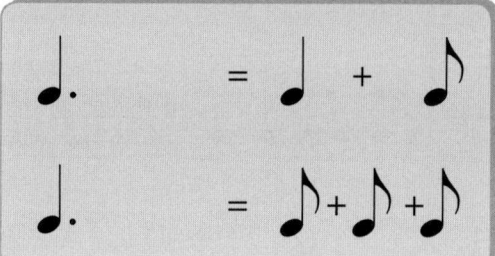

Das sind die jeweils entsprechenden Möglichkeiten der Notation:

Punktierte Halbe Note   *Punktierte Viertelnote*

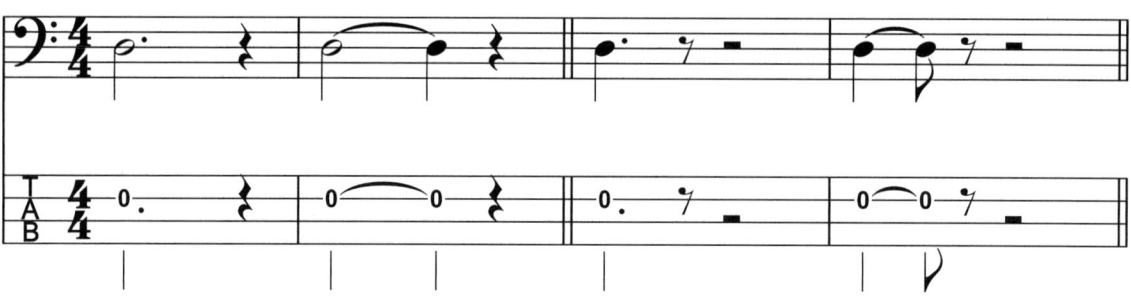

In den folgenden Etüden kommen auch punktierte Noten vor. Mache dir die Rhythmik anhand der Zählzeiten der Noten im Takt klar. Vergiss nicht, die mit einem Haltebogen angehängten Noten nicht nochmals anzuschlagen. Für das Metronom schlage ich wieder ein Tempo zwischen ♩ = 60 bpm und ♩ = 120 bpm vor.

Punktierte Noten

Etüde mit punkierten Noten (Viersaiter) ♩ = 60

4-Saiter

Kapitel 3

Etüde mit punktierten Noten (Fünfsaiter) ♩ = 60

CD 25

„Amsterdam Groove"

Die Schlagzeug-Notation

Als Bassist bildest du im Bandkontext mit dem Schlagzeuger ein gemeinsames rhythmisches Fundament. Deshalb ist es nützlich, möglichst viel über den Aufbau von sogenannten „Grooves", also das Zusammenspiel von Bass und Schlagzeug, zu wissen.

Wir werden ab jetzt alle weiteren Spielstücke unter diesem Gesichtspunkt analysieren. Die wichtigsten Instrumente des Schlagzeugs sind die **Bass Drum** (auch Kick Drum oder große Trommel genannt), die **Snare Drum** (oder kleine Trommel), die verschiedenen **Toms** (oder Tom Toms), die **Hi-Hat** (oder Charleston-Maschine) und schließlich **Ride** und **Crash Cymbals** (oder Becken).

Die einzelnen Instrumente des Drumsets werden in diesem Buch so notiert:

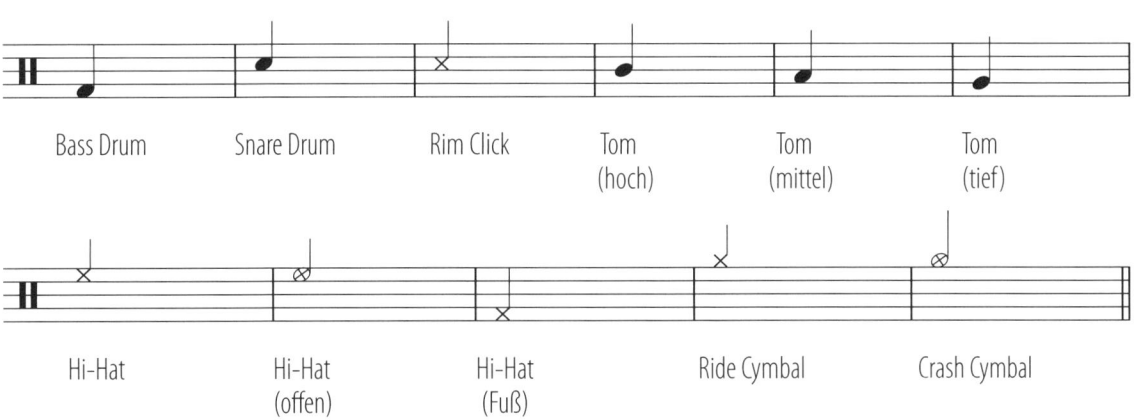

„Amsterdam Groove"

Als *Amsterdam Groove* bezeichnet man Schlagzeug-Patterns, in denen die Bass Drum-Schläge auf den Zählzeiten „1", „2 und" und „3" spielt. Dieser Groove kommt nicht aus den Niederlanden, vielmehr kann man diese Rhythmik lautmalerisch mit dem Wort „Amsterdam" unterlegen:

„Amsterdam Groove" (Bass Drum)

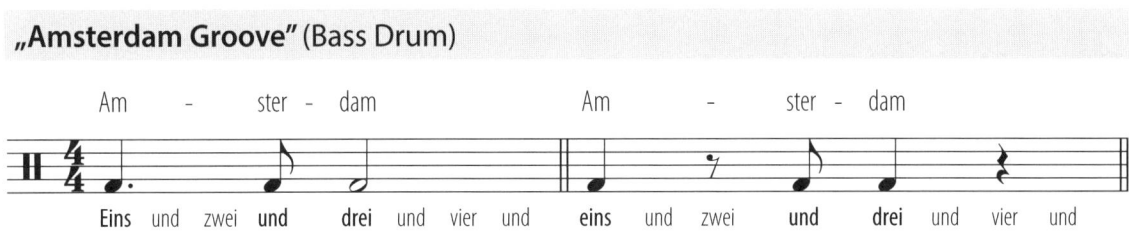

Addiert man zu diesem Pattern noch Achtelnoten in der Hi-Hat und Schläge der Snare Drum auf die Zählzeiten „2" und „4", bekommen wir einen vollständigen Schlagzeug-Groove.

Kapitel 3

Ein grundlegendes Konzept für das Zusammenspiel zwischen Bass und Schlagzeug ist es, wenn die Basslinie die Schläge der Bass Drum doppelt. In unserem Falle sieht das Ergebnis dann so aus:

„Amsterdam Groove" (Bass und Drumset)

In der Basslinie fallen die jeweils drei Töne pro Takt also auch auf die Zählzeiten „1", „2+" und „3".

Der *Amsterdam Groove* kommt in vielen verschiedenen Stücken der unterschiedlichsten Musikstile vor. Bei den nächsten beiden Übungen für viersaitige und fünfsaitige Bässe wird der jeweilige Grundton des Akkords auch auf diese Weise rhythmisiert. Achte dabei auf die richtigen Notenlängen und eine exakte Rhythmik.

4-Saiter

„Amsterdam Groove" 1 (Viersaiter) ♩ = 120   CD 26

5-Saiter

„Amsterdam Groove" 1 (Fünfsaiter)

garantiertbass.de

„Amsterdam Groove"

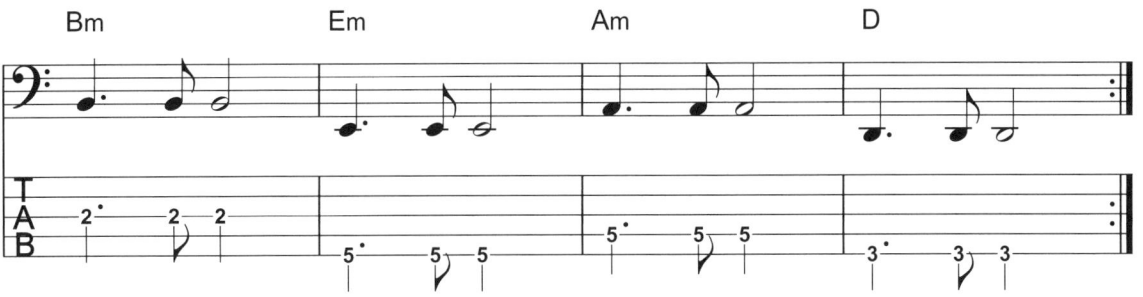

Wie beim Wechselbass auch kann man dieses rhythmische Pattern – auf der harmonischen Ebene – um die Quinte des jeweiligen Akkords erweitern. Am besten klingt es, wenn die Quinte auf die Zählzeit „3" fällt. Genau das habe ich in der folgenden Viersaiter-Übung notiert, bei der es wieder Quinten „nach oben" und „nach unten" gibt:

„Amsterdam Groove" 2 (Viersaiter) ♩ = 120

CD 27

Hier ist die entsprechende Übung für *fünfsaitige* Bässe. Achte auf das Kreuz im fünften Takt!

„Amsterdam Groove" 2 (Fünfsaiter)

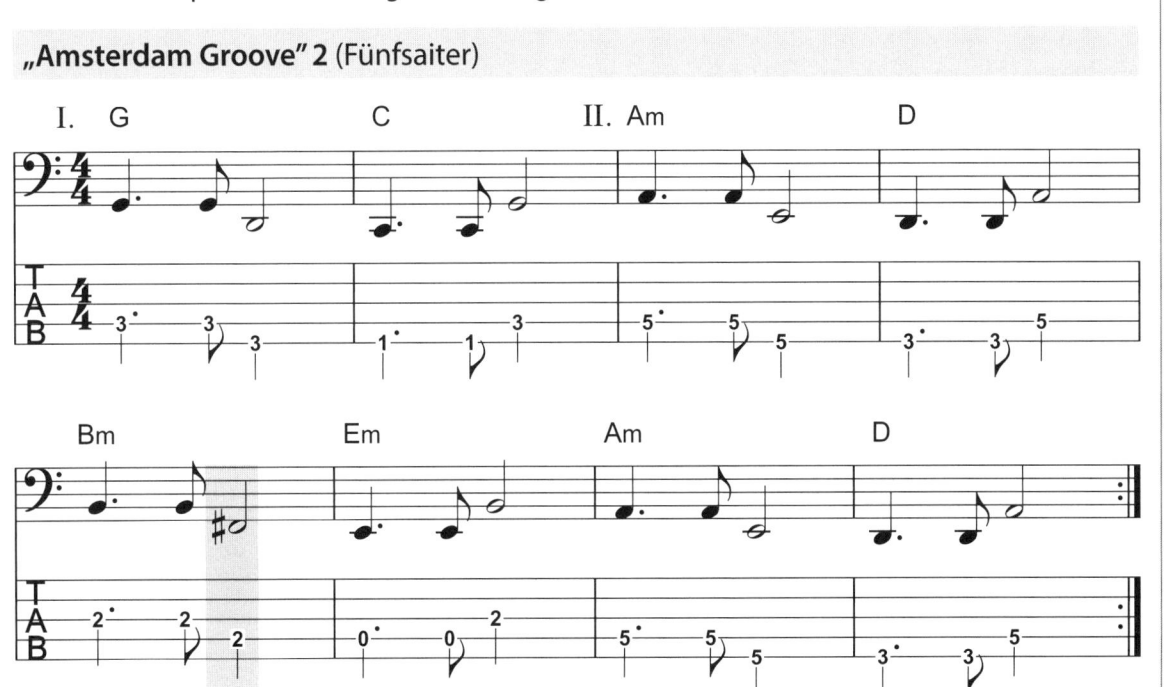

Tiefes Fis

Kapitel 3

Das ♭-Versetzungszeichen

Das ♭ ist – genau wie das Kreuz (♯) – auch ein Versetzungszeichen. Steht ein ♭ vor einer Note, wird sie um einen Halbton *erniedrigt*. Der Ton wird also *einen Bund tiefer* gegriffen. Dem Notennamen wird die Silbe „-es" angehängt. Aus einem „D" mit einem ♭ davor wird der Ton „Des", aus einem „G" ein „Ges", aber aus einem „A" ein „As". Lediglich beim Ton „Be" selbst führt die Unterscheidung zum Ton B in der internationalen Schreibweise zu Verständnisproblemen. In den Niederlanden haben sie das ganz pragmatisch gelöst. Sie hängen dem B einfach auch die Silbe „-es" („Bes") an; etwas ungewohnt, aber eindeutig. Wie das Kreuz (♯) gilt auch das ♭ immer nur bis zum nächsten Taktstrich.

Übung mit ♭-Versetzungszeichen

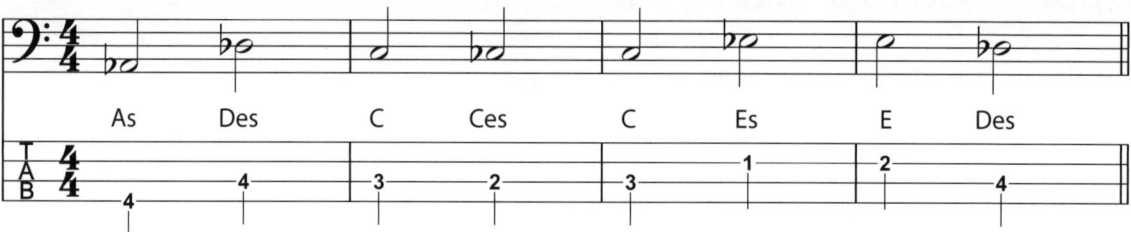

Im deutschen Sprachgebrauch wird aus dem erniedrigten Ton „H" ein „B". In diesem Buch wird ausschließlich die internationale Bezeichnung verwendet, bei der es kein „H" gibt. Deshalb schlage ich vor, das erniedrigte „B♭" als „Bes" zu bezeichnen, wie es in den Niederlanden üblich ist.

Die Fermate

Die Fermate (*italienisch fermare = anhalten*) ist ein musikalisches Ruhezeichen. Es zeigt an, dass der mit einer Fermate (𝄐) gekennzeichnete Ton länger als ihr Notenwert ausgehalten wird.

Spielstück „Arousing Bossa"

Das folgende Spielstück *Arousing Bossa* ist eine 32-taktige Form, die man in vier jeweils achttaktige Einheiten unterteilen kann. Man spricht üblicherweise von einer **A-A-B-A-Form**. In den **A-Teilen** findest du das typische „Amsterdam"-Pattern wieder. Es wandert hier durch die Akkordwechsel und ist mit Grundtönen und Quinten – sowohl „nach oben" als auch „nach unten" – harmonisiert.

Im **B-Teil** wird es etwas rockiger und auch lauter. Das *mezzopiano* des A-Teils wird hier zum *mezzoforte*, bevor es am Ende des B-Teils in einem *forte* gipfelt. Neben einigen vorgezogenen Akzenten, die der Melodie folgen, wird das Bass-Pattern um eine Achtelnote auf der Zählzeit „4+" erweitert. Außerdem gibt es hier ein Versetzungszeichen, durch ein ♭ wird aus dem Ton „B" ein „B♭". Mach dir zunächst den Ablauf klar. Die Wiederholungszeichen mit Haus 1 und Haus 2 kennst du ja schon aus dem Stück *Four Quarters* aus *Kapitel 1, S. 23–24*. Vorschläge für die Positionen der Greifhand habe ich dir wieder in die Noten geschrieben. Achte beim Üben vor allem auf die richtige Ausführung der Rhythmik, der Dynamik und auf ein genaues Timing!

„Arousing Bossa"

"Arousing Bossa" (Latin Rock) ♩ = 112

CD 28 | 29
+ Bass − Bass

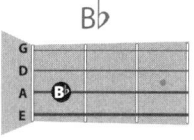
B♭

V. Position:
Der Zeigefinger greift im 5. Bund, der Ringfinger im 7. Bund

Fermate

63

Kapitel 3

Groove Analyse

Das Schlagzeug-Pattern im **A-Teil** von *Arousing Bossa* ist tatsächlich ein *Bossa Nova*, also ein lateinamerikanischer Groove. Neben dem Einsatz eines Rim Clicks statt einer herkömmlich gespielten Snare Drum ist dabei vor allem das Pattern der Bass Drum, das wieder mal ein *„Amsterdam"*-Pattern ist, bemerkenswert:

Beim rockigen **B-Teil** kommt die Snare Drum mit herkömmlichen Schlägen auf den Zählzeiten „2" und „4" zum Tragen, was man *Back Beat* nennt. Das Bass Drum-Pattern wird – ebenso wie das Pattern der Basslinie – um die Zählzeit „4+" erweitert. Auch gibt es eine kleine Variation bei den Achtelnoten: auf der Zählzeit „2+" liegt schon die Quinte, die danach auf die Zählzeit „3" folgt, während auf der „4+" der Grundton liegt. Diese Variation kannst du immer spielen, sie klingt genauso gut wie das Grund-Pattern.

In beiden Teilen bleiben wir dem Konzept, mit der Basslinie die Akzente der Bass Drum zu doppeln, konsequent treu.

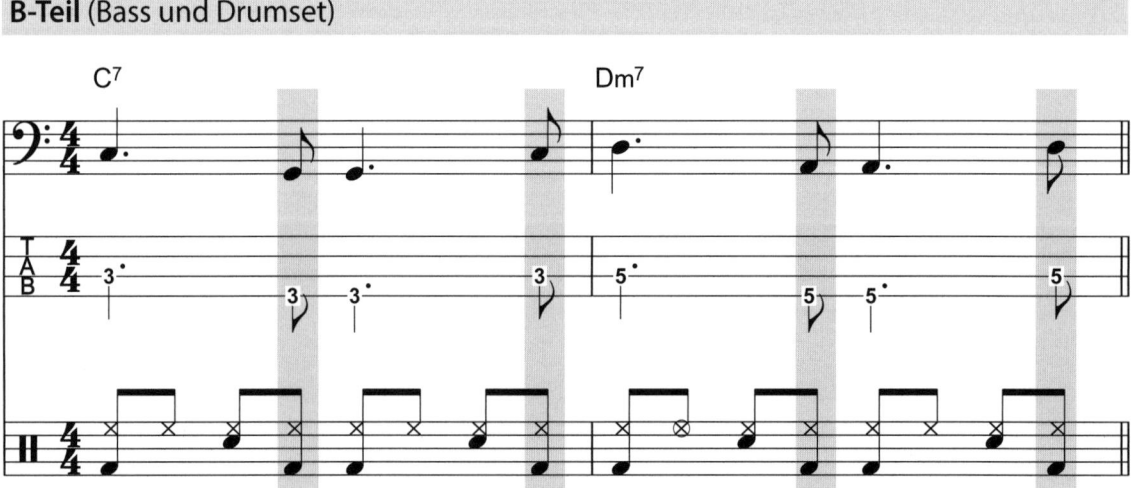

Dreiklänge

Dreiklänge

Die Terz

Außer dem Grundton und der Quinte gibt es in Akkorden, genauer gesagt in Dreiklängen, noch einen Ton, der sich ebenfalls für die Verwendung in Basslinien eignet, nämlich die *Terz*. Es gibt *große* und *kleine Terzen*, die wir auf folgende Weise ableiten.

Die große Terz

Startet man auf dem Ton „C" und geht die C-Dur Tonleiter weiter nach oben, erhält man beim dritten Ton das Intervall der großen Terz, den Ton „E".

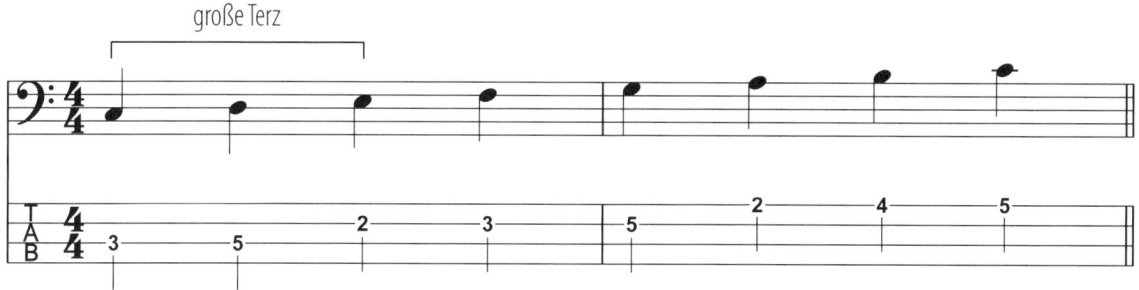

Diese große Terz beschreibt den Abstand von *vier Halbtonschritten* und ergibt folgendes Griffbild. Ausgehend von deinem Startton findest du die große Terz immer eine Saite höher und einen Bund tiefer:

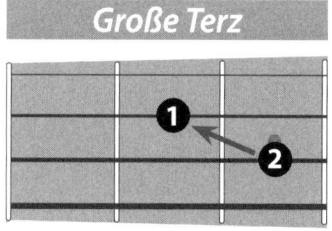

Die kleine Terz

Zur Bildung einer kleinen Terz starten wir auf dem Ton „E". Gehen wir von hier die Tonleiter weiter hinauf, erhalten wir beim dritten Ton („G") das Intervall einer kleinen Terz.

Die kleine Terz beschreibt damit den Abstand von nur *drei Halbtonschritten*. Für die Praxis sind zwei Griffbilder hilfreich. Vom Startton findest du die kleine Terz entweder auf derselben Saite und drei Bünde höher; oder aber auf der höheren Saite und zwei Bünde tiefer.

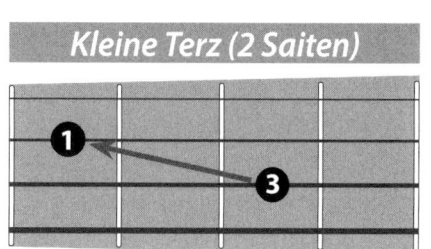

Kapitel 3

Der Dur-Dreiklang oder Dur-Akkord

Allgemein versteht man unter Dreiklängen oder Akkorden eine *Schichtung* von drei Tönen, die im *Terzabstand* zueinander stehen. Da für diese Schichtungen kleine und große Terzen zur Verfügung stehen, gibt es verschiedene Möglichkeiten.

Der **Dur-Dreiklang** besteht aus einer *großen Terz* (hier: „C"–„E") und einer *kleinen Terz* (hier: „E"–„G") darüber. Beide Terzen addiert ergeben die reine Quinte, die man hier auch als *Rahmenintervall* bezeichnet. Der Dur-Dreiklang hat also den allgemeinen Aufbau aus Grundton („C"), großer Terz („E") und reiner Quinte („G"). Als Akkordsymbol wird für den Dur-Dreiklang nur der Großbuchstabe des jeweiligen Grundtons verwendet, in diesem Falle: **C**.

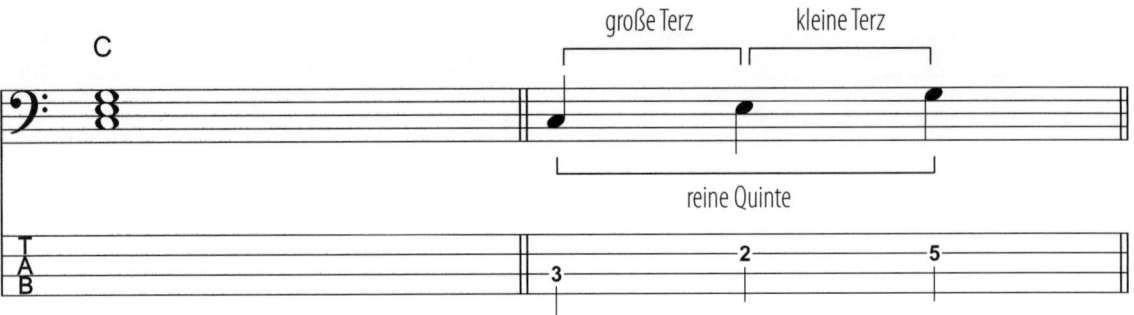

Für den Dur-Dreiklang ergeben sich zwei Griffbilder, die du dir einprägen solltest:

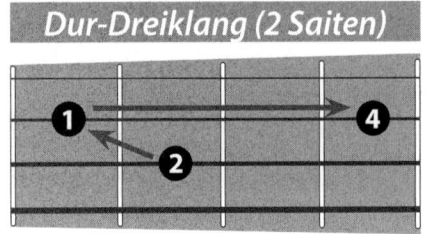

Diese Griffbilder lassen sich von jedem Ton aus spielen. Es wird sich immer um einen Dur-Dreiklang handeln.

Arpeggio

Bei einem Akkord oder Dreiklang klingen alle Töne normalerweise gleichzeitig. Man kann zwar auf dem E-Bass (je nach Anzahl der Saiten) bis zu sechs Töne gleichzeitig spielen, für das Spielen von Akkorden ist er aber aufgrund des tiefen Registers nur bedingt geeignet.

Wenn die Töne eines Akkordes nicht gleichzeitig, sondern nacheinander erklingen, spricht man von einem *Arpeggio* oder einem *gebrochenen* Akkord. Diese Arpeggios wiederum können am E-Bass gut umgesetzt werden.

Spiele die folgende Übung, die für Vier- und Fünfsaiter geeignet ist, durch und achte dabei genau auf den Fingersatz. Der Mittelfinger der Greifhand ist immer auf dem Grundton des Dur-Akkords. Präge dir dabei auch den Klang des gebrochen gespielten Dur-Akkords ein.

CD 30

garantiertbass.de

Dreiklänge

Man kann Dreiklang-Arpeggios auch bis zu dem „C" spielen, das über der Quinte liegt, der sogenannten *Oktave*. Das passiert in der nächsten Übung, die wieder für Vier- und Fünfsaiter gedacht ist:

C-Dur Arpeggio (mit Oktave)

Der Moll-Dreiklang oder Moll-Akkord

Der Moll-Dreiklang besteht – genau umgekehrt als der Dur-Dreiklang – aus einer *kleinen Terz* (hier: „C" – „E♭"), auf die eine *große Terz* (hier: „E♭" – „G") geschichtet wird. Es ergibt sich der allgemeine Aufbau aus *Grundton* („C"), *kleiner Terz* („E♭") und *reiner Quinte* („G").

Das *Rahmenintervall* ist hier also wieder gleich. Als Akkordsymbol werden für den Moll-Dreiklang der Großbuchstabe des jeweiligen Grundtons und ein nachgestelltes, kleines „m" verwendet. Es steht für „minor", dem englischen Ausdruck für Moll: **Cm**

Neben diesem Symbol sind noch die folgenden Akkordsymbole gebräuchlich: C-, Cmi, Cmin.

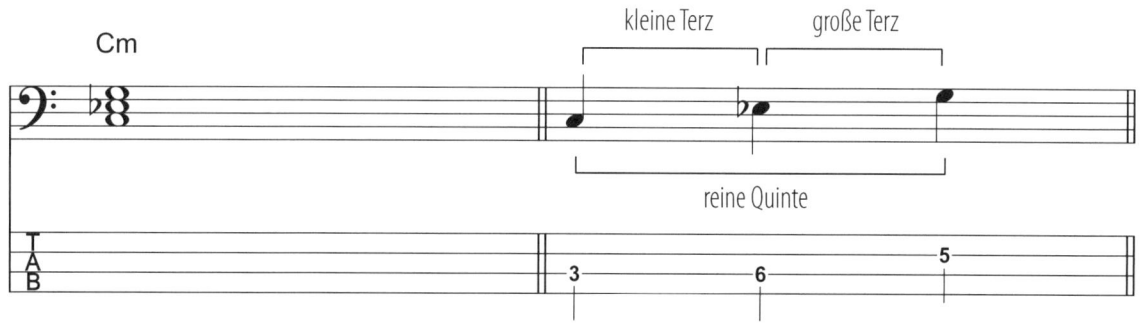

Kapitel 3

Auch für den Moll-Dreiklang gibt es zwei Griffbilder, die nützlich für die Praxis sind:

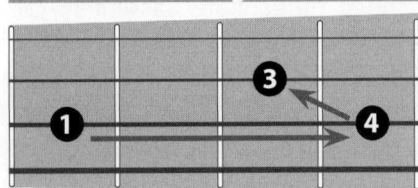

Diese Griffbilder lassen sich von jedem Ton aus spielen. Es wird sich immer um einen Moll-Dreiklang handeln.

Bei der nächsten Übung liegt der *Zeigefinger* der Greifhand immer auf dem *Grundton* des Moll-Akkords. Da die *kleine Terz* („E♭") des Cm-Akkords im 6. Bund der A-Saite gegriffen wird, überschreitest du erstmals den bisherigen Bereich des Griffbretts (bis zum 5. Bund). Die Übung kann auf *vier-* und *fünfsaitigen* Bässen gespielt werden. Achte dabei auf den Klang des Moll-Akkords, der sich deutlich vom Dur-Akkord unterscheidet.

CD 31

C-Moll Arpeggio

 ♩ = 60

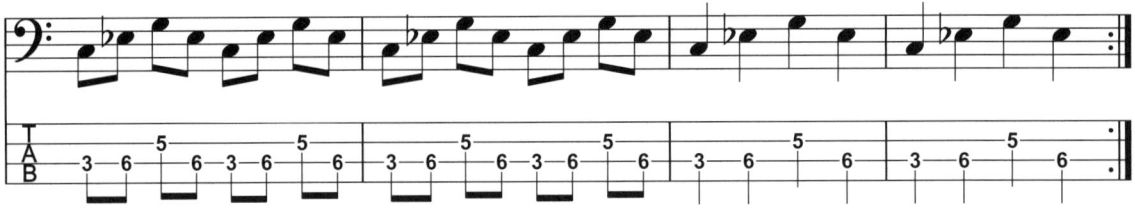

Natürlich können auch Moll-Dreiklang-Arpeggios bis zur Oktave hinauf gespielt werden, wie in der folgenden Übung:

C-Moll Arpeggio (mit Oktave)

Dreiklänge

Grooves mit Dreiklängen

Gebrochene Dreiklänge kann man natürlich nicht nur auf- und abwärts spielen. Wenn man sie etwas geschickter anordnet und rhythmisiert, erhält man schnell brauchbare Basslinien. Die Patterns der folgenden Übungen basieren auf Dur-Dreiklängen.

In der *Viersaiter-Version* liegt beim ersten Akkord (**G**) der *Mittelfinger* der Greifhand auf dem *Grundton* (**II. Position**). Beim zweiten Akkord in Takt drei musst du allerdings den *Zeigefinger* auf den *Grundton* legen (**F**), der sich im ersten Bund auf der E-Saite befindet. Für einen Dur-Dreiklang, dessen Grundton im ersten Bund liegt, ergibt sich also ein anderes Griffbild, bei dem die große Terz auf der nächst höheren Leersaite gespielt wird. In der folgenden Übung ist das beim F-Dur Akkord und beim B♭-Dur Akkord der Fall. Achte auf die ♭-Versetzungszeichen in den letzten beiden Takten!

CD 32

Groove mit Dur-Akkorden (Viersaiter) ♩ = 120

4-Saiter
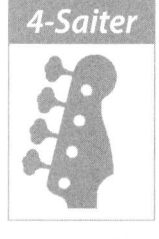

F-Dur Dreiklang mit Leersaiten
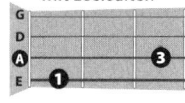

B♭-Dur Dreiklang mit Leersaiten
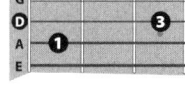

Auch für Fünfsaiter gilt diese Ausnahme im Griffbild der Dur-Dreiklänge. In der nächsten Übung musst du entsprechend bei den Akkorden C und F mit dem *Zeigefinger* der Greifhand den *Grundton* des Akkordes greifen (**I. Position**). Ansonsten bleibt das Griffbild erhalten, wobei ein Kreuz (♯) für die große Terz des D-Dur Akkords benötigt wird.

Groove mit Dur-Akkorden (Fünfsaiter)

5-Saiter

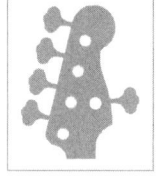

C-Dur Dreiklang mit Leersaiten
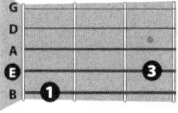

F-Dur Dreiklang mit Leersaiten
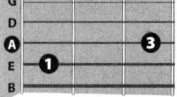

Kapitel 3

Die nächsten Beispiele sind rhythmisch interessanter und beinhalten Dur- und Moll-Akkorde. Bei den Moll-Akkorden greift der *Zeigefinger* jeweils den *Grundton* (C bzw. F). Wie in den vorangegangenen Übungen gibt es Dur-Dreiklänge mit Leersaite (B♭) und ohne (G). Zunächst für *viersaitige* Bässe:

Groove mit Dur- und Moll-Akkorden (Viersaiter) ♩ = 120

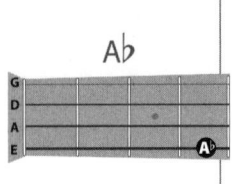

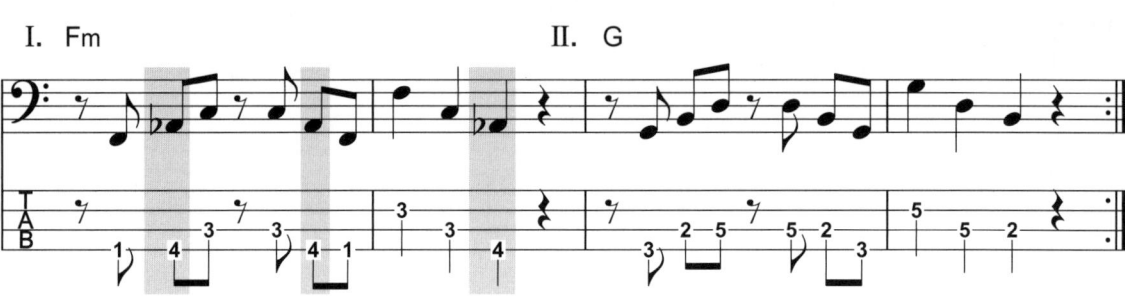

Und schließlich die Übung für *fünfsaitige* Bässe. Auch hier werden die Grundtöne von **Gm** und **Cm** mit dem *Zeigefinger* der Greifhand gegriffen. Der Ton „B♭" im ersten und zweiten Takt wird im 6. Bund der E-Saite gegriffen, hier geht es also auch über den 5. Bund hinaus.

Groove mit Dur- und Moll-Akkorden (Fünfsaiter)

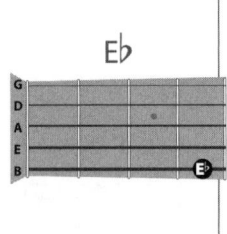

garantiertbass.de

Dreiklänge

Da Capo

Wenn du im Notentext auf die Spielanweisung **Da Capo** (*italienisch = vom Beginn*) oder (abgekürzt) **D.C.** stößt, musst du von der aktuellen Stelle zum Beginn des Stücks springen und von dort weiterspielen. Es ist also eine Anweisung, die – ähnlich eines Wiederholungszeichens – den Ablauf des Musikstücks betrifft. Sie tritt meistens in Kombination mit **al Fine** auf. Bei einem **Da Capo al Fine** geht es also zum Beginn zurück, dann wird das Stück bis zum **Fine-Zeichen** gespielt.

Da Capo (D.C.)
Von vorne beginnen

Da Capo al Fine
Von vorne beginnen, dann bis zum Fine-Zeichen

Beispiel für Da Capo al Fine

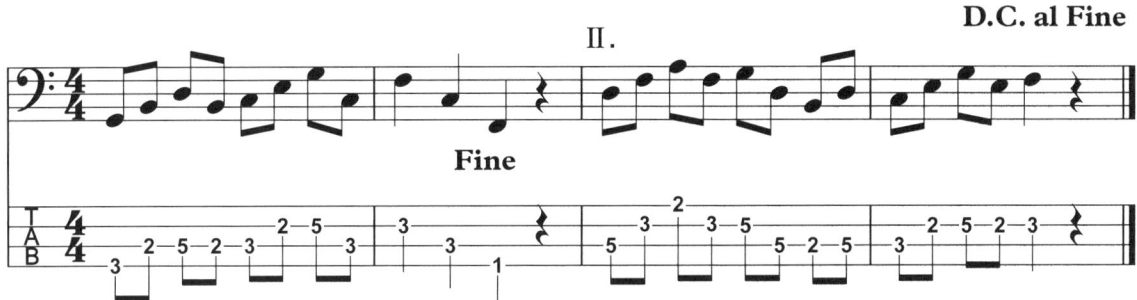

No Chord

Wenn explizit kein Akkord durch ein Instrument wie Gitarre oder Klavier erklingt, kann auch das durch ein Symbol notiert werden, nämlich: **N.C.** Es ist die Abkürzung für den englischen Ausdruck „No Chord". Da ja ein Akkordsymbol immer solange gilt, bis das nächste Akkordsymbol erscheint, ist das Symbol N.C. auch manchmal nützlich, um zu zeigen, dass kein Akkord mehr gespielt werden soll.

No Chord (N.C.)
Kein Akkord

Unisono

Spielen mehrere Instrumente dieselbe Melodie (oder Basslinie), spricht man von einem *Unisono* (*italienisch = Einklang*). Das ist auch in verschiedenen Oktaven möglich.

Spielstück „Little Rude Boy"

Die folgende Ska-Nummer *Little Rude Boy* ist in drei Teile untergliedert.

Im **Intro** (Vorspiel, Einleitung) gibt es einen *Unisono-Riff*. Er wird gleichzeitig von Bass und Orgel gespielt und basiert auf den Dreiklangstönen von B♭, E♭, F, B♭, Cm und F. Allerdings erklingt erst im achten Takt ein tatsächlicher Akkord, deshalb erscheint zunächst das Symbol N.C. Nach der Wiederholung des Intros geht es in den A-Teil.

Auch im **A-Teil** basiert die Basslinie auf Dreiklangstönen, wobei die entsprechenden Akkorde nun auch tatsächlich gespielt werden. Es schließt sich der **B-Teil** an, der über den 5. Bund hinaus geht und mehrere Positionswechsel beinhaltet. Danach werden A- und B-Teil wiederholt, bevor es wieder zum Anfang geht (**Da Capo**) und bis zum **Fine**, nämlich dem Ton „B♭" auf der Zählzeit „4+" im siebten Takt, gespielt wird.

Mache dir beim Anhören der Aufnahme vor allem den Ablauf klar. Beim Erarbeiten solltest du wie immer auf eine exakte Rhythmik, ein gutes Timing und die richtigen Positionswechsel achten. Benutze dafür die Griffbilder der einzelnen Dreiklänge, auf denen die Basslinie basiert. Vergiss auch die verschiedenen Dynamikstufen nicht. So wird das Intro im ersten Durchlauf *leise* (***p***) gespielt, in der Wiederholung und beim D.C. etwas *lauter* (***mf***).

Kapitel 3

„Little Rude Boy"

Groove Analyse

Für die Groove Analyse lassen wir das Intro außen vor, weil es einen starken Riff-Charakter hat. Der Groove des A-Teils sieht folgendermaßen aus:

A-Teil: „Little Rude Boy" (Bass und Drumset)

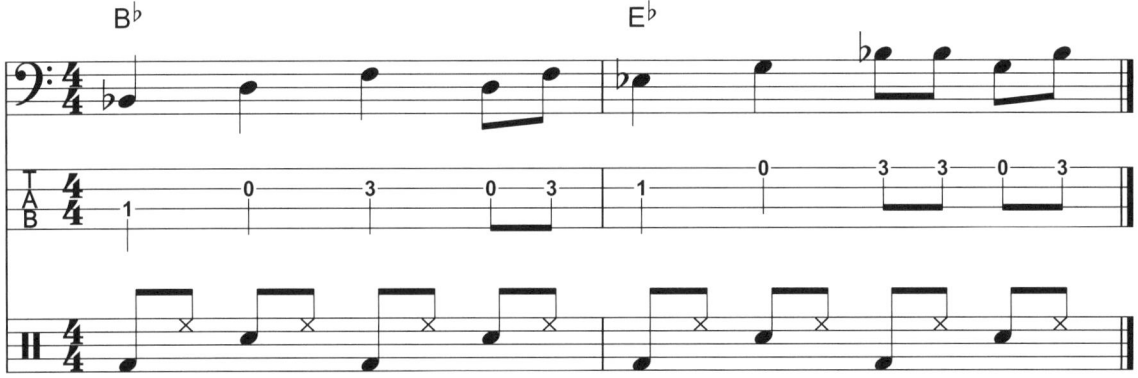

Der typische **Ska-Groove** wird durch eine reduzierte und geradlinige Spielweise erzeugt: Die Bass Drum kommt auf die Zählzeiten „1" und „3", die Snare Drum auf „2" und 4". Die Hi-Hat liegt auf allen „+"-Zählzeiten dazwischen. Dieser Schlagzeug-Groove funktioniert gut mit den Vierteln der Basslinie, die durch ein paar Achtelnoten aufgelockert werden. Die Einfachheit des Schlagzeugs erlaubt es aber auch, etwas solistischere Basslinien – wie im **B-Teil** – zu entwickeln:

B-Teil: „Little Rude Boy" (Bass und Drumset)

Kapitel 3

Griffbrettübersichten bis zum 12. Bund

An dieser Stelle verlassen wir nun grundsätzlich den Raum der Stammtöne bis zum 5. Bund. Einige Ausnahmen haben wir ja bereits kennengelernt. Wir wenden uns jetzt allen Tönen (inkl. der Halbtöne) bis zum 12. Bund zu. Die folgenden beiden Griffbrettübersichten für *Vier-* und *Fünfsaiter* bis zum 12. Bund findest du noch einmal im ausklappbaren Umschlag wieder. Sie sind sehr nützlich; denn wenn du sie ausklappst, kannst du von jeder Seite aus herausfinden, wo welche Noten auf dem Griffbrett liegen.

Griffbrettübersicht 4-Saiter

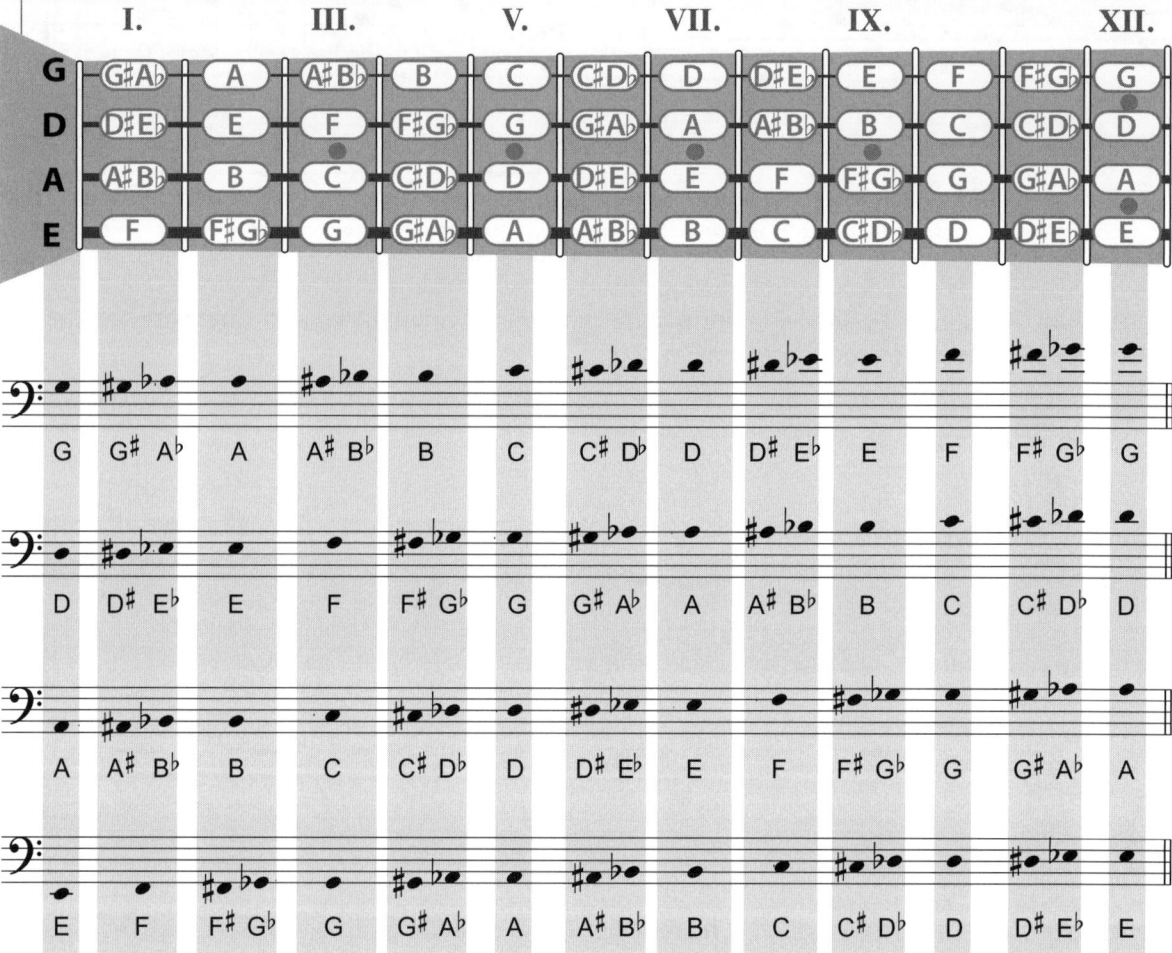

Manchen Bünden auf deinem Bass bzw. in den Griffbrettübersichten können zwei verschiedene Notennamen zugeordnet werden. Man spricht von folgendem Phänomen:

Ein Ton = zwei Namen: Die enharmonische Verwechslung

Eine *enharmonische Verwechslung* liegt vor, wenn *ein* Ton mit *zwei* verschiedenen Namen benannt werden kann. Je nachdem, ob er durch ein Kreuz (♯) oder ein ♭ dargestellt wird, bekommt er seinen Namen (z. B. 1. Bund auf der D-Saite: „D♯" / „E♭").

Da die Oktave in *zwölf* Halbtöne (= Bünde) eingeteilt ist, wiederholen sich die Notennamen ab dem 12. Bund wieder: Der Ton im 13. Bund auf der G-Saite ist wie der Ton im 1. Bund auf der G-Saite ein „G♯" bzw. „A♭", nur eben eine Oktave höher etc.

Griffbrettübersichten bis zum 12. Bund

Griffbrettübersicht 5-Saiter

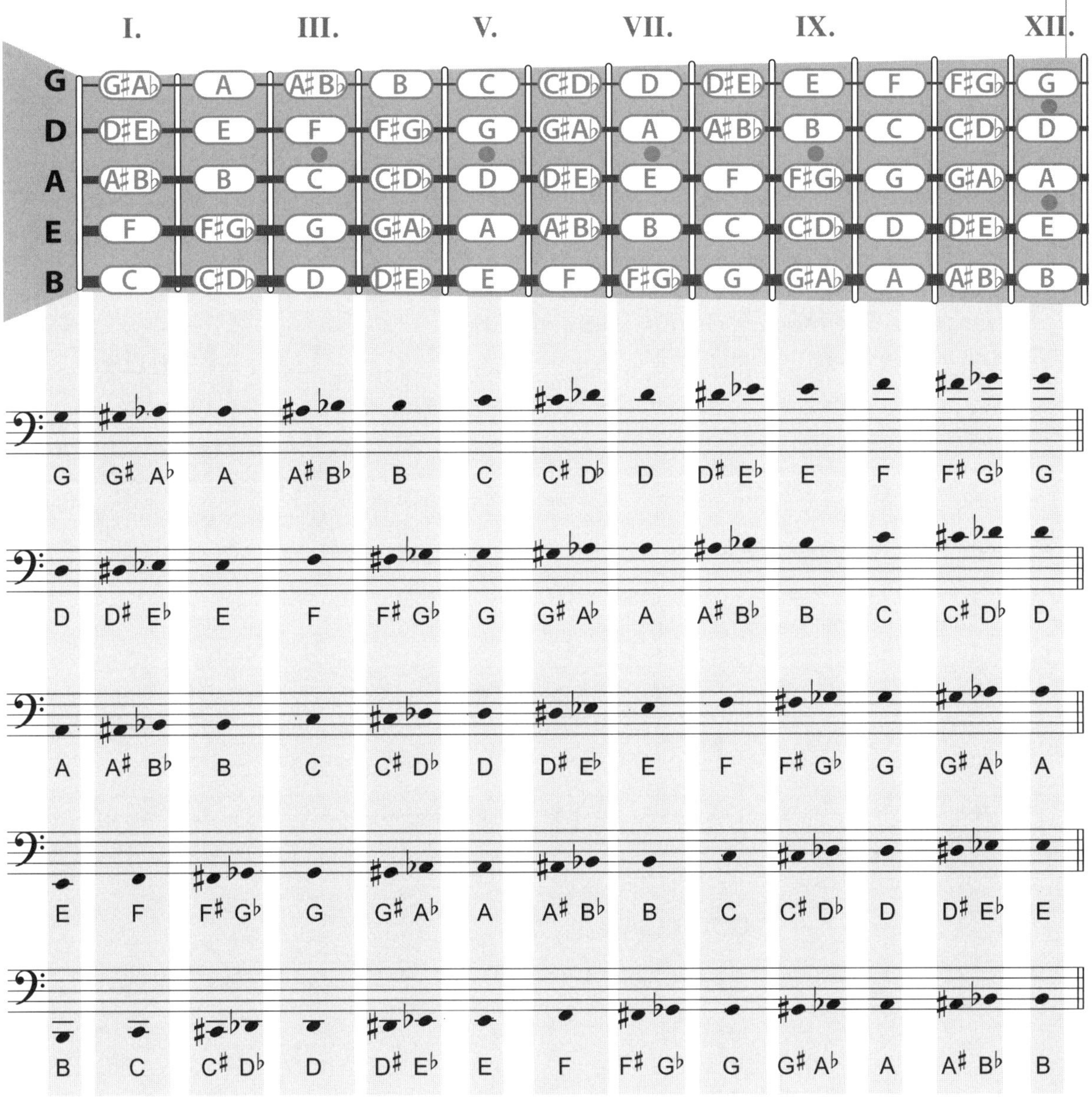

[Griffbrett-Diagramm 5-Saiter mit Tönen von I. bis XII. Bund auf den Saiten G, D, A, E, B]

[Notenbeispiele in Bassschlüssel für jede Saite mit den entsprechenden Tonnamen]

Die 5-Bünde-Regel

Bemerkenswert ist auch, dass – nicht wie beim Klavier, wo jeder Note eindeutig nur einer Taste zugeordnet ist – es viele Töne mehrmals auf den verschiedenen Saiten deines Instruments gibt.

Der E-Bass wird in *reinen Quarten* gestimmt, d. h. die Saiten stehen im Abstand von jeweils *fünf Halbtönen* – was *fünf* Bünden entspricht – zueinander. Daraus folgt, dass du von einem Ton ausgehend, denselben Ton eine Saite höher und fünf Bünde tiefer wieder findest. Oder *umgekehrt*: Eine Saite tiefer und fünf Bünde höher (vgl. auch Kapitel 2: Konventionelles Stimmen, S. 18).

So kannst du z.B. das „E" im dritten Zwischenraum des Notensystems im 2. Bund auf der D-Saite, im 7. Bund auf der A-Saite und im 12. Bund auf der E-Saite finden, beim *fünfsaitigen* Bass sogar noch im 17. Bund auf der B-Saite.

Kapitel 3

Dal Segno

Ähnlich wie die Spielanweisung *Da Capo* betrifft ein *Dal Segno* (oder kurz *D.S.*) auch den Ablauf des Stücks. Beim *Dal Segno* (*italienisch = Vom Zeichen*) wird aber nicht zum Anfang zurück gesprungen, sondern zu dem *Segno*-Symbol, einem stilisierten „*S*":

Ein *Dal Segno* kann ebenso wie ein *Da Capo* in Kombination mit einem *al Fine* auftauchen, aber auch mit einem *al Coda*. Dann musst du zunächst zum „Segno" springen und solange spielen, bis das erste *Kopf*- bzw. *Coda*-Zeichen (⊕) erscheint. Von da springst du dann zum *zweiten Kopf*-Zeichen (⊕), das in der Regel die sogenannte *Coda* markiert.

Dal Segno (D.S.)
Vom Zeichen 𝄋 fortfahren

D.S. al Fine
Spiele vom 𝄋 und dann bis zum Fine-Zeichen.

D.S. al Coda
Spiele vom 𝄋 bis zum ersten ⊕-Zeichen. Spiele dann ab dem zweiten ⊕-Zeichen weiter.

Play-Along „Surfing with the Munsters"

Das folgende Play-Along ist ein durch die instrumentale Musik der Sechziger Jahre inspiriertes Stück, für das du deine eigenen Basslinien entwickeln sollst.

Mache dir als erstes den Ablauf klar: Es beginnt mit dem viertaktigen **Intro**. Hier habe ich dir noch eine Basslinie notiert, die du übernehmen solltest. Es folgt der **A-Teil**, der ebenfalls mit einer vorgegeben Basslinie endet. Daran schließt sich der **B-Teil** an, der die Schluss-Akzente des Intros wieder aufnimmt. Jetzt bist du am Wiederholungsende angekommen und musst zu dessen Anfang springen, also noch einmal A- und B-Teil spielen. Nach dem *zweiten* B-Teil kommst du zum *Dal Segno*, springst also noch einmal in die zweite Zeile zum Segno-Symbol. Ab da spielst du den A-Teil bis zum **Kopf-Zeichen** (⊕) und springst dann in die **Coda** (zum *zweiten* Kopf-Symbol ⊕).

Play-Along „Surfing with the Munsters"

Groove Analyse

Der Schlagzeug-Groove des **A-Teils** sieht folgendermaßen aus:

A-Teil: „Surfing with the Munsters" (Drumset)

Der treibende Puls des Schlagzeug-Grooves wird durch die Achtelnoten des Ride Cymbals erzeugt. Auch sorgen die Doppelschläge der Snare Drum auf den Zählzeiten „4" und „4+" im zweiten Takt für das authentische Surf-Feeling. Hier kann ich mir gut eine Basslinie vorstellen, die harmonisch auf Dreiklangstönen basiert und rhythmisch zwischen Viertel- und Achtelnoten variiert, ähnlich wie beim A-Teil von *Little Rude Boy* (vgl. S. 71–73).

Im **B-Teil** wird das Schlagzeug etwas zurückgenommen, statt Ride Becken kommt die Hi-Hat, statt der Snare Drum nur noch ein Rim Click zum Einsatz. Auch das Bass Drum-Pattern ändert sich:

B-Teil: „Surfing with the Munsters" (Drumset)

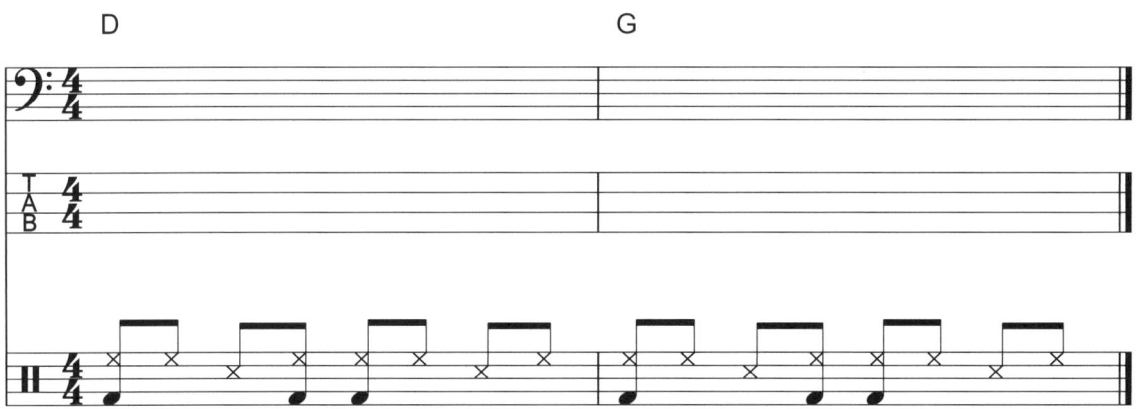

Wie du siehst haben wir es hier wieder mit einem „*Amsterdam*"-Pattern zu tun. Für eine gut funktionierende Basslinie schlage ich vor, dass du dieses Bass Drum-Pattern doppelst. Auf der harmonischen Ebene ist wieder die Verwendung von *Grundton* und *Quinte* des jeweiligen Akkords möglich. Du kannst aber auch alle drei Akkordtöne benutzen, also auch die jeweilige *Terz*. Dabei kann es hilfreich sein, außer der reinen Doppelung der Bass Drum noch eine Viertelnote auf der Zählzeit „4" zu spielen.

Die leeren Notenlinien und Tabulaturen bei der Groove Analyse und beim folgenden Play-Along sind wieder zur Notation deiner ganz persönlichen Ideen gedacht.

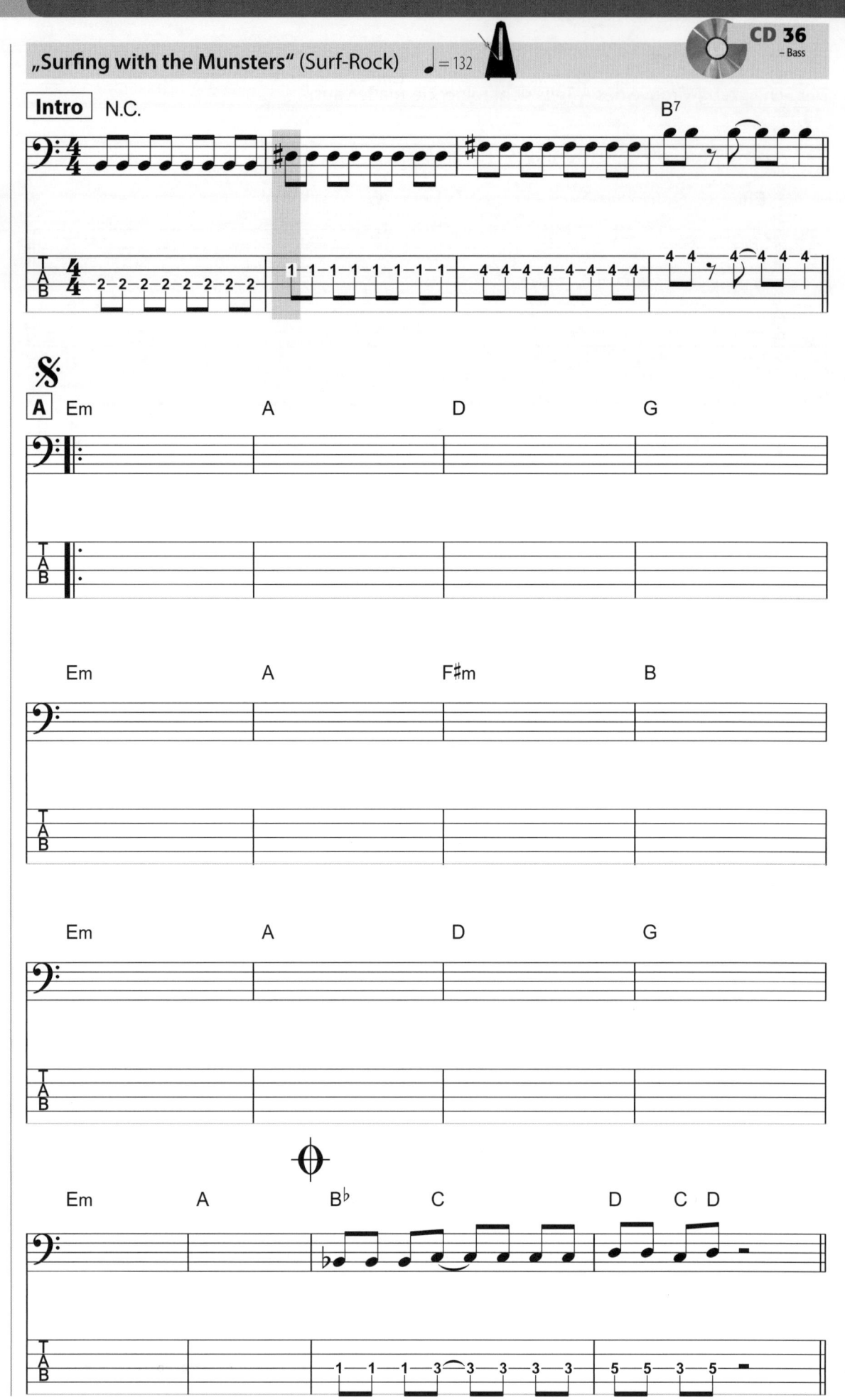

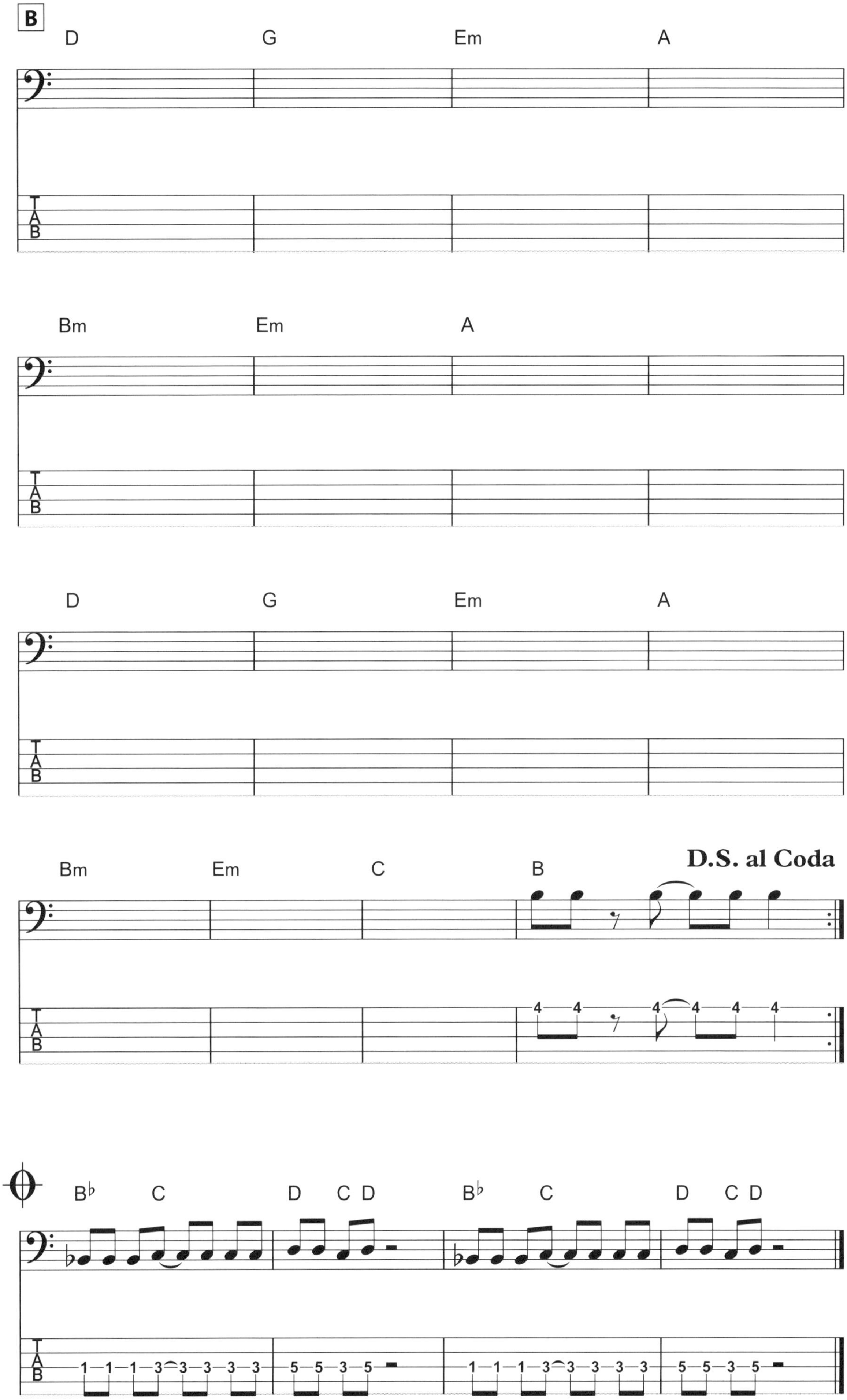

„Surfing with the Munsters"

B | D | G | Em | A |

| Bm | Em | A |

| D | G | Em | A |

| Bm | Em | C | B | **D.S. al Coda** |

Kehre von hier zum 𝄋 zurück. Spiele dann bis zum ersten Kopf- bzw. Coda-Zeichen (⊕) und springe von da zum zweiten ⊕, um von da aus bis zum Ende zu spielen.

⊕ | B♭ C | D C D | B♭ C | D C D |

Kapitel 4

Die Dur-Tonleiter

Der Ganzton

Addiert man zwei Halbtöne, erhält man einen Ganzton. Auf dem Bass entspricht das dem Abstand von zwei Bünden.

C-Dur Tonleiter

Eine Tonleiter, die aus *Halb-* und *Ganztönen* besteht, nennt man *diatonische Tonleiter*. Die prominenteste dieser diatonischen Tonleitern ist die **C-Dur Tonleiter**. Wir haben diese Tonleiter schon flüchtig kennengelernt, als wir Terzen gebildet haben. Nun wollen wir sie genauer betrachten:

Die **C-Dur Tonleiter** besteht aus *sieben* verschiedenen Tönen, zwischen denen sich überwiegend Ganztonschritte befinden. Nur zwischen der **3. und 4. Stufe** (also „E" und „F") und der **7. und 8. Stufe** (also „B" und „C") liegen Halbtonschritte vor.

C-Dur Tonleiter

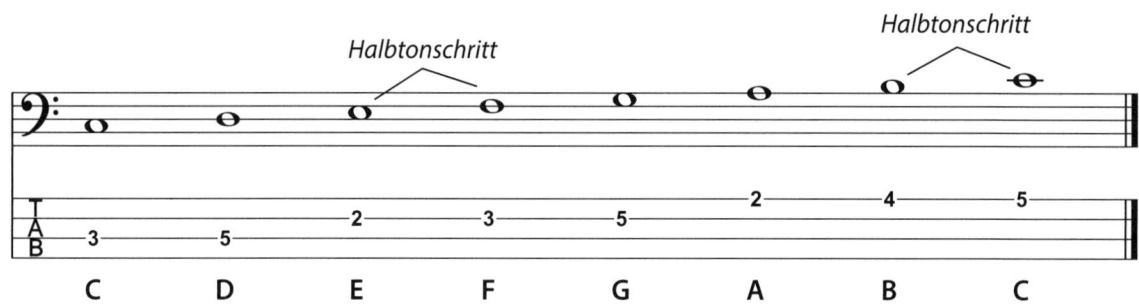

Diese allgemeine Definition einer Dur-Tonleiter führt zu folgendem Griffbild, das auf *Vier-* und *Fünfsaitern* gleich ist:

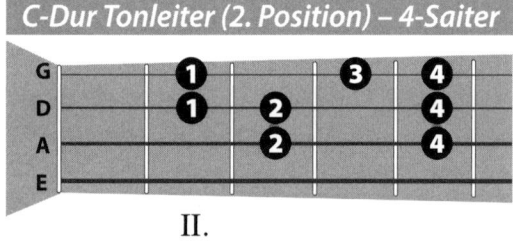
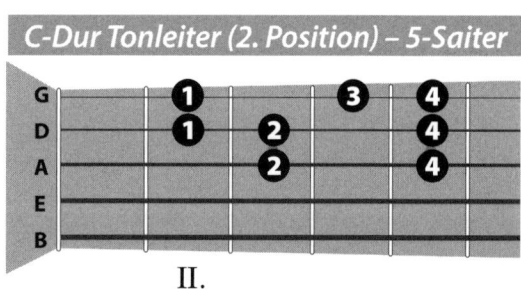

Präge dir dieses Griffbild und den verwendeten Fingersatz der Greifhand gut ein, nämlich:

2. Finger, 4. Finger, 1. Finger, 2. Finger, 4.Finger, 1. Finger, 3. Finger, 4. Finger

Merke: Der Mittelfinger (2. Finger) liegt immer auf dem (tiefen) Startton der Dur-Tonleiter!

Die C-Dur Tonleiter kannst du in verschiedenen Positionen spielen. Hier die Griffbilder für die **7. Position**:

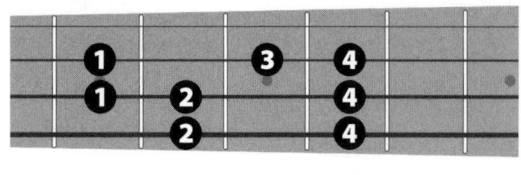
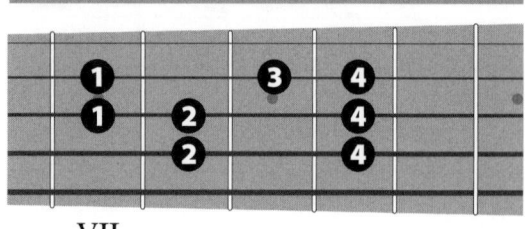

Die Dur-Tonleiter

Im folgenden Beispiel spielst du diese beiden Positionen der Dur-Tonleiter in einer Übung. Erst für Viersaiter:

Übung C-Dur Tonleiter (Viersaiter)

Und für Fünfsaiter:

Übung C-Dur Tonleiter (Fünfsaiter)

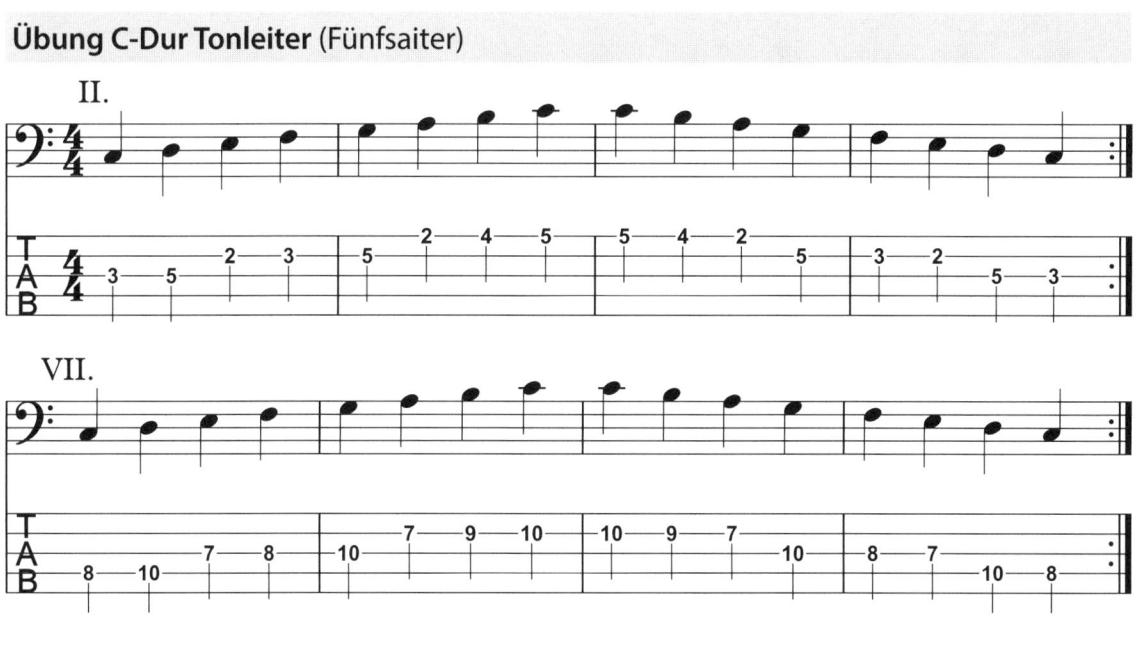

Dein Griffbrett besser kennenlernen

Bisher hast du dir ja alle Töne anhand der Griffbrettübersicht heraussuchen können. Eine andere Möglichkeit, dein Griffbrett besser kennenzulernen, bietet die nächste Übung, die auf der C-Dur Tonleiter basiert:

Gehe mit deiner Greifhand in die **II. Position**. Der Mittelfinger beginnt beim Ton „C". Bevor du den Ton allerdings spielst, sagst du laut seinen Namen und schaust dabei auf dein Griffbrett. Dann geht es weiter zum nächsten Ton der C-Dur Tonleiter, also „D", dann „E" und so weiter, bis du beim hohen „C" angekommen bist. Spiele dabei keinen Ton, bevor du nicht seinen Namen gesagt hast! Wenn du oben angekommen bist, kannst du dasselbe Spiel auch *abwärts* betreiben. Hier ist es genauso wichtig, dass du dir dein Griffbrett anschaust, und keinen Ton spielst, bevor du ihn nicht benannt hast. Diese Übung ist für *Viersaiter* ebenso wie für *Fünfsaiter* geeignet. Wenn dir die Töne der C-Dur Tonleiter in der Position II. besser vertraut sind, wechselst du in die **VII. Position** und beginnst wieder bei dem tiefen „C". Nach einiger Zeit wirst du durch diese Methode die Töne auf dem Griffbrett besser „sehen".

Kapitel 4

Tonleiter-Etüden

Mit der C-Dur Tonleiter kannst du nicht nur dein Griffbrett besser kennenlernen, sondern auch die Geläufigkeit der Greifhand verbessern. Die folgenden Etüden sollen ein paar Ideen aufzeigen, wie du die C-Dur Tonleiter unter dem technischen Aspekt üben kannst.

Als erstes solltest du dich und dein Ohr mit dem grundlegenden Tonmaterial vertraut machen. Zunächst in der Position II. beim *Viersaiter*, entsprechend beim *fünfsaitigen* Bass:

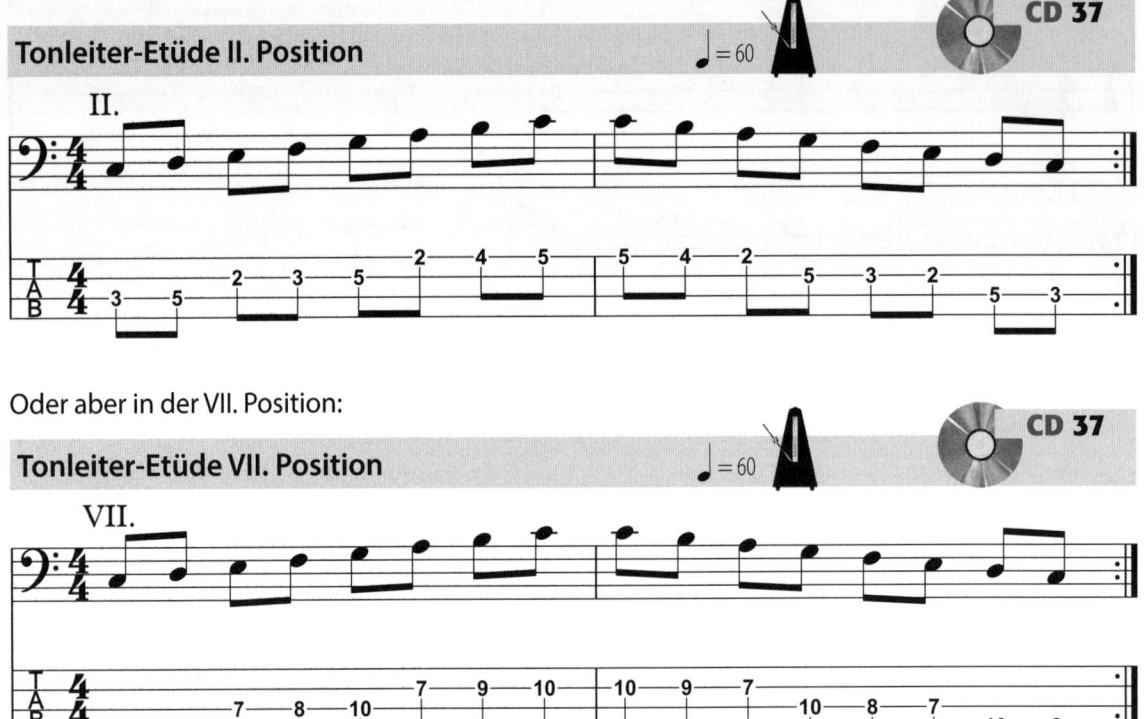

Oder aber in der VII. Position:

Man kann eine Tonleiter aber nicht nur hoch- und runterspielen. Eine weitere Möglichkeit ist es, kleine *Sequenzen* innerhalb der Tonleiter zu bilden, die im Folgenden aus je vier Tönen bestehen. Hier geht es auch *über den Oktavraum* hinaus.

Das funktioniert auch in *umgekehrter* Richtung:

Die Dur-Tonleiter

Auch diese beiden Kombinationen sind möglich:

Tonleiter-Etüde Aufwärtssequenzen abwärts

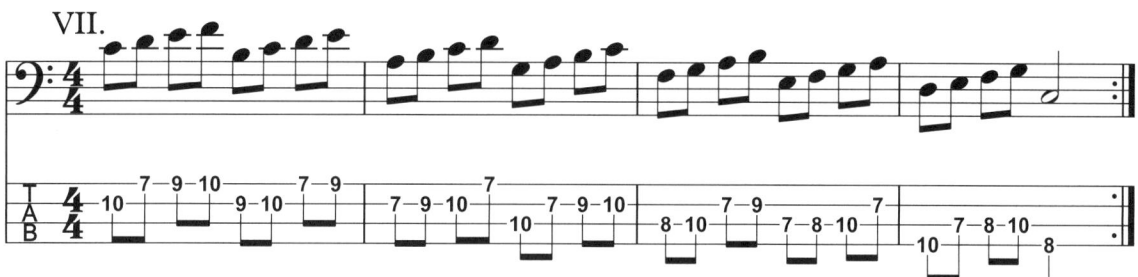

Tonleiter-Etüde Abwärtssequenzen aufwärts

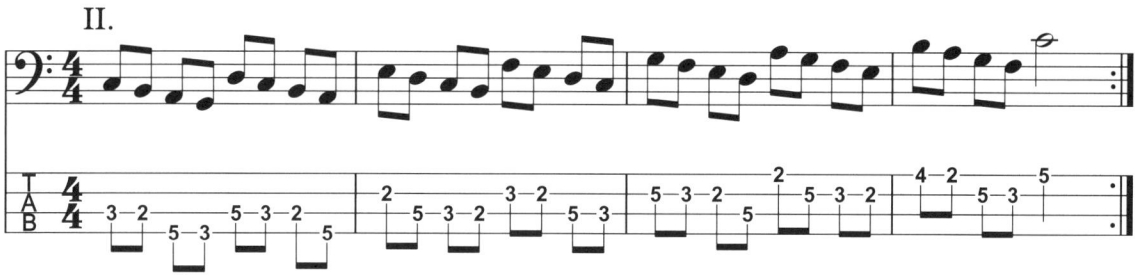

Ich habe dir die Positionen für die Greifhand darüber geschrieben. Achte auf eine gute Haltung und die richtigen Fingersätze der Greifhand, auf den Wechselschlag und die "*rakes*" der Schlaghand an den entsprechenden Stellen. Benutze wieder ein Metronom und gehe erst zur nächsten Etüde weiter, wenn du die vorhergehende sicher beherrschst. Alle Etüden kannst du leicht auf den fünfsaitigen Bass übertragen.

Auch die nächsten Übungen basieren auf einer Sequenz aus vier Tönen, allerdings sind der erste und der vierte Ton der Sequenz jeweils gleich.

Tonleiter-Etüde Variation 1 Vierersequenz

Tonleiter-Etüde Variation 2 Vierersequenz

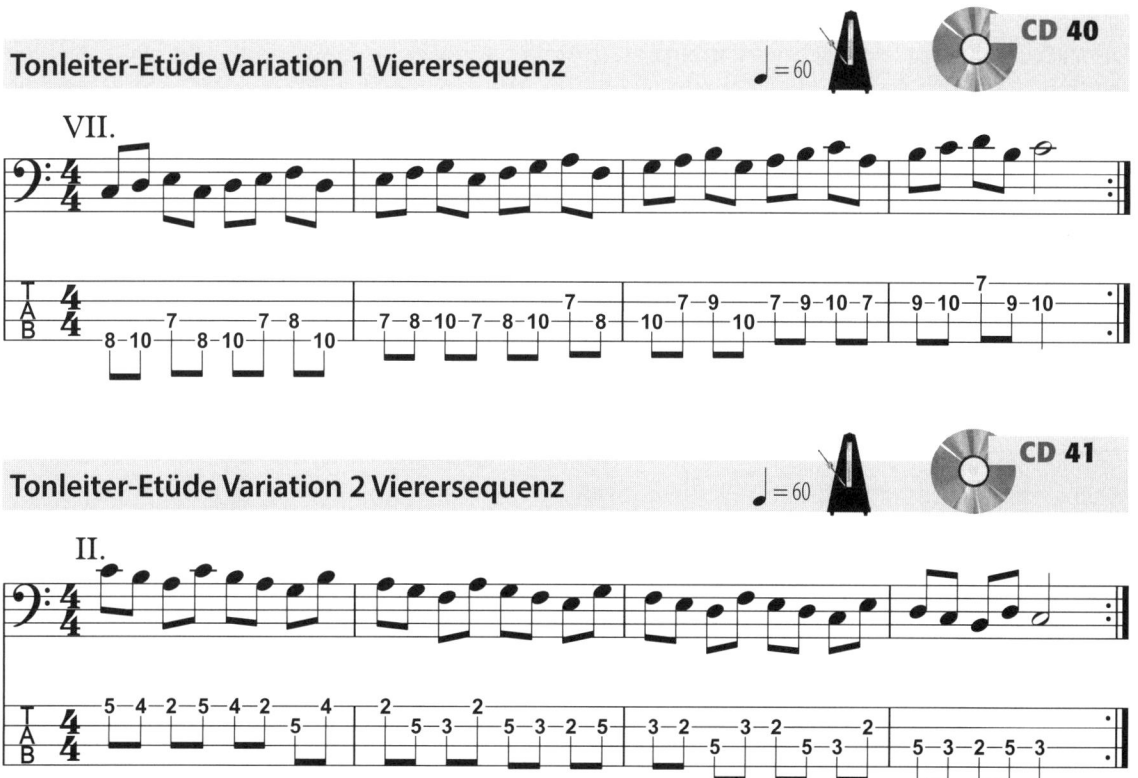

Kapitel 4

Tonleiter-Etüde Variation 3 Vierersequenz

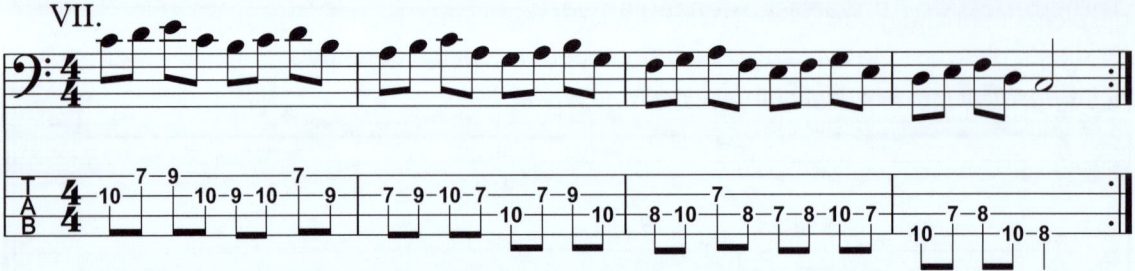

Tonleiter-Etüde Variation 4 Vierersequenz

Natürlich gibt es noch viele andere Möglichkeiten, eine Tonleiter zu üben. Versuche auch, kreativ zu werden und deine eigenen zu finden. Experimentiere beispielsweise mit Sequenzen, die eine andere Anzahl von Tönen besitzen oder auch unterschiedlich aufgebaut sind.

Artikulation

Die Artikulation ist ein wichtiges interpretatorisches Mittel, das beschreibt, *wie* Töne gespielt werden. Genau wie bei der Sprech- oder Singstimme auch gibt es dafür verschiedene Möglichkeiten. Die beiden wichtigsten Arten der Artikulation sind *Tenuto* und *Staccato*.

Tenuto

Beim *Tenuto* (*italienisch = gehalten*) wird der jeweilige Ton möglichst lang (auch „breit" genannt), entsprechend seiner vollen notierten Länge, gespielt. Ein *Querstrich* über oder unter der Note legt diese Spielweise im Notentext fest.

Für die Ausführung des Tenutos muss die Greifhand lediglich solange die Saite am entsprechenden Bund niederdrücken, bis der nächste Ton gespielt wird.

Artikulation

Staccato

Beim *Staccato* (*italienisch staccarsi = abgetrennt*) wird der jeweilige Ton nur kurz gespielt, unabhängig von seiner tatsächlich notierten Länge. Im Notentext wird für diese Spielweise ein *Punkt* über oder unter den Notenkopf geschrieben.

Achtung: Nicht mit dem Punkt **hinter** einer Note verwechseln!

Um eine Staccato-Spielweise auszuführen gibt es zwei Möglichkeiten, die beide in der Praxis gebräuchlich sind:

Staccato mit der Greifhand

Nachdem du die Saite angeschlagen hast, hebst du einfach den Finger der *Greifhand*, der den jeweiligen Bund gegriffen hat, leicht an bzw. entspannst ihn soweit, dass der Ton aufhört zu klingen. Der Vorteil ist hier die einfache Umsetzung. Leider kommt es dabei aber zu leichten Nebengeräuschen, die durch das Schwingen der Saite gegen das Bundstäbchen verursacht werden. Auch auf Leersaiten, wo ja die Greifhand wegfällt, wird es schwierig.

Staccato mit der Schlaghand

Deutlich eleganter ist es deshalb, wenn du die *Schlaghand* für das Staccato-Spiel einsetzt. Nach dem Anschlag der Saite legst du einfach den nächsten Finger der Schlaghand auf die Saite und stoppst ihre Schwingung dadurch ab. Die Finger der Greifhand können dabei liegen bleiben, es kommt so zu keinen unschönen Nebengeräuschen. Und der Finger der Greifhand, der die Saite abstoppt hat wird – was den Wechselschlag angeht – dabei einfach wie ein herkömmlicher Anschlag behandelt. So ist die Greifhand jetzt nur für die Tonhöhe der gespielten Note zuständig, während die Schlaghand ihren Anfang und ihr Ende bestimmt.

Das Staccato-Spiel mit der Schlaghand wird in den folgenden Übungen trainiert. Da der Fokus auf der Schlaghand liegt, lassen wir die Greifhand außen vor und benutzen zunächst wieder nur Leersaiten. Die Halben Noten auf der leeren D-Saite werden durch den Staccato-Punkt so verkürzt, dass du sie – von der Länge her – wie eine Achtelnote spielen solltest.

Lege also direkt nach dem Anschlag den folgenden Finger der Schlaghand auf die noch klingende Saite, um sie wieder zu stoppen. Der Finger, der jetzt auf der Saite liegt, kommt logischerweise beim Anschlag des nächsten Tons zum Einsatz, der Wechselschlag bleibt also erhalten: Der erste Ton wird mit dem *Zeigefinger* (Z) angeschlagen und mit dem *Mittelfinger* (M) gestoppt, der zweite Ton wird mit dem Mittelfinger angeschlagen und mit dem Zeigefinger gestoppt. Übe diese Bewegungsabläufe auch auf allen anderen Leersaiten und beginne dabei auch mit dem Mittelfinger der Schlaghand.

Kapitel 4

Wenn das auf Leersaiten gut klappt, nehmen wir die Greifhand mit einem gegriffenen Ton (hier: „C") dazu und kombinieren Staccato- und Tenuto-Spielweise miteinander. Der Finger der Greifhand, der das „C" greift, kann und soll dabei die gesamte Etüde über liegen bleiben.

Vorsicht: Locker bleiben und nicht verkrampfen! Diese Übung sollte auch mit dem Mittelfinger der Schlaghand begonnen werden.

Artikulationsübung (Staccato und Tenuto) ♩ = 60   CD 43

Artikulationsübung (Tenuto und Staccato) ♩ = 60   CD 44

Natürlich ist auch die umgekehrte Kombination aus Tenuto- und Staccato-Spielweise wichtig:

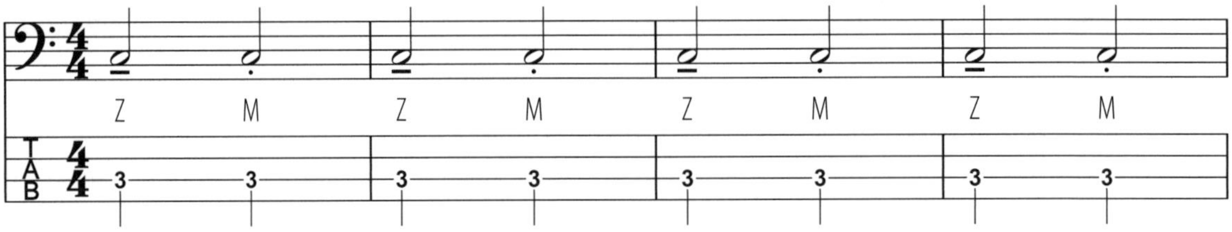

Artikulation

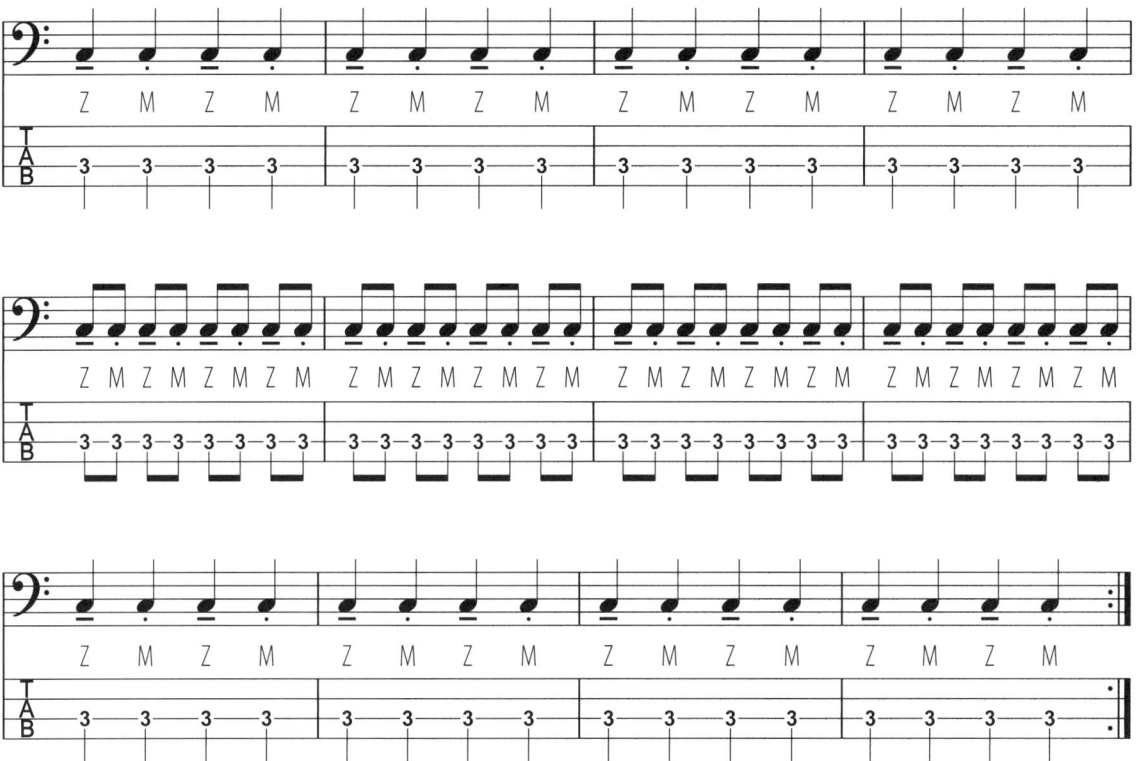

Diese Übungen müssen nicht auf einen Ton beschränkt bleiben. Entwickle auch deine eigenen Übungen, beispielsweise auf der Basis der C-Dur Tonleiter, wie im Folgenden. Dort gibt es in Takt 6 und beim Wechsel von Takt 7 auf Takt 8 zusätzlich noch *„rakes"*. Die Fingersätze für die Schlaghand stehen unter den Noten.

Artikulationsübung (Staccato und Tenuto mit „rakes")

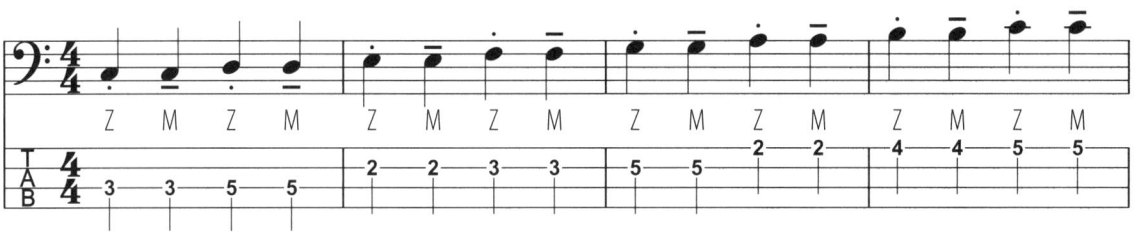

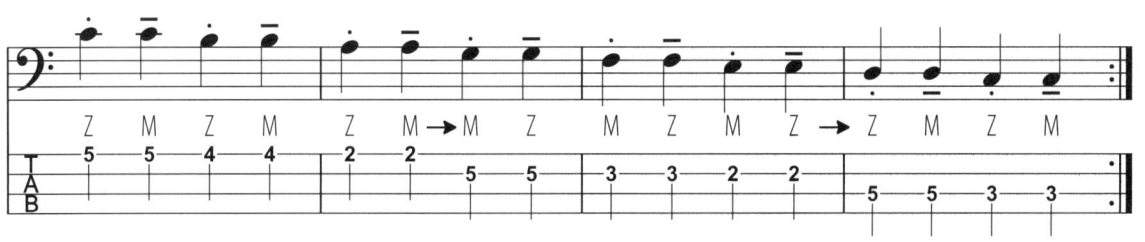

Kapitel 4

Die verschiedenen Artikulationsweisen kannst du gut in Basslinien verwenden. In den beiden nächsten Beispielen geht es um den Gegensatz zwischen kurzen Staccato-Tönen und den breiten Tönen danach. Zusammengenommen entsteht hier eine interessante rhythmische Spannung, zunächst auf dem *Viersaiter*:

Staccato Groove (Viersaiter) ♩ = 120 CD 45

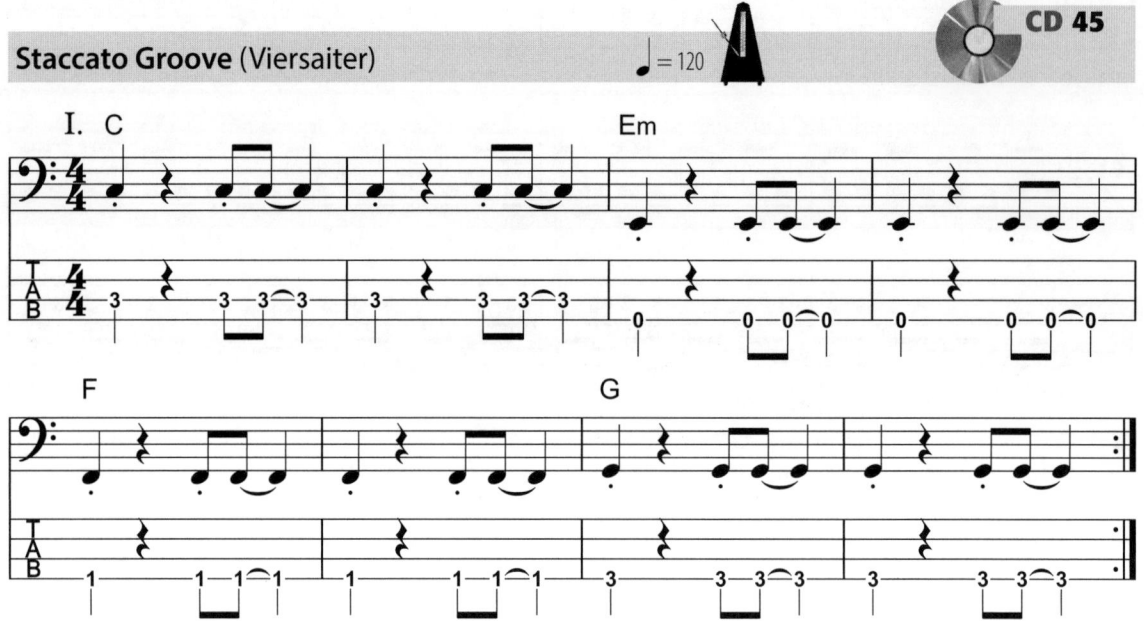

Und hier die Version für den *fünfsaitigen Bass*:

Staccato Groove (Fünfsaiter)

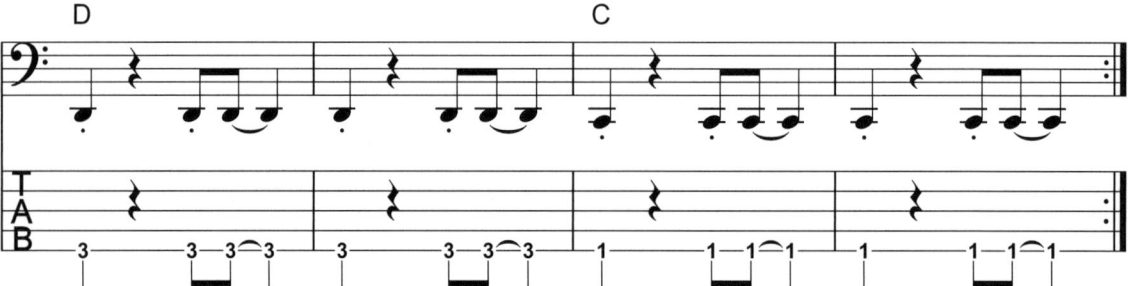

Artikulation

Akzente

Wird eine Note dynamisch hervorgehoben, also lauter gespielt als die restlichen Töne, spricht man von einem *Akzent*. Dabei unterscheidet man breite (also lange) und kurze Akzente.

Ein *breiter Akzent* wird durch ein liegendes Hütchen bzw. ein „größer als"-Zeichen am Notenkopf markiert:

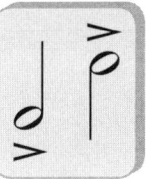

Breiter Akzent

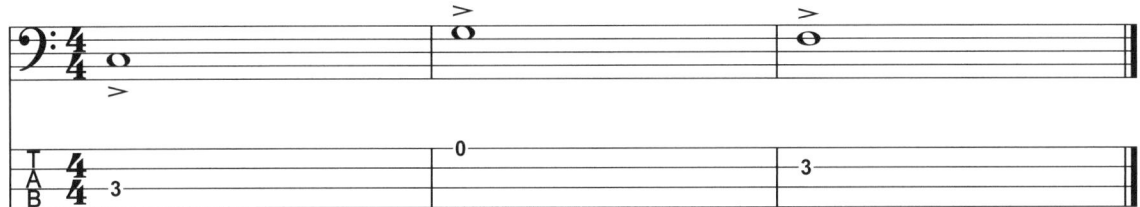

Einen *kurzen Akzent* notiert man durch ein stehendes Hütchen über der Note:

Kurzer Akzent

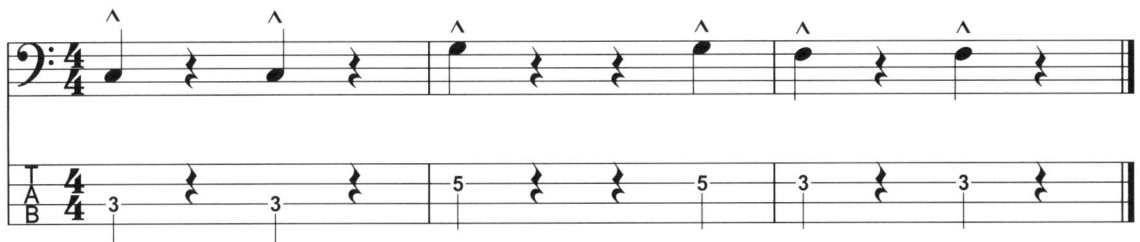

Spielstück „Funky Fragments"

Funky Fragments ist in drei Teile gegliedert. Im **A-Teil** gibt es zunächst einen *Unisono-Riff*, der in die drei Akkorde Am, Dm und G mündet. Im folgenden **B-Teil** geht es um einen Bassgroove mit kurzen *Staccato-Tönen*. Diese Idee wird beim **C-Teil** aufgegriffen, aber zusätzlich mit vorgezogenen Akzenten (Töne „G" auf die Zählzeiten „4+") erweitert.

Höre dir als erstes die Aufnahme an, lies dabei die Noten mit und mach dir so den Ablauf klar: Nach der Wiederholung der ersten sechs Zeilen geht es wieder von vorne los (*Da Capo*) und dann – nach dem fünften Takt – schließlich in die *Coda*.

Das Stück kannst du auf dem Viersaiter ebenso spielen wie auf dem Fünfsaiter. Die Positionen der Greifhand sind notiert. Du fängst in der II. Position an, was deshalb nahe liegt, weil der Riff des **A-Teils** auf der C-Dur Tonleiter basiert. Achte auf die klaren Unterschiede in der Artikulation und auf eine *deutliche Ausführung* der Akzente.

Kapitel 4

„Funky Fragments"

Groove Analyse

Da der **A-Teil** aus einem klar arrangierten Riff besteht, ist er für die Groove Analyse weniger interessant. Deshalb folgt hier zunächst der Schlagzeug-Groove des **B-Teils**:

B-Teil: „Funky Fragments" (Bass und Drumset)

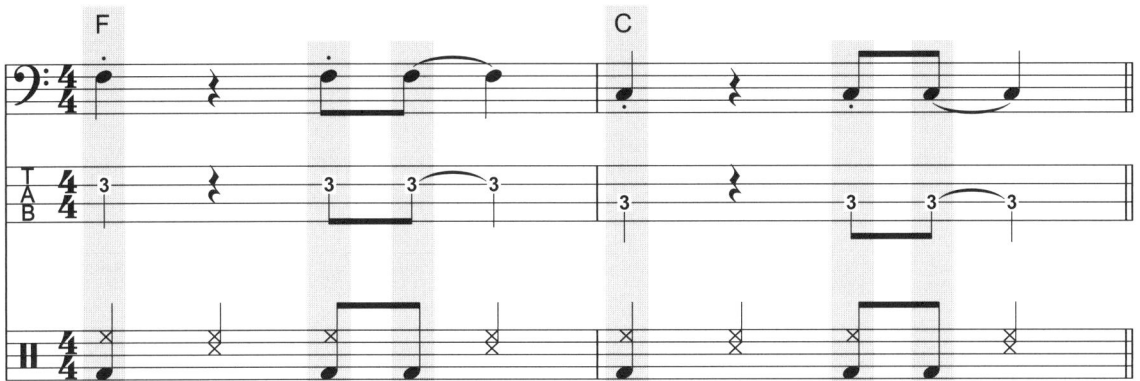

Durch die konsequente *Doppelung* von Bass Drum durch die Basslinie entsteht hier ein sehr starkes Zusammenspiel. Die Staccato-Spielweise der beiden Töne auf den Zählzeiten „1" und „3" sorgt dabei für mehr Bedeutung des längeren Tones auf der Zählzeit „3+". Auf der Hi-Hat werden nur Viertelnoten gespielt, was für eine entspannte Schwere sorgt.

Im **C-Teil** wird es rhythmisch interessanter:

C-Teil: „Funky Fragments" (Bass und Drumset)

Durch den auf die Zählzeit „4+" vorgezogenen Grundton wird hier eine größere rhythmische Spannung erzeugt. Am Konzept, alle Schläge der Bass Drum durch die Basslinie zu doppeln, ändert sich dennoch nichts.

Kapitel 4

Die Dur-Tonarten mit Kreuz-Vorzeichen

Der Tetrachord

Teilt man die C-Dur Tonleiter in zwei Teile, erhält man sogenannte Tetrachorde (*altgriechisch: Vierton*), deren Aufbau gleich ist: Die Abstände der vier Töne sind jeweils:

ein Ganztonschritt – ein Ganztonschritt – ein Halbtonschritt

Beide Tetrachorde stehen im Ganztonabstand zueinander.

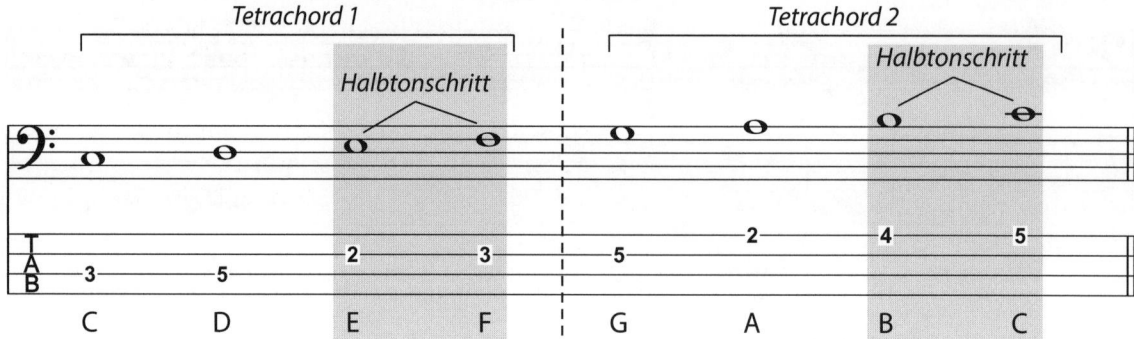

Die Kreuz-Tonarten

Für die Bildung weiterer Dur-Tonleitern bzw. Dur-Tonarten, die von anderen Grundtönen als dem „C" ausgehen, sind die Tetrachorde hilfreich. Dafür nimmt man den Tetrachord 2 als Basis für die jeweils nächste Dur-Tonleiter. Er wird zum neuen, ersten Tetrachord umgedeutet. Das Ziel ist in diesem Fall also die G-Dur Tonleiter. Für eine bessere Übersichtlichkeit sind die Töne eine Oktave nach unten transponiert (*lateinisch: transponere = versetzen*). Dann „füllt" man den erhaltenen Tetrachord mit den Tönen der Starttonleiter (in diesem Fall also C-Dur) nach oben hin auf, bis man die Oktave (also das nächst höhere „G") erreicht hat.

Schritt 1: Tetrachord 1 (neu) = Tetrachord 2 aus C-Dur Tonleiter
Schritt 2: Tetrachord 2 (neu) = bis zum nächst höheren „G" Töne aus der C-Dur Tonleiter ergänzen:

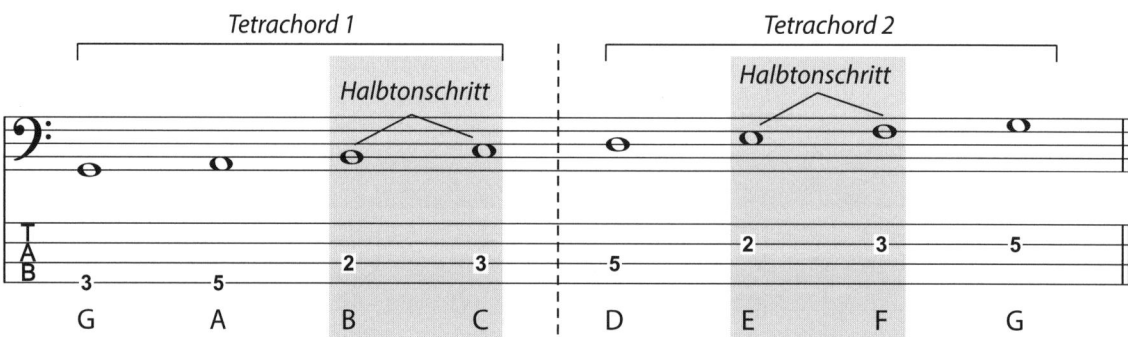

Jetzt liegen die *Halbtonschritte* zwischen der 3. und 4. Stufe und der 6. und 7. Stufe. Da aber bei einer Dur-Tonleiter die Halbtonschritte *immer* zwischen der **3. und 4. Stufe** und der **7. und 8. Stufe** liegen, muss die **7. Stufe** der erhaltenen Tonleiter um einen Halbton *erhöht* werden. Das geschieht durch ein Kreuz (♯): Aus dem Ton „F" wird ein „F♯" (gesprochen: Fis, *vgl. S. 49*).

Schritt 3: Halbtonschritt zwischen 7. und 8. Stufe erzeugen:

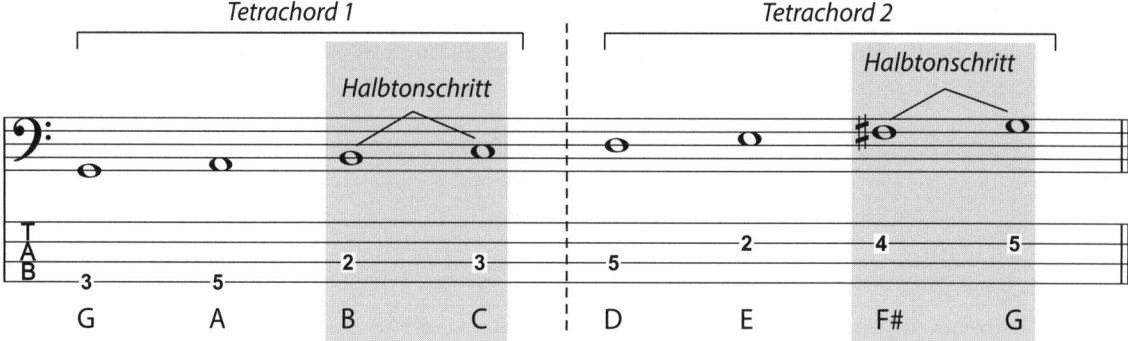

Dur-Tonarten mit Kreuz-Vorzeichen

Die Tonart G-Dur hat also ein Kreuz-Vorzeichen, das „Fis" heißt. Um auf alle anderen Kreuz-Tonarten zu kommen, braucht man diese Prozedur nur zu wiederholen, jetzt allerdings auf der Basis der G-Dur Tonleiter usw. Links stehen dabei die so gewonnenen Tonleitern, rechts die Vorzeichen, wie sie bei den entsprechenden Tonarten notiert werden. Wichtig: Die Kreuze erscheinen immer in dieser Reihenfolge!

Die Kreuz-Tonarten

Kapitel 4

Spiele jetzt alle Dur-Tonleitern der Kreuz-Tonarten so durch, wie du es auch bei der Übung, die zum besseren Kennenlernen des Griffbretts durch die C-Dur Tonleiter gedacht war (*vgl. S. 81*), gemacht hast:

Sprich also zuerst den Namen der zu spielenden Note laut aus, und spiele sie erst danach. Schaue dabei genau auf dein Griffbrett. Diese Methode wird dir helfen, die Töne zu visualisieren und dich so besser auf dem Griffbrett zurechtzufinden. Der Fingersatz bzw. das Griffbild der Greifhand, das du ja schon von der C-Dur Tonleiter kennst, bleibt dabei immer gleich.

Außer diesem bekannten Griffbild gibt es noch eine andere Möglichkeit, nämlich wenn man eine Tonleiter von einer Leersaite aus beginnt. Konkret geht es also um die A- und E-Dur Tonleitern. Dabei befindet sich die Greifhand jeweils in der I. Position.

Achtung: *Die Tonarten werden ab jetzt immer am Anfang des Notentextes mit den entsprechenden Vorzeichen bezeichnet!*

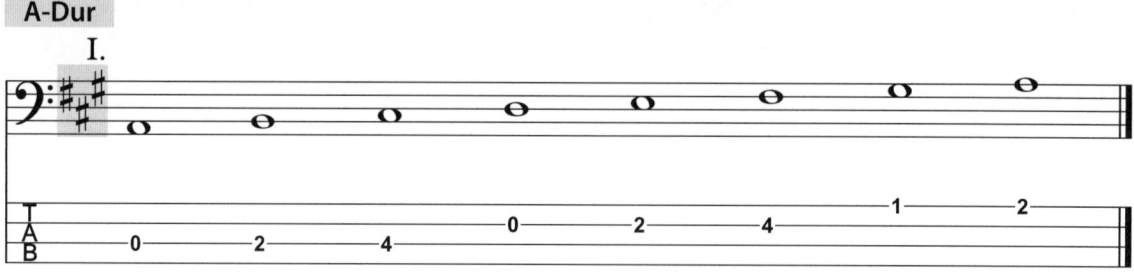

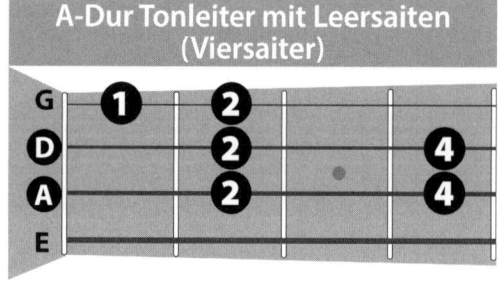

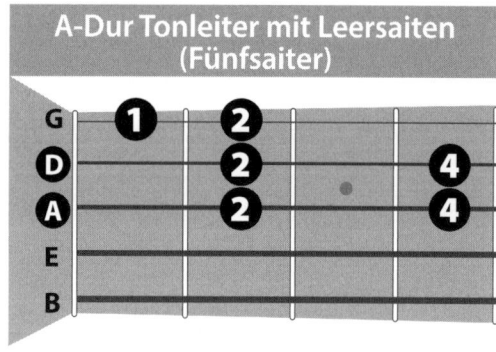

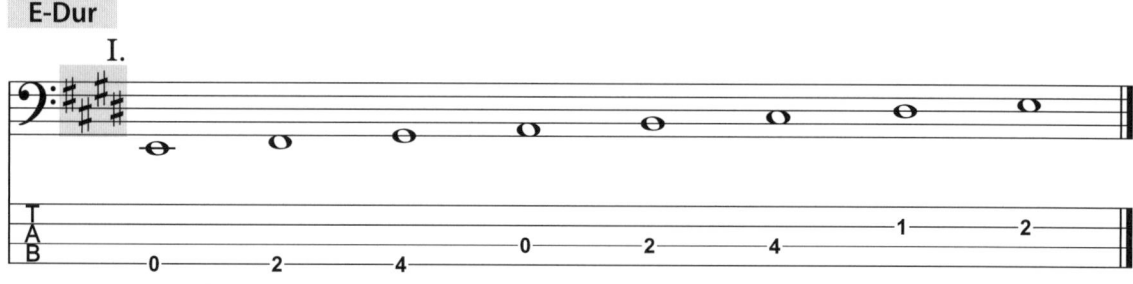

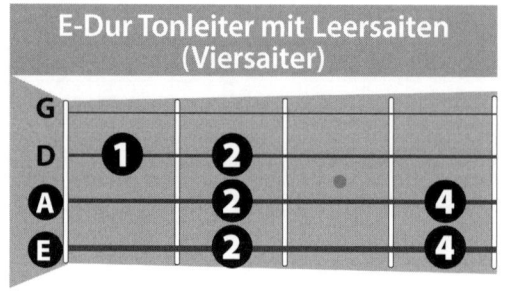

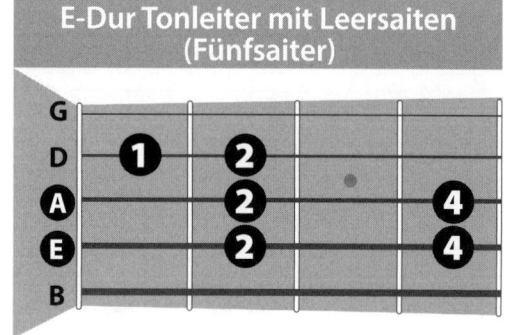

Dur-Tonarten mit Kreuz-Vorzeichen

Für den *fünfsaitigen* Bass kommt außerdem noch B-Dur dazu:

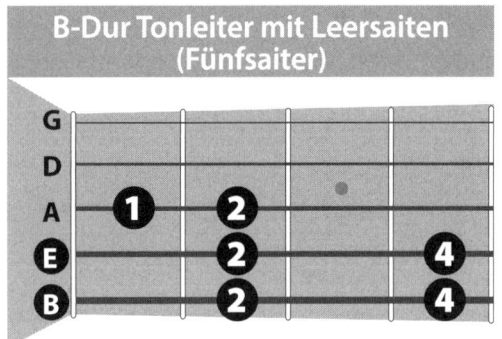

B-Dur

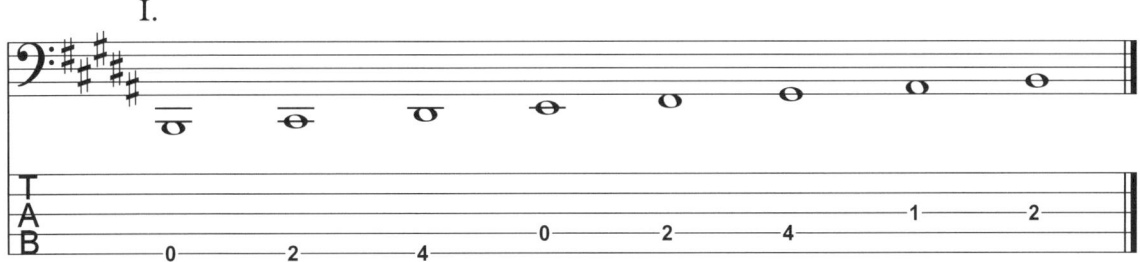

Am besten lernst du die Reihenfolge der Kreuz-Tonarten („G", „D", „A", „E", „B", „F#", „C#") und die entsprechenden Kreuz-Vorzeichen („F#", „C#", „G#", „D#", „A#", „E#", „B#") auswendig. Für die Reihenfolge gibt es unzählige Eselsbrücken, von denen ich diesen Spruch am besten finde:

Geh – **D**u – **A**lter – **E**sel – **B**ringe – **Fis**che

Dabei ist allerdings zu beachten, dass in diesem Spruch die letzte Kreuz-Tonart Cis-Dur fehlt ...

Etüden in G-Dur

Die nächsten Übungen sind in G-Dur, es kommt also ein Kreuz, das „**Fis**" vor. Wie auch bei den Übungen der C-Dur Tonleiter gibt es hier ein Muster, das diesmal aber auf Terzen basiert.

Für *Vier-* und *Fünfsaiter*:

G-Dur Etüde 1 (Vier- und Fünfsaiter) ♩ = 60   CD 48

Kapitel 4

Das geht natürlich auch in umgedrehter Richtung, ebenfalls für *Vier-* und *Fünfsaiter*:

G-Dur Etüde 2 (Vier- und Fünfsaiter)

Dur-Tonarten mit b-Vorzeichen

Die Dur-Tonarten mit ♭-Vorzeichen

Wie auch schon bei den Kreuz-Tonarten gehen wir von der C-Dur Tonleiter aus, die wir in zwei Tetrachorde teilen:

Schritt 1: C-Dur Tonleiter wird in *zwei Tetrachorde* geteilt:

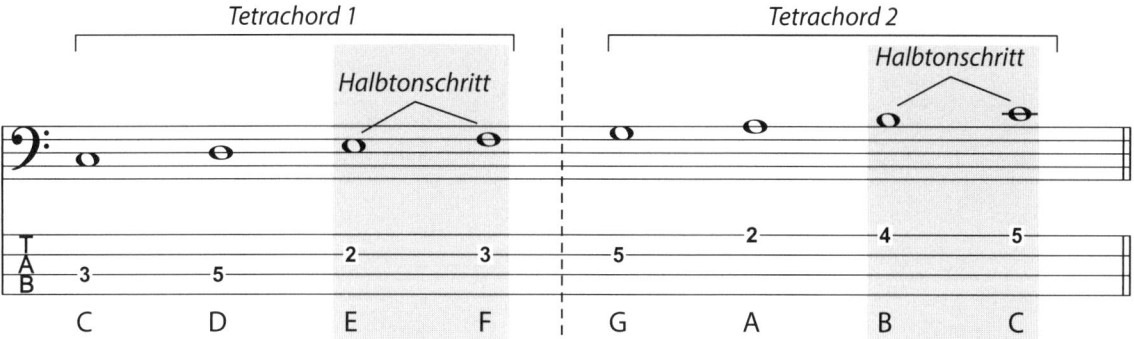

Die ♭-Tonarten

Für die Bildung weiterer Dur-Tonleitern bzw. -Tonarten, nimmt man jetzt den ersten Tetrachord der C-Dur Tonleiter als Basis für die neue Tonleiter. Er wird dann zum neuen, oberen Tetrachord 2 umgedeutet, also genau umgekehrt wie bei den Kreuz-Tonarten. Das Ziel ist in diesem Fall also die **F-Dur Tonleiter**. Auch hier wird der Tetrachord mit den Tönen der C-Dur Tonleiter „aufgefüllt". Allerdings dieses Mal *nach unten* hin, bis das tiefe „F" erreicht ist.

Schritt 2: Tetrachord 2 (neu) = Tetrachord 1 aus C-Dur Tonleiter
Schritt 3: Tetrachord 1 (neu) = bis zum „F" nach unten hin Töne aus der C-Dur Tonleiter ergänzen:

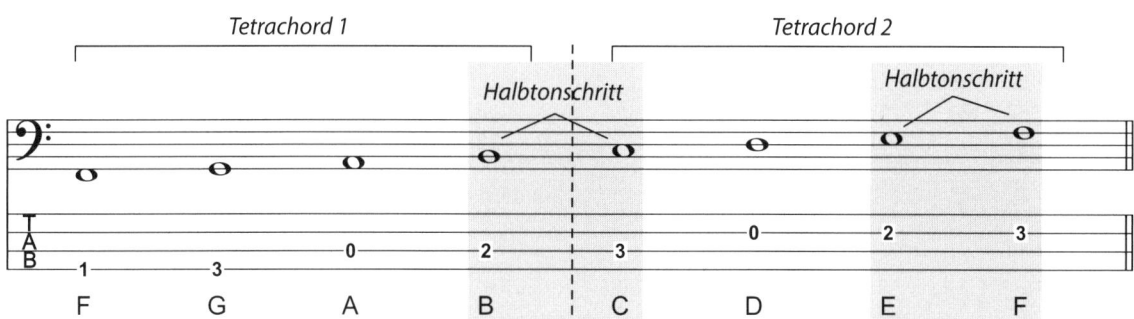

Die *Halbtonschritte* liegen jetzt zwischen den beiden Tetrachorden, also der 4. und 5. Stufe und der **7. und 8. Stufe**. Um einen Halbtonschritt zwischen der **3. und 4. Stufe** (und einen Ganztonschritt zwischen den beiden Tetrachorden) zu erlangen, wird der Ton der 4. Stufe durch ein ♭ um einen Halbton *erniedrigt*. Aus dem Ton „B" wird dadurch ein „B♭" (*vgl. S. 62*).

Schritt 4: Halbtonschritt zwischen 3. und 4. Stufe erzeugen:

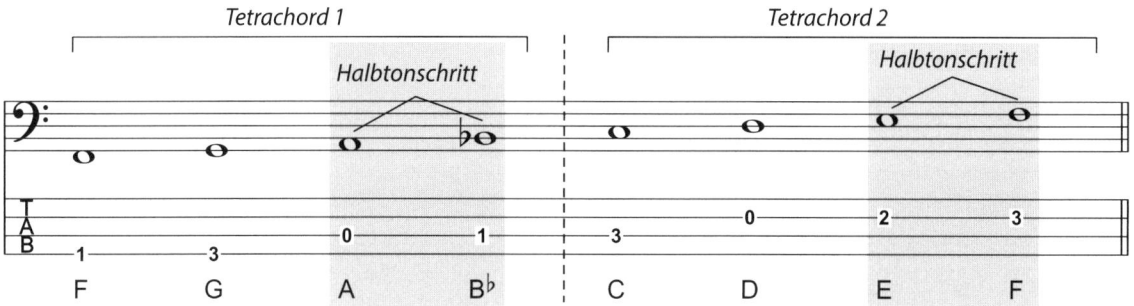

Die Tonart **F-Dur** hat demnach also *ein* ♭-Vorzeichen. Wie bei den Kreuz-Tonarten auch muss diese Prozedur nur wiederholt werden, um auf alle restlichen ♭-Tonarten zu kommen. Die auf diese Weise gewonnenen Tonleitern sind wieder auf der linken Seite notiert, rechts stehen die Vorzeichen der entsprechenden Tonarten. Auch die ♭-Vorzeichen erscheinen immer in dieser Reihenfolge!

Kapitel 4

Die ♭-Tonarten

Dur-Tonarten mit ♭-Vorzeichen

Wende auch bei diesen Tonleitern die Methode an, die Notennamen und Vorzeichen laut auszusprechen, anzuspielen und somit die Töne auf dem Griffbrett zu visualisieren. Dabei kannst du einfach das bekannte Griffbild für die Dur-Tonleitern verwenden. Eine *Ausnahme* gibt es allerdings in F- und B♭-Dur, wenn die Greifhand sich in der Position I. befindet. In dieser Position müssen Leersaiten verwendet werden. Der Startton liegt deshalb nicht unter dem Mittelfinger der Greifhand, sondern unter dem *Zeigefinger*.

F-Dur

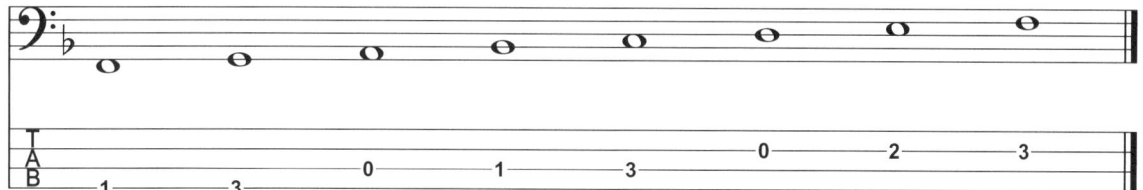

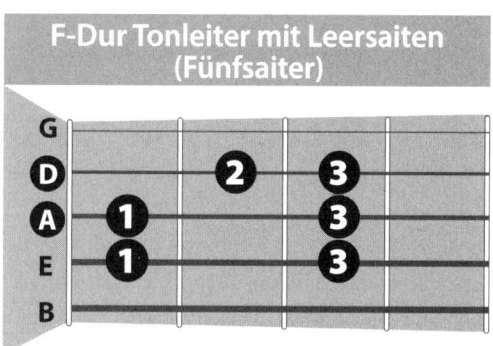

B♭-Dur

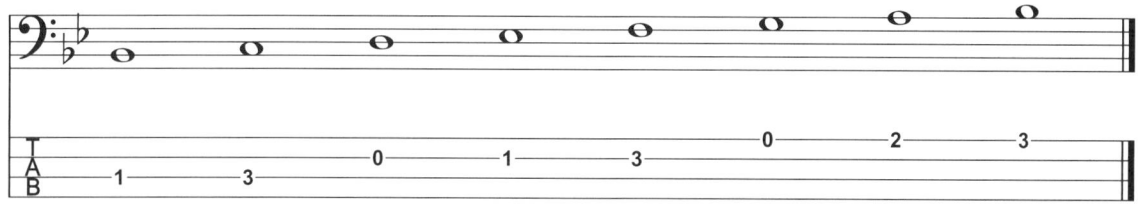

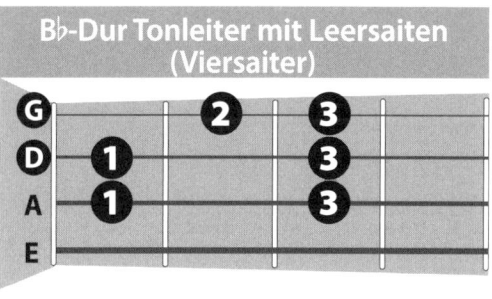

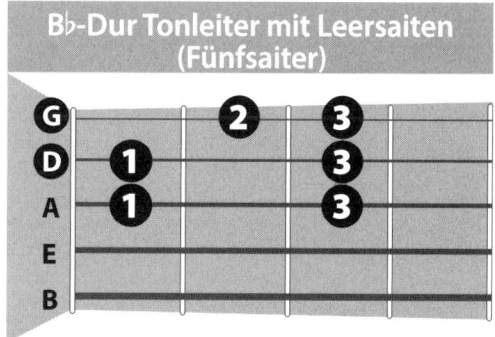

Auch die Reihenfolge der ♭-Tonarten („F", „B♭", „E♭", „A♭", „D♭", „G♭", „C♭") und ihre entsprechenden Vorzeichen („B♭", „E♭", „A♭", „D♭", „G♭", „C♭", „F♭") solltest du auswendig lernen. Der Merksatz für die ♭-Tonarten lautet:

Cato – **F**and – **B**eim – **Es**sen – **As**tern – **Des** – **Ges**andten – **Ces**ar

Achtung: Bei diesem Spruch fängt man bei C-Dur („Cato") zu zählen an, also der Tonart ohne Vorzeichen!

Kapitel 4

Etüden in F-Dur

In den folgenden Übungen kannst du diese neuen Griffbilder eingüben. Sie sind in F-Dur mit einem ♭. Es geht wieder um Terzen, allerdings werden die eintaktigen Sequenzen am Ende jeweils durch Abwärtsläufe abgerundet. Diese Übung ist auf dem *Vier-* und *Fünfsaiter* spielbar:

F-Dur Etüde 1 (Vier- und Fünfsaiter)

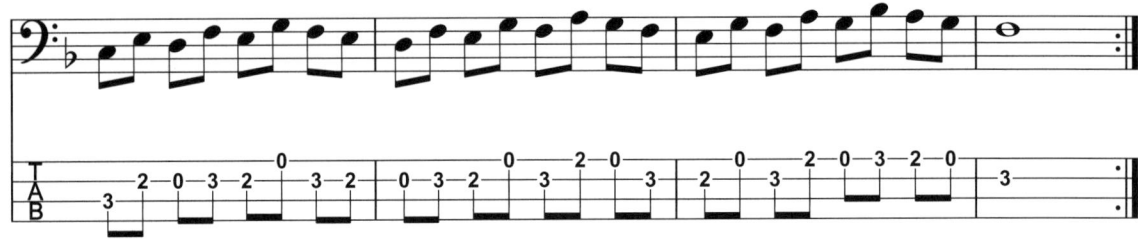

Das ist die etwas kürzere Version in umgedrehter Richtung für den *viersaitigen* Bass:

F-Dur Etüde 2 (Viersaiter)

garantiertbass.de

Dur-Tonarten mit b-Vorzeichen

Auf dem *Fünfsaiter* ist das sogar mit der vollständigen Sequenz möglich:

F-Dur Etüde 3 (Fünfsaiter)

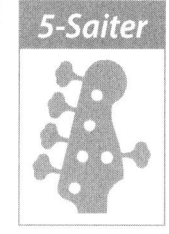

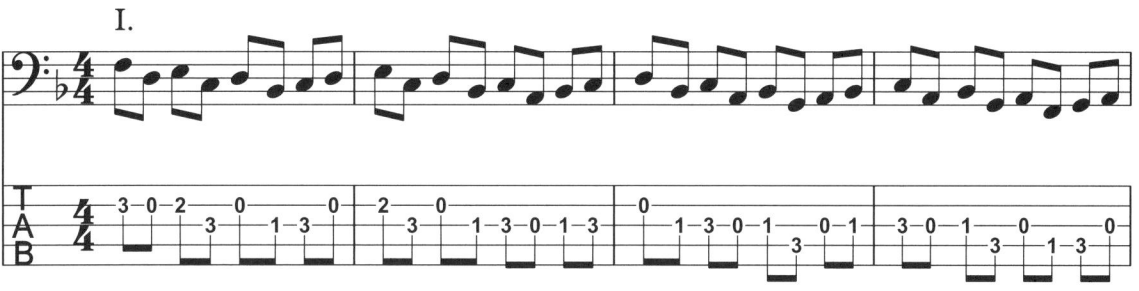

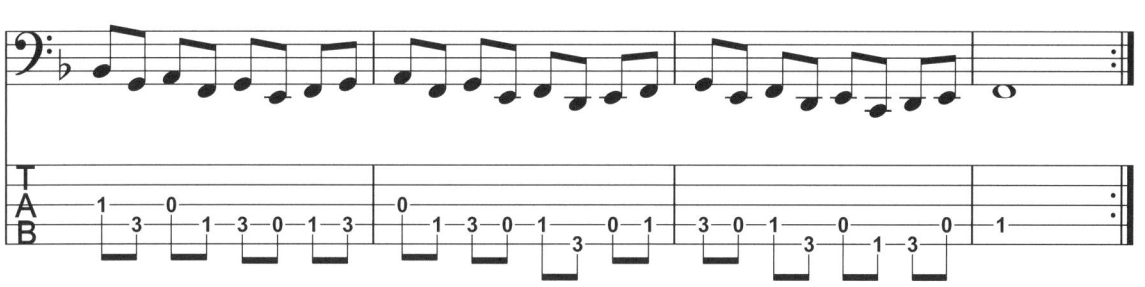

Spielstück „Cameo Appearance"

Cameo Appearance hat seine Wurzeln im Hip Hop und Rap der Achtziger Jahre. Es ist in drei Teile gegliedert: Der harte Riff des **A-Teils**, bei dem die Übergänge aus dem Tonmaterial der Tonart stammen, der leicht reduzierte **A'-Teil** und der folgende **B-Teil**. Der Ablauf ist hier recht übersichtlich. Nach dem Durchspielen von A-, A'- und B-Teil wird die komplette Form wiederholt, bevor am Ende der A-Teil, der einen klaren Refrain-Charakter besitzt, noch zweimal kommt.

Cameo Appearance hat ein ♭ und steht somit in **F-Dur**. Deshalb empfehle ich dir, es wie notiert zunächst in der I. Position zu spielen. Du kannst es aber auch in anderen Positionen spielen, falls dich die beiden so benutzten Leersaiten – vor allem die D-Saite – klanglich nicht zufriedenstellen. Achte wieder auf die unterschiedliche Dynamik der einzelnen Teile und eine klare Artikulation!

Kapitel 4

„Cameo Appearance"

Groove Analyse

Das ist der Schlagzeug-Groove des **A-Teils**:

A-Teil: „Cameo Appearance" (Bass und Drumset)

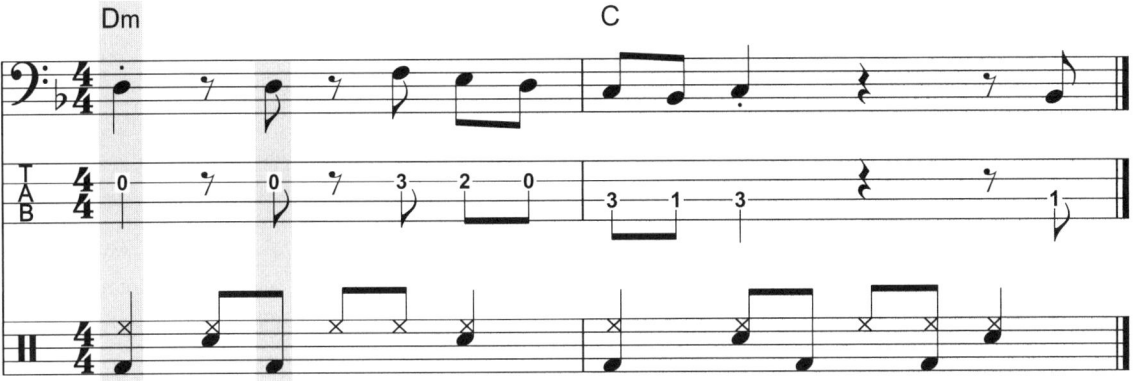

Wie du siehst, werden im ersten Takt in der Bass Drum die Hauptakzente des Riffs, nämlich die Zählzeiten „1" und „2+", mitgespielt. Da die Gitarre diese Akzente ebenfalls „mitnimmt", entsteht hier ein sehr starkes Ergebnis.

Im **B-Teil** werden die Töne der Basslinie durch die Bass Drum wieder konsequent gedoppelt:

B-Teil: „Cameo Appearance" (Bass und Drumset)

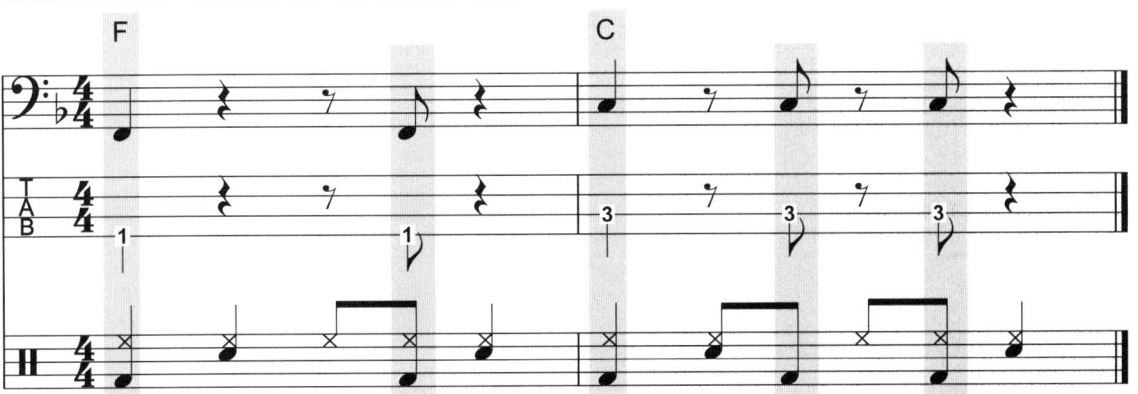

Kapitel 4

C^{SUS4}

Der sus4-Akkord

Beim **sus4-Akkord** oder auch *Quartvorhalt* wird die Terz eines Dreiklanges durch die reine Quarte ersetzt. Er ist also – im strengen Sinne – kein Dreiklang, da er zwar aus drei Tönen besteht, die allerdings nicht im Terzverhältnis zueinander stehen.

Der sus4-Akkord besteht aus einer reinen Quarte (hier: „C"-„F") und einer großen Sekunde (hier: „F"-„G"). Es ergibt sich der allgemeine Aufbau aus Grundton („C"), reiner Quarte („F") und reiner Quinte („G"). Da dieser Akkord keine Terz und somit auch kein Tongeschlecht enthält, kann er sowohl Dur- also auch Moll-Dreiklänge ersetzen.

Als Akkordsymbol werden für den Quartvorhalt der Großbuchstabe des jeweiligen Grundtons und ein nachgestelltes „sus4" verwendet: **C**^{SUS4}.

Das „sus" steht für „suspended", dem englischen Ausdruck für „vorgehalten".

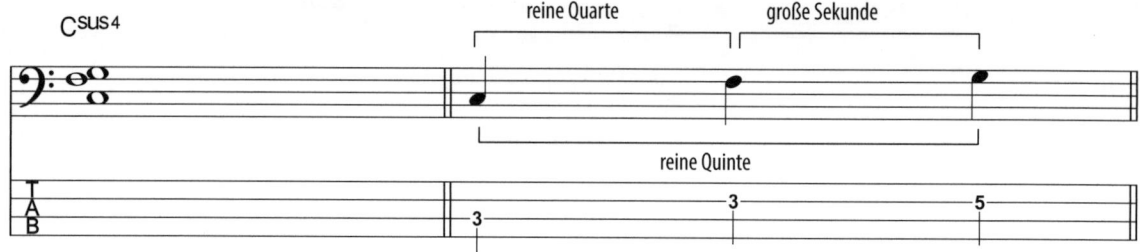

Für den sus4-Akkord gibt es ein Griffbild, das nützlich für die Praxis ist:

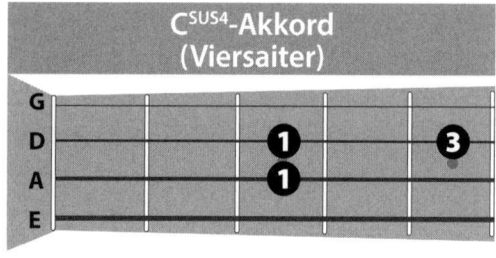
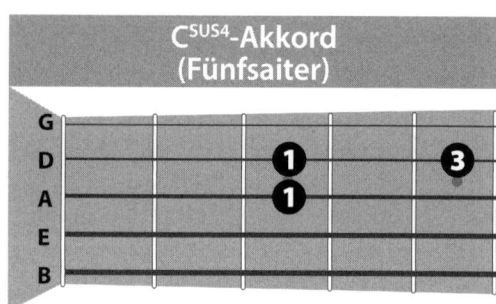

Die nächsten Übungen kannst du in der Position II oder III spielen, je nachdem, ob du den Zeigefinger oder den Mittelfinger für den Grundton des Akkords verwendest. Sicherlich wirst du dabei den offenen, schwebenden Klang des sus4-Akkordes bemerken.

sus4-Akkord Übung 1

♩ = 60 CD 52

Play-Along „Better Have Mercy"

Auch diesen Akkord kannst du bis zur Oktave hinauf spielen:

sus4-Akkord Übung 2

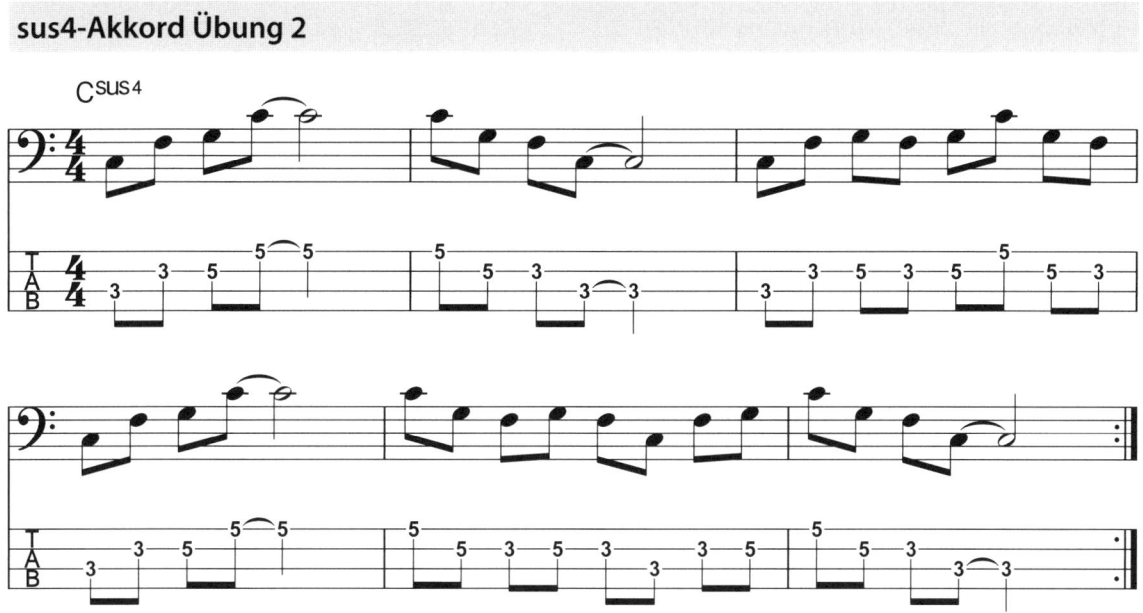

Play-Along „Better Have Mercy"

Das nächste Play-Along wurde ebenso durch leicht groovenden Soul-Jazz wie durch aktuelle Neo-Soul-Klänge beeinflusst. Auch hier ist es wieder deine Aufgabe, eine eigene Basslinie zu entwickeln.

Mach dir zuerst den Ablauf klar:

Nach dem **Intro**, das wiederholt wird, folgt ein **A-Teil**, der ebenfalls wiederholt wird. Daran schließt der kurze **B-Teil** an, bevor es wieder zum **A-Teil** (**D.S.**), zum **B-Teil** und schließlich zum Ende (über die beiden Kopf-Symbole zur **Coda**) geht.

Das Stück ist in der Tonart **G-Dur** (ein Kreuz-Vorzeichen) geschrieben, für Übergänge zwischen den Akkorden kannst du also das Tonmaterial der G-Dur Tonleiter verwenden. Achte bei der Entwicklung deiner Ideen auch darauf, die wesentlichen Akzente des Keyboards und der Bass Drum zu berücksichtigen.

Groove Analyse

In **Intro** und **A-Teil** bleibt der Schlagzeug-Groove gleich:

Intro/A-Teil: „Better Have Mercy" (Bass und Drumset)

Kapitel 4

Bemerkenswert ist – neben den entspannten Viertelnoten der Hi-Hat – vor allem der im ersten Takt auf die Zählzeit „4+" vorgezogene Akkordwechsel (C), der im Schlagzeug durch eine offene Hi-Hat und die Bass Drum instrumentiert wird. Diesen vorgezogenen Akkordwechsel würde ich auch in die Basslinie einbauen. Ansonsten bietet es sich an, die Bass Drum zu doppeln und Übergangstöne aus der G-Dur Tonleiter zu benutzen.

Der Schlagzeug-Groove des **B-Teils** wird durch die offenen Klänge des Ride Cymbals getragen. Die Gliederung in zwei Teile zeigt sich am besten am Bass Drum-Pattern. So sind die ersten beiden Takte gleich, woran sich in Takt drei und vier das Pattern aus dem **A-Teil** anschließt, nur mit dem Ride Becken statt mit der Hi-Hat:

B-Teil: „Better Have Mercy" (Bass und Drumset)

Die Akzente auf den Zählzeiten „1" und „2+" der ersten beiden Takte werden durch Bass Drum (und auch das Keyboard) dargestellt, in deiner Basslinie sollten sie deshalb auch nicht fehlen. Nachdem du deine persönlichen Basslinien entwickelt hast, kannst du sie wieder in die leeren Notenlinien bzw. Tabulaturen eintragen.

Kapitel 5

Sechzehntel-Rhythmik

Sechzehntelnoten

Teilt man eine *Achtelnote (oder –pause)* in gleichlange Hälften, erhält man *zwei Sechzehntelnoten (oder –pausen)*. Sie werden mit einem ausgefüllten Notenkopf und einem Notenhals mit zwei Fähnchen dargestellt. Mehrere Sechzehntelnoten können – wie die Achtelnoten auch – gruppiert werden. Dafür werden zwei Balken in der Notation benutzt.

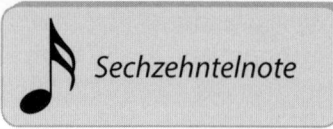

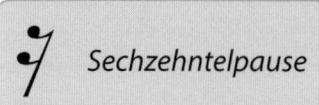

Die Sechzehntel-Zählzeiten

Die zusätzlichen Zählzeiten zwischen den „und"-Zählzeiten der Achtelnoten werden mit der Silbe „**e**" bezeichnet. So steht die zweite Sechzehntelnote im Takt auf der Zählzeit „**eins e**", die vierte auf der Zählzeit „**eins und e**" usw. Es entsteht folgendes Sechzehntelraster:

Es gibt folgende *fünfzehn* Möglichkeiten, eine bis vier Sechzehntelnoten in einem $\frac{1}{4}$-Takt anzuordnen:

Sechzehntel-Rhythmik

Mache dir diese Rhythmen wieder wie in den vorangegangenen Kapiteln klar: Stelle dein Metronom auf ♩ = **50 bpm** ein und versuche zunächst, einen Schlag des Metronoms in deinem Kopf in *zwei* (also Achtelnoten), dann in *vier* gleiche Teile (Sechzehntelnoten) zu unterteilen. Sprich dann die einzelnen Sechzehntelnoten im Takt laut mit, also „**eins**", „**e**", „**und**", „**e**". Klatsche schließlich mit deinen Händen den Rhythmus des ersten Taktes dazu. Mache das so lange, bis dir die Rhythmik völlig klar ist und gehe erst dann zum nächsten Takt über usw. Wenn du alle Takte durchgeklatscht hast, wiederhole das Ganze mit deinem Instrument, indem du die Rhythmen nicht mehr klatschst, sondern auf einer Leersaite spielst. Vergiss dabei das laute Mitzählen nicht!

Sechzehntel-Etüden

Zum einfacheren Erarbeiten der folgenden Etüden ist die Unterteilung der 4/4-Takte in *vier* 1/4-Takte hilfreich. Die so reduzierten Bausteine sind dir ja alle schon bekannt, sie müssen lediglich in der richtigen Reihenfolge kombiniert werden. Benutze wieder ein Metronom, das du zwischen 1/4 = **50 bpm** bis 1/4 = **80 bpm** einstellst.

Für *Viersaiter*:

Kapitel 5

Sechzehntel-Etüde 1 (Fünfsaiter) ♩ = 60 CD 55

Haltebögen und *Punktierungen* gibt es auch auf der Ebene der Sechzehntelnoten. So ist eine punktierte Achtelnote (♪ + ♬ = ♬♬♬) *drei Sechzehntel* lang. Dasselbe gilt natürlich auch für punktierte Achtelpausen.

Für *Viersaiter*:

Sechzehntel-Etüde 2 (Viersaiter) ♩ = 60 CD 56

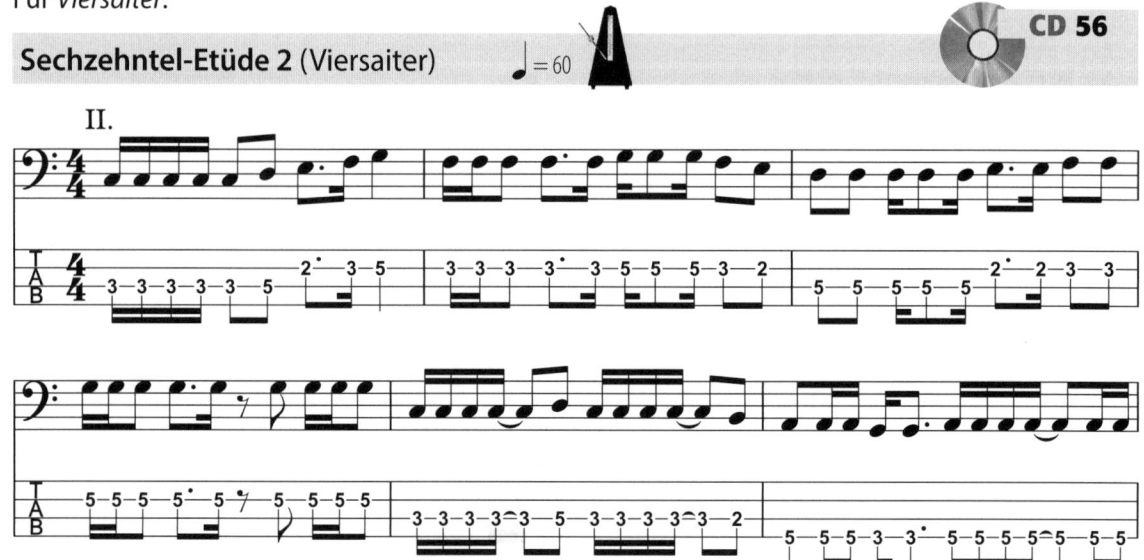

Sechzehntel-Rhythmik

4-Saiter

Für Fünfsaiter:

Sechzehntel-Etüde 2 (Fünfsaiter) ♩=60

5-Saiter

Kapitel 5

Sechzehntelgrooves

Im Bereich der Pop- und Funkmusik gibt es eine ganze Reihe typischer Bassgrooves, die in vielen Titeln auftauchen. In den nächsten Beispielen werden die Töne auf den Zählzeiten „1" und „3" kurz bzw. *staccato* gespielt. Achte darauf, die Sechzehntelnote auf der Zählzeit „2+e" exakt zu platzieren. Zuerst die Version für den *Viersaiter*:

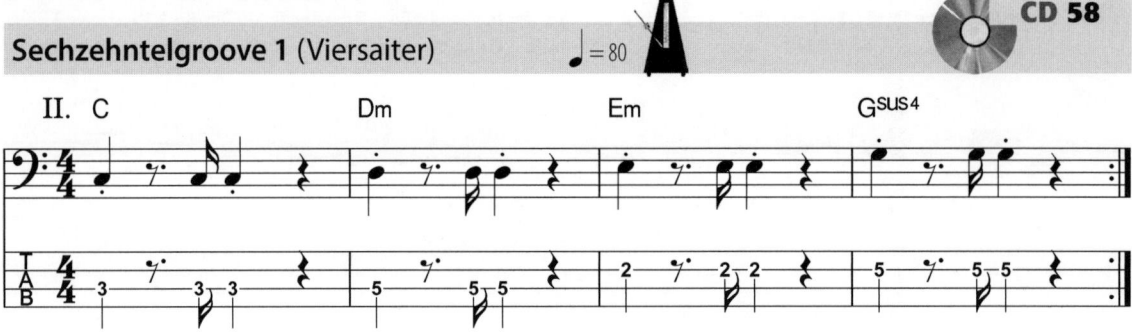

Die Version für den *Fünfsaiter* ist eine Oktave tiefer:

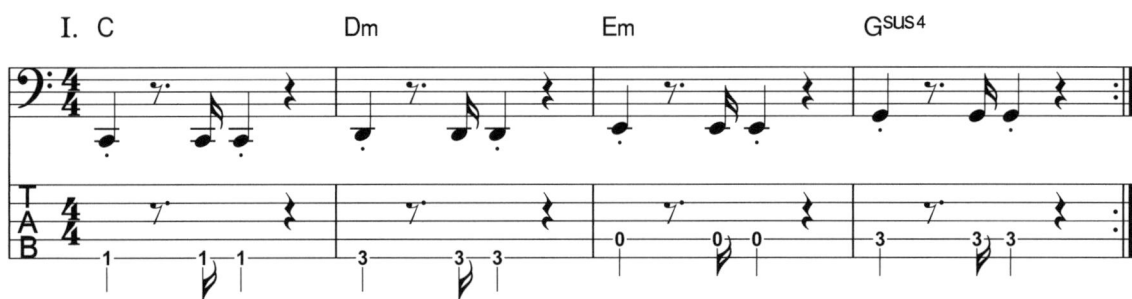

Nimmt man nun statt der kurzen Viertelnote auf der Zählzeit „3" zwei Achtelnoten, entsteht ein neues Pattern. Wichtig ist dabei der Gegensatz zwischen *staccato* und *tenuto* dieser beiden Noten. Für *Viersaiter*:

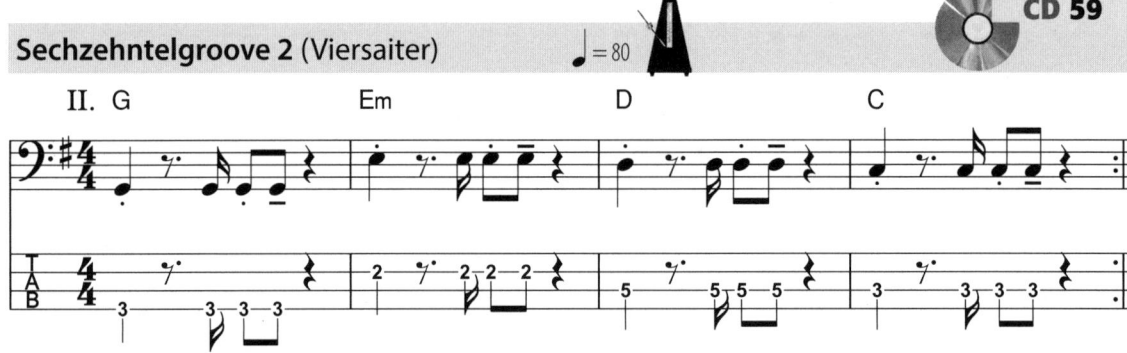

Für *Fünfsaiter*:

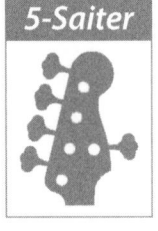
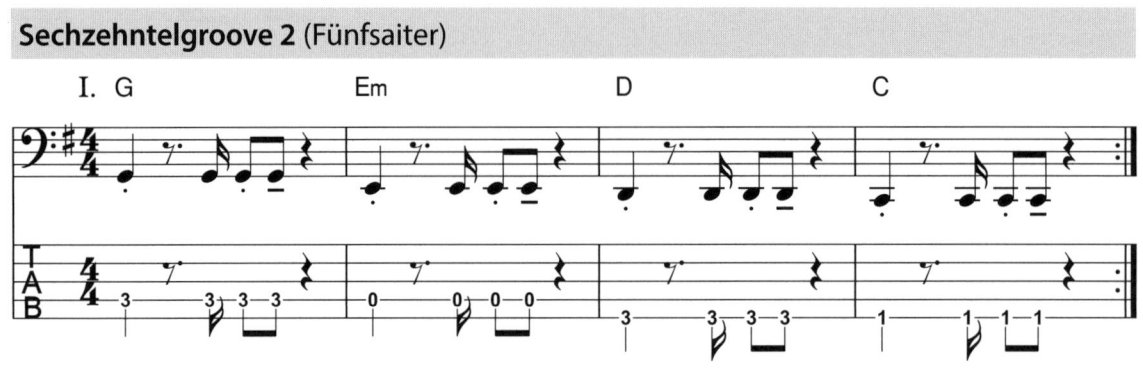

Sechzehntelgrooves

Ein anderes typisches Pattern findet ihr im Folgenden, bei dem alle Noten kurz (*staccato*) gespielt werden. Achte wieder darauf, die beiden Sechzehntelnoten genau auf den Zählzeiten „**2e**" und „**2+e**" zu spielen. Für *Viersaiter*:

Sechzehntelgroove 3 (Viersaiter)   ♩ = 80   CD 60

Für *Fünfsaiter*:

Sechzehntelgroove 3 (Fünfsaiter)

Senza rep.

Die zwei Spielanweisungen *Da Capo* und *Dal Segno* können durch dem Zusatz **senza rep.** ergänzt werden. Dieser Zusatz bedeutet übersetzt *ohne Wiederholung* (rep. steht als Abkürzung für das italienische Wort *repetizione*). Nach dem Sprung zum Anfang bzw. *Segno* wird also keine Wiederholung gespielt.

senza rep.
ohne Wiederholung

Con rep.

Soll dagegen eine Wiederholung im *Da Capo* oder *Dal Segno* bewusst gespielt werden, benutzt man **con rep.**

con rep.
mit Wiederholung

Kapitel 5

Crescendo (cresc.)

In der Musik können Lautstärken nicht nur unterschiedliche Niveaus haben, sondern sich auch allmählich verändern. Ein Anschwellen der Lautstärke nennt man *crescendo* („wachsend"). Es wird im Notentext mit einem langgestreckten „kleiner als"-Zeichen, der sogenannten *Gabel*, unter die Noten geschrieben:

Decrescendo (diminuendo)

Die Umkehrung des Crescendo, also ein allmähliches Leiserwerden, wird *decrescendo* oder *diminuendo* genannt. Es erscheint als ein langgezogenes „größer als"-Zeichen unter den Noten:

Spielstück „You Got 2 B Funky"

Stilistisch ist das folgende Spielstück zwischen Pop, Funk und Hip Hop angesiedelt. Zuerst zum Ablauf:

Nach den zweitaktigen **Intro-Kicks** kommt ein **A-Teil**, der wiederholt wird. Daran schließt der **B-Teil** an, der mit den Kicks auf dem Akkord „F" endet. Es folgt ein ***Dal Segno*** zum A-Teil, dieses Mal allerdings ohne Wiederholung (***senza rep.***). Danach kommen der **B-Teil** und schließlich die ***Coda***, die eine Wiederholung des B-Teils ist.

You Got 2 B Funky ist in der Tonart B♭-Dur mit zwei ♭-Vorzeichen. Du kannst es in den notierten Positionen spielen, es gibt aber auch andere Möglichkeiten.

Natürlich ist es auch auf dem *Fünfsaiter* spielbar. Achte beim Üben auf eine exakte Ausführung der Rhythmik und eine klare Artikulation! Versuche auch, die dynamischen Unterschiede klar herauszuarbeiten und vergiss dabei das Crescendo am Anfang nicht!

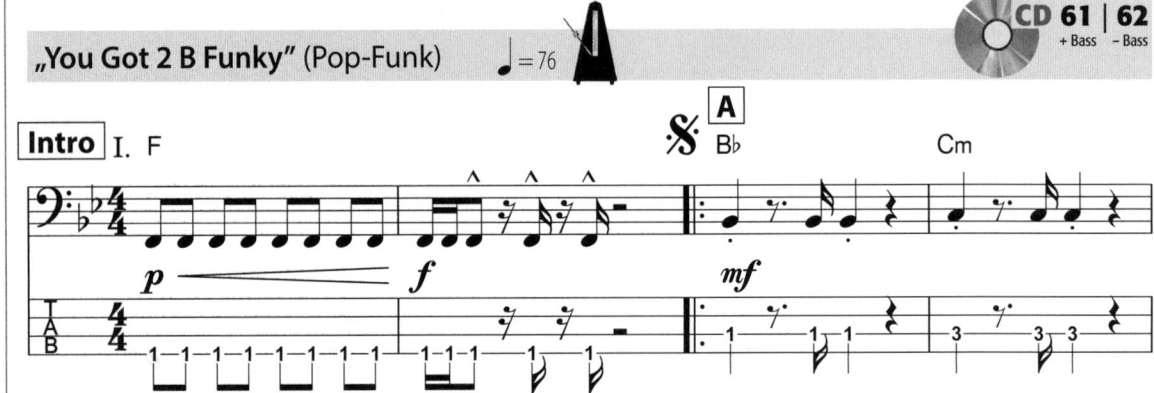

„You Got 2 B Funky"

Kapitel 5

Groove Analyse

Das ist der Schlagzeug-Groove in der *ersten Hälfte* des **A-Teils**:

A-Teil 1: „You Got 2 B Funky" (Bass und Drumset)

Die Töne der Basslinie doppeln dabei also konsequent die Bass Drum des Patterns. In der *zweiten Hälfte* des **A-Teils** verhält es sich ähnlich:

A-Teil 2: „You Got 2 B Funky" (Bass und Drumset)

Auch im **B-Teil** ändert sich an diesem Konzept nichts, es wird allerdings deutlich dichter:

B-Teil: „You Got 2 B Funky" (Bass und Drumset)

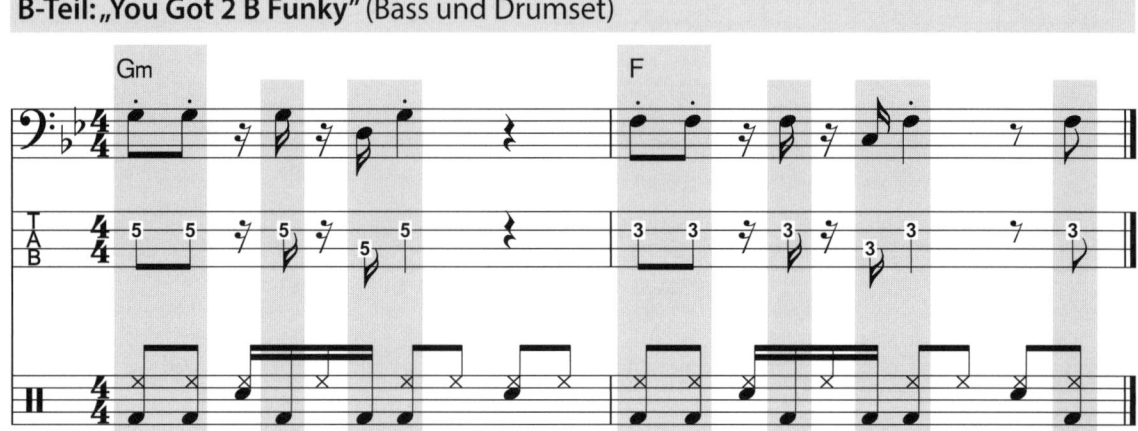

Dead Notes

Dead Notes

Als *Dead Notes* bezeichnet man Töne, die keine klar definierte Tonhöhe, sondern einen eher perkussiven Charakter besitzen. Beim Spielen bieten sie den Vorteil, dass man sich keine Gedanken um die Tonhöhe machen muss, da – ähnlich wie bei einem Ton auf einer Trommel – eine Dead Note immer als richtig empfunden wird. Gleichzeitig bietet sie aber eine rhythmische Information, die eine Basslinie sehr bereichern kann.

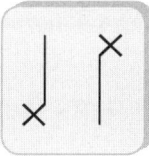

Erzeugung

Lege einen Finger der Greifhand locker auf eine Saite. Drücke sie dabei allerdings nicht wie bisher bis zum Bundstäbchen herunter; Die Saite soll lediglich am freien Schwingen gehindert werden. Dann schlägst du die Saite mit deiner Schlaghand in gewohnter Art an. Heraus kommt ein kurzer, perkussiver Ton.

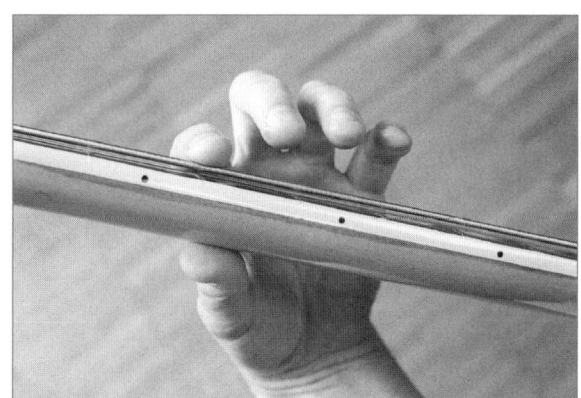

Je nachdem, wo der Finger deiner Greifhand auf dem Griffbrett lag, kann es zu unerwünschten Obertönen kommen. Wenn du aber mehr als einen Finger für Dead Notes benutzt, passiert das nicht. Versuche deshalb möglichst viele Finger flach auf die Saiten zu legen.

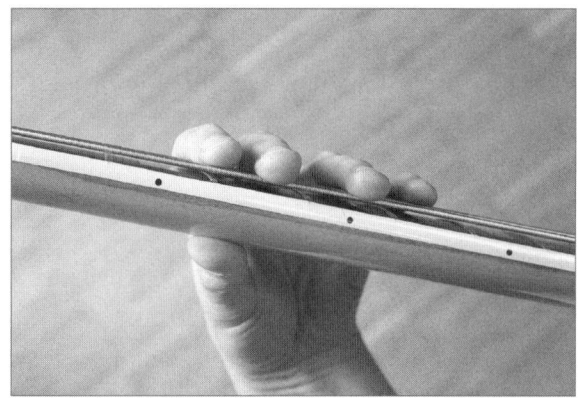

Die Notation der Dead Notes

Dead Notes werden im Notentext wie gewöhnliche Töne notiert. Lediglich der Notenkopf wird durch ein Kreuz (x) aus der Rhythmusnotation ersetzt:

Die Tonhöhe von Dead Notes ist schwierig bzw. gar nicht feststellbar. Deshalb würde es für die Notation eigentlich ausreichen, lediglich die Saite zu bezeichnen, auf der die Dead Note gespielt werden soll. Auf einem *viersaitigen* Bass gibt es also nur vier verschiedene Dead Notes, auf einem *Fünfsaiter* entsprechend fünf:

Viersaiter

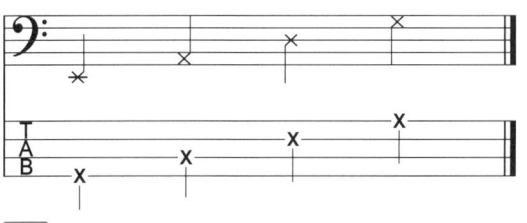

Fünfsaiter

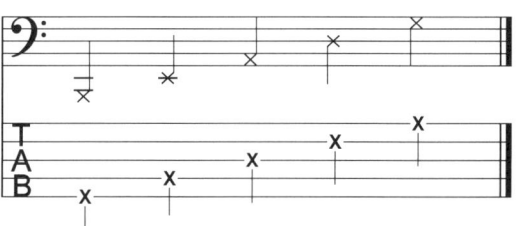

Kapitel 5

Trotzdem ist es oft hilfreich, auch die (gedachte) Tonhöhe der Dead Note zu notieren. Sie gibt im Kontext Aufschluss über den Fingersatz der Greifhand, d. h. in welchem Bund der Finger am besten aufgelegt wird.

Übung Dead Notes (gedachte Tonhöhe)

Dead Note-Etüden

Auch Dead Notes müssen gleichmäßig in ihrer Lautstärke und sicher im Timing sein. Das kannst du in der folgenden Etüde üben. Das notierte „D" ist eine Dead Note auf der A-Saite, die du produzierst, indem du die Finger deiner Greifhand auf der Höhe des fünften Bundes auflegst. Benutze ein Metronom und beginne in einem langsamen Tempo (♩ = **50 bpm**). Erst wenn die Dead Notes kräftig genug klingen, dabei möglichst gleichmäßig und exakt im Timing sind, solltest du das Tempo steigern (bis ♩ = **80 bpm**).

Dead Note Etüde 1 (Vier- und Fünfsaiter)   ♩ = 60   CD 63

Lege die Finger deiner Greifhand auf den 5. Bund.

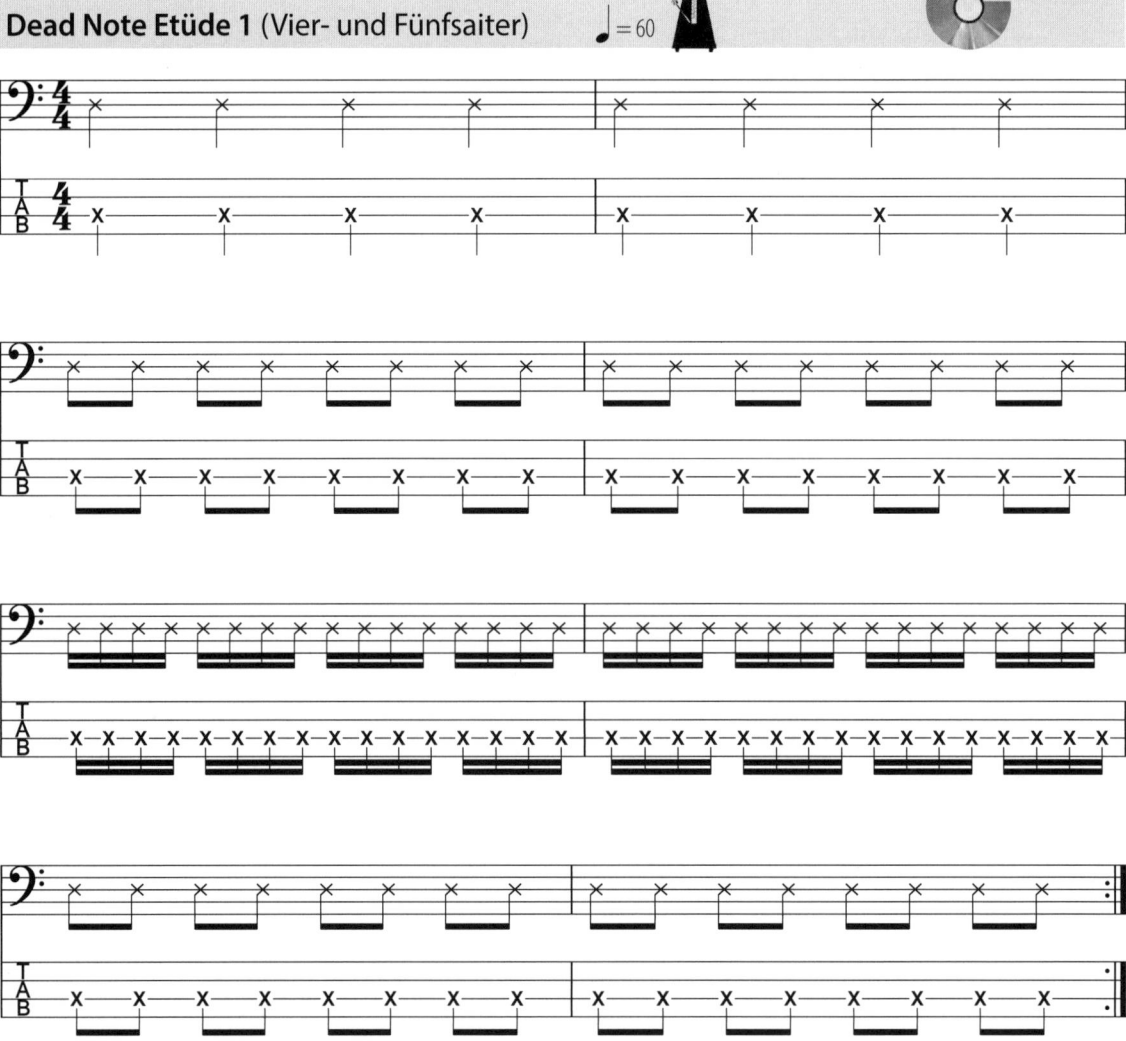

Dead Notes

Diese Etüde ist für *Viersaiter und Fünfsaiter* geeignet. Spiele diese Etüde unbedingt auch auf allen anderen Saiten deines Instruments durch. Dabei sollten die Dead Notes immer im *fünften Bund* der jeweiligen Saite produziert werden.

In den folgenden Etüden geht es um die *Kombination* aus herkömmlich gegriffenen Tönen und Dead Notes. Wie schon bei den Etüden zur Artikulation verwenden wir die C-Dur Tonleiter als Tonmaterial. Achte auf ein gutes Timing, einen kräftigen Klang der Dead Notes und eine exakte Koordination von Greif- und Schlaghand.

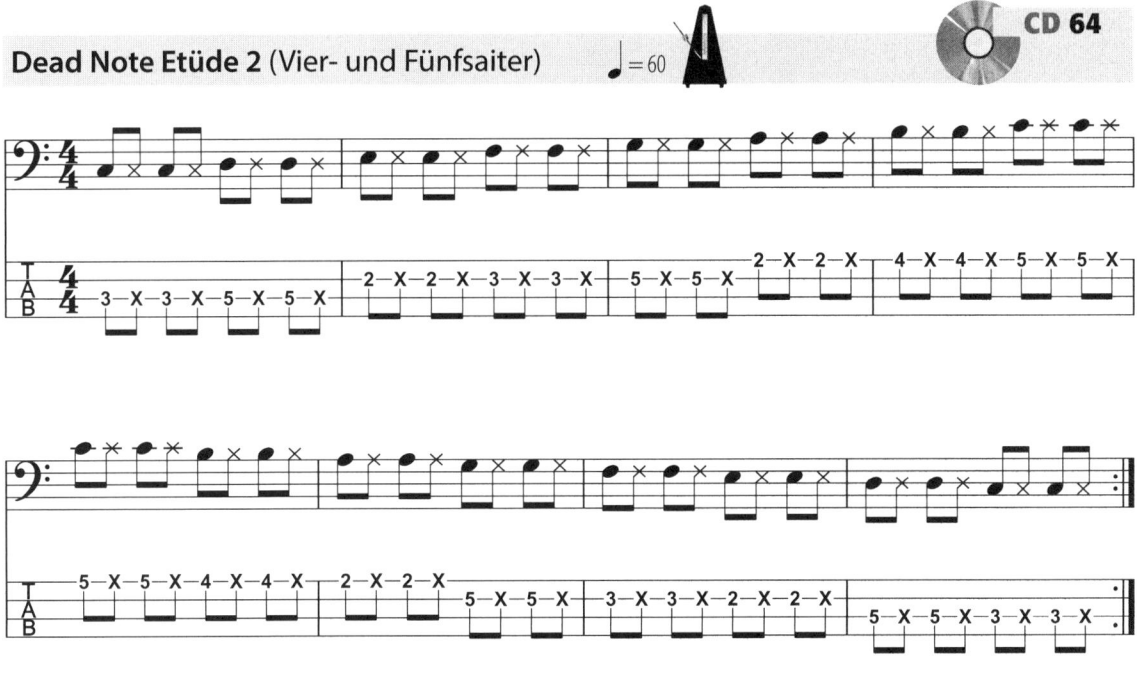

Und hier die Version in umgedrehter Reihenfolge von Dead Notes und herkömmlichen Tönen:

Kapitel 5

Durch die Kombination der vorangegangen Übungen entsteht ein neues Pattern:

Dead Note Etüde 4 (Vier- und Fünfsaiter)   ♩ = 60   CD 65

Auch auf der Sechzehntelebene solltest du Dead Notes üben:

Dead Note Etüde 5 (Vier- und Fünfsaiter)

Durch die Gruppierung von jeweils drei, drei und zwei Sechzehntelnoten ergibt sich folgendes rhythmisches Pattern:

Dead Note Etüde 6 (Vier- und Fünfsaiter)

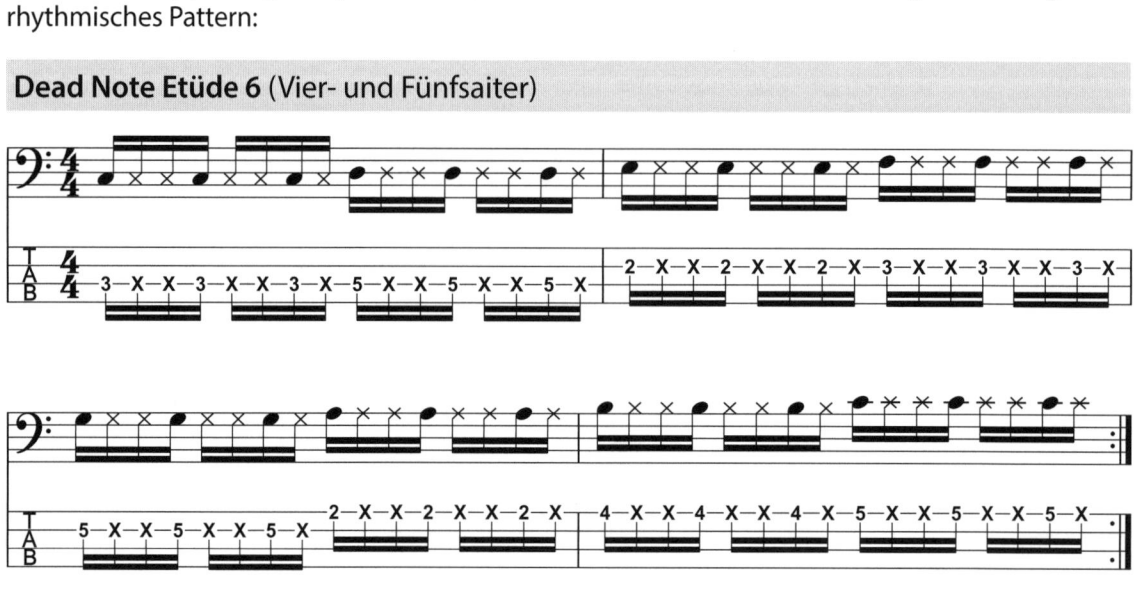

garantiertbass.de

Dead Notes

Sechzehntelgrooves mit Dead Notes

Mit Dead Notes kann man Bassgrooves sehr effektiv verfeinern. Achte bei dem folgenden Beispiel auf die richtige Reihenfolge von Dead Notes und herkömmlichen Tönen. Im zweiten Takt gibt es auch Dead Notes auf der leeren A-Saite. Der Bewegungsablauf ist ähnlich wie bei gegriffenen Tönen, nur müssen die Finger der Greifhand ganz von der Saite genommen werden, wenn die Leersaite erklingen soll. Das ist die Version für den *Viersaiter*:

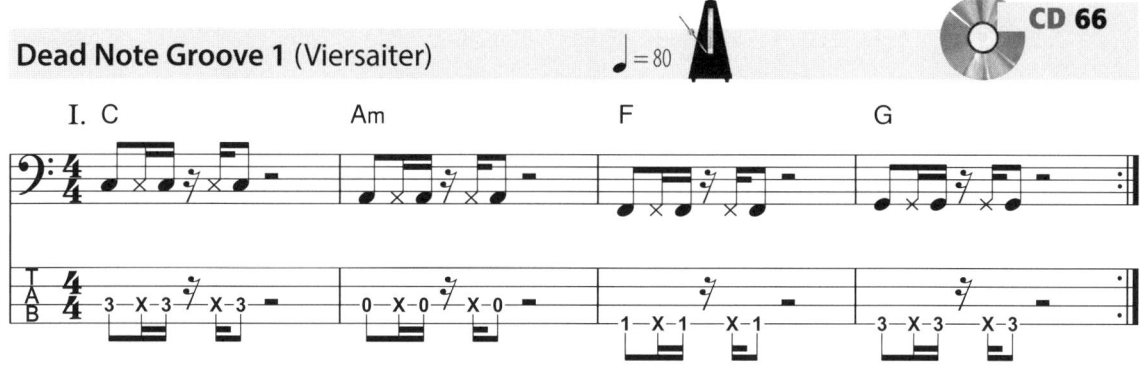

In der Version für den *Fünfsaiter* ist der erste Takt eine Oktave tiefer:

Füllt man noch die jeweils zweite Takthälfte auf, kommt man zu einem neuen, typischen Pattern, das häufig nach dem Musiker **Bo Diddley** benannt wird. Zuerst die Version für den *Viersaiter*:

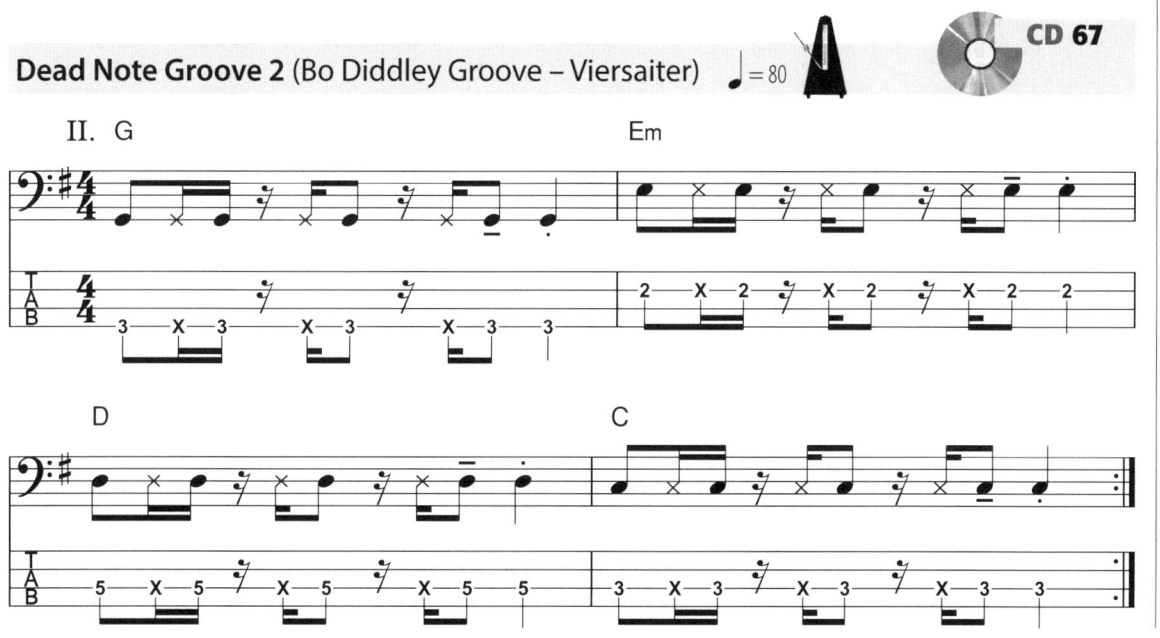

Kapitel 5

Auch in der Version für den *Fünfsaiter* gibt es wieder Dead Notes auf einer Leersaite:

5-Saiter

Dead Note Groove 2 (Bo Diddley Groove – Fünfsaiter)

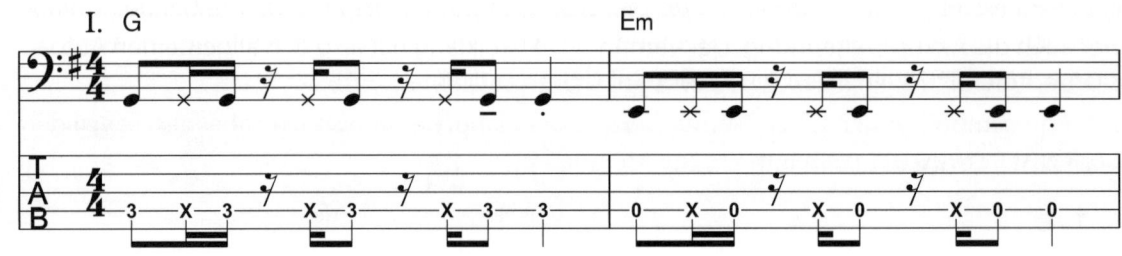

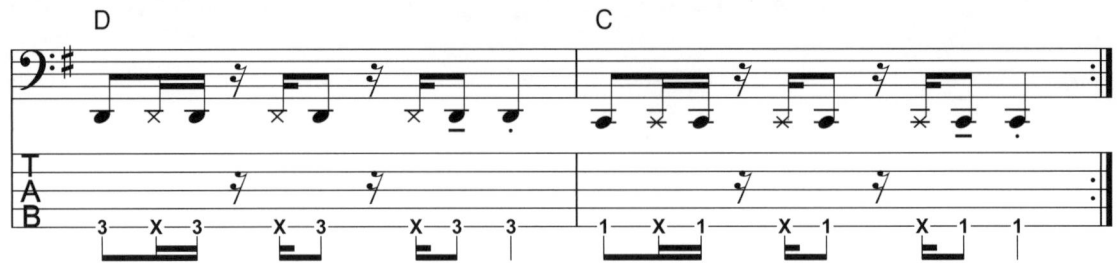

In den nächsten Bassgrooves kommen zu dem Grundton des Akkords noch die Quinte und die Oktave dazu. Die *Viersaiter*-Version

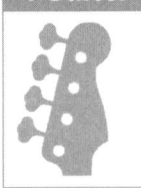
4-Saiter

Dead Note Groove 3 (Viersaiter)

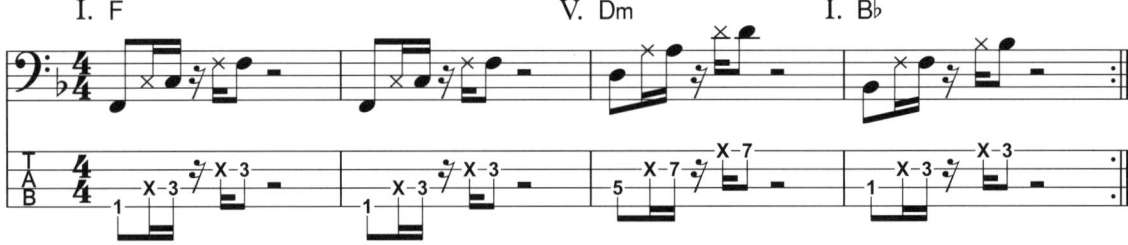

Die *Fünfsaiter*-Version:

5-Saiter

Dead Note Groove 3 (Fünfsaiter)

Der verminderte Dreiklang

Der verminderte Dreiklang

Wie die anderen Akkorde auch besteht der *verminderte Dreiklang* (oder Akkord) aus übereinander geschichteten Terzen. Hier sind es allerdings *zwei kleine Terzen*, also „C"–„E♭" und „E♭"–„G♭". Addiert man die beiden kleinen Terzen, erhält man als *Rahmenintervall* eine *verminderte Quinte*, daher auch die Akkordbenennung. Der verminderte Dreiklang hat also den allgemeinen Aufbau aus Grundton („C"), kleiner Terz („E♭") und verminderter Quinte („G♭").

Als Akkordsymbol wird für den verminderten Dreiklang der Großbuchstabe des jeweiligen Grundtons und ein nachgestellter Kreis verwendet: **C°**.

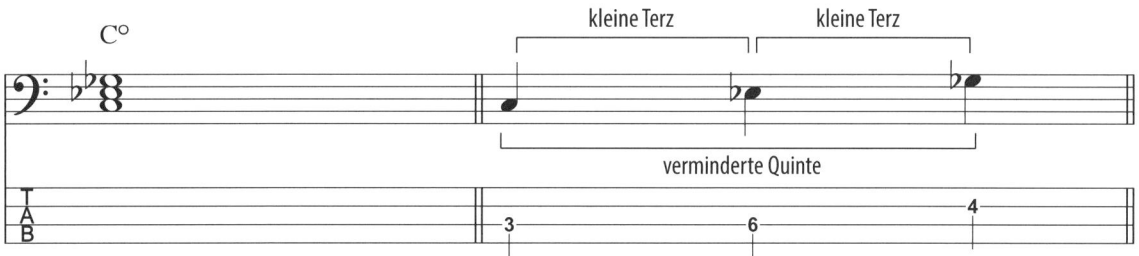

Für den verminderten Akkord gibt es zwei Griffbilder, die nützlich für die Praxis sind:

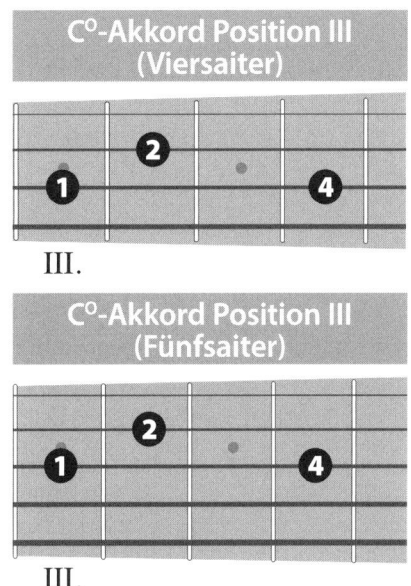

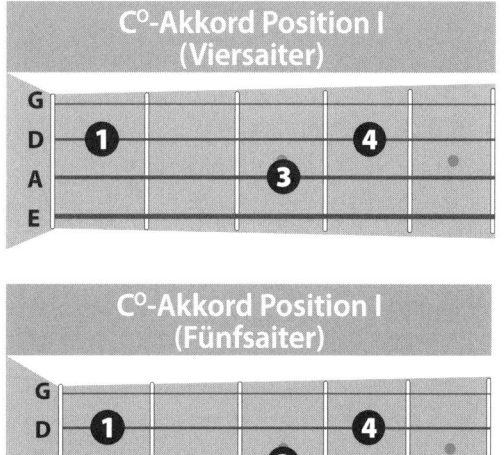

Spiele die nächste Übung in der Position III., aber auch in der I. Position durch. Präge dir den düsteren Klang des verminderten Akkordes gut ein.

CD 68

Verminderter Dreiklang Übung 1   ♩ = 60

garantiertbass.de

123

Kapitel 5

Auch der verminderte Dreiklang kann bis zur Oktave hinauf gespielt werden:

Verminderter Dreiklang Übung 2

Spielstück „Swamp Soul"

Das nächste Spielstück ist eine funkige Soulnummer, die aus zwei verschiedenen Teilen besteht. Im **ersten A-Teil** wird der Schlagzeug-Groove schrittweise aufgebaut, bis er dann im **zweiten A-Teil** vollständig erklingt. Es kommt der kurze **B-Teil**, dann noch ein **A-Teil** und zum Abschluss noch *drei* **B-Teile** hintereinander.

Bei *Swamp Soul* befinden wir uns in der Tonart **D-Dur** mit *zwei Kreuz-Vorzeichen*. Als Übergang zwischen A- und B-Teil ist ein kurzer verminderter Akkord eingeschoben (G#°).

Für die A-Teile schlage ich die **Position II.** zum Spielen vor, im B-Teil solltest du in die **Position IV.** wechseln. *Swamp Soul* kann auf dem *Viersaiter* und dem *Fünfsaiter* gespielt werden. Achte auf die Dynamik, die Sechzehntel-Rhythmik und das Wechselspiel zwischen Dead Notes und herkömmlichen Tönen!

„Swamp Soul"

Kapitel 5

Groove Analyse

Der vollständige Schlagzeug-Groove des **zweiten A-Teils** sieht so aus:

A-Teil: „Swamp Soul" (Bass und Drumset)

Die wichtigen Basstöne der ersten Takthälfte auf die Zählzeiten „1", „1+e" und „2+" werden durch Bass Drum und Snare Drum unterstützt. Die Basslinie und das Schlagzeug bilden damit einen gut „verzahnten" Groove. In der Aufnahme hörst du noch einen Schellenkranz auf den Zählzeiten „1+", „2+", „3+" und „4+", der hier nicht notiert wurde.

Auch im **B-Teil** wurde ein Element des Schlagzeugs nicht notiert: Die Kuhglocke oder Cowbell, die Viertelnoten schlägt. Ansonsten verhält es sich analog zum A-Teil, allerdings wird es hier etwas dichter:

B-Teil: „Swamp Soul" (Bass und Drumset)

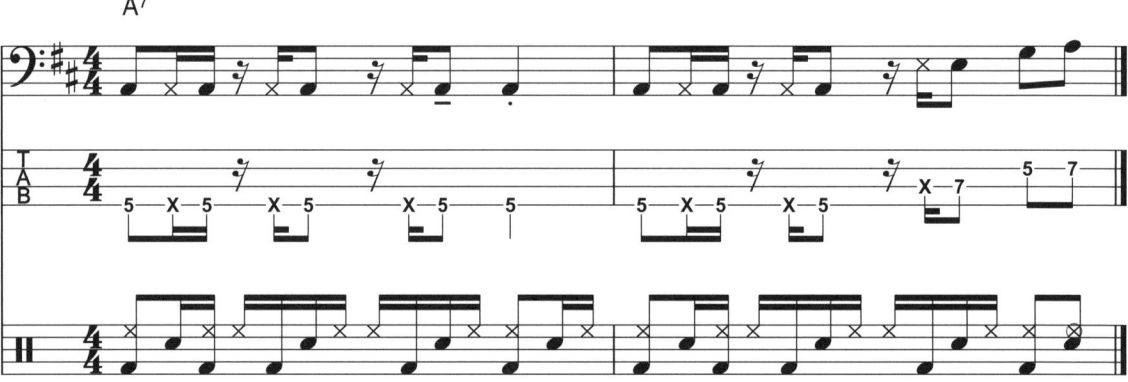

Der übermäßige Dreiklang

Der übermäßige Dreiklang

Man kann zur Bildung von Dreiklängen auch *zwei große Terzen* übereinander schichten. Es entsteht so der *übermäßige Dreiklang* (oder Akkord). Er hat den allgemeinen Aufbau aus Grundton („C"), großer Terz („E") und übermäßiger Quinte („G♯"), daher auch die Namensgebung.

Für den übermäßigen Dreiklang wird als Akkordsymbol der Großbuchstabe des jeweiligen Grundtons und ein nachgestelltes „+" verwendet. Es deutet auf die übermäßige Quinte im Akkord hin: **C⁺**

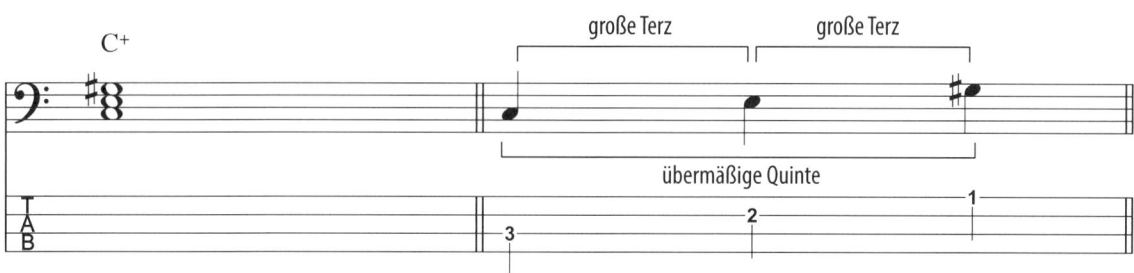

Durch die beiden großen Terzen ist ein Arpeggio dieses Dreiklangs auf zwei benachbarten Saiten ohne Überstreckung der Greifhand nicht möglich. Es ergibt sich deshalb dieses Griffbild, bei dem die Töne auf drei Saiten verteilt sind:

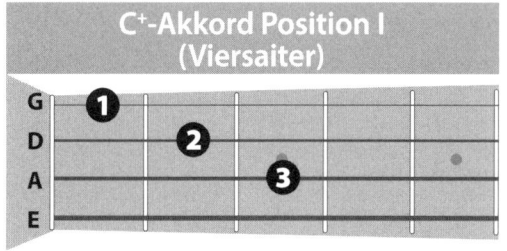
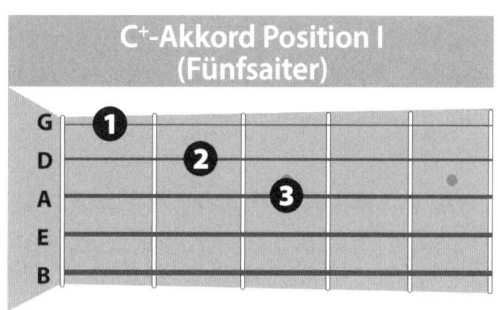

Die nächste Übung kannst du in der Position I. spielen. Achte auf den scharfen Klang des übermäßigen Akkords.

Übermäßiger Dreiklang Übung 1

Wenn der übermäßige Akkord bis zur Oktave hinauf gespielt werden soll, müssen die Arpeggio-Töne sogar auf vier Saiten verteilt werden:

Übermäßiger Dreiklang Übung 2

Play-Along „Watching Waterfalls"

Play-Along „Watching Waterfalls"

Dieses entspannt groovende Play-Along ist aus zwei Teilen aufgebaut, für die du wieder eigene Basslinien entwickeln sollst. Der Ablauf ist recht einfach: An den **A-Teil** schließt der **B-Teil** direkt an, dann werden beide Teile wiederholt, schließlich folgen zwei A-Teile.

An Tonmaterial für die Übergänge zwischen den Akkorden kannst du die F-Dur Tonleiter (1x ♭) verwenden, da das Stück in dieser Tonart geschrieben ist. Achte dabei allerdings auf die Akkorde E♭, Cm, G und G+, die strenggenommen nicht aus F-Dur stammen. Lass im Zweifelsfall dein Ohr entscheiden!

Groove Analyse

Der Schlagzeug-Groove im **A-Teil** sieht so aus:

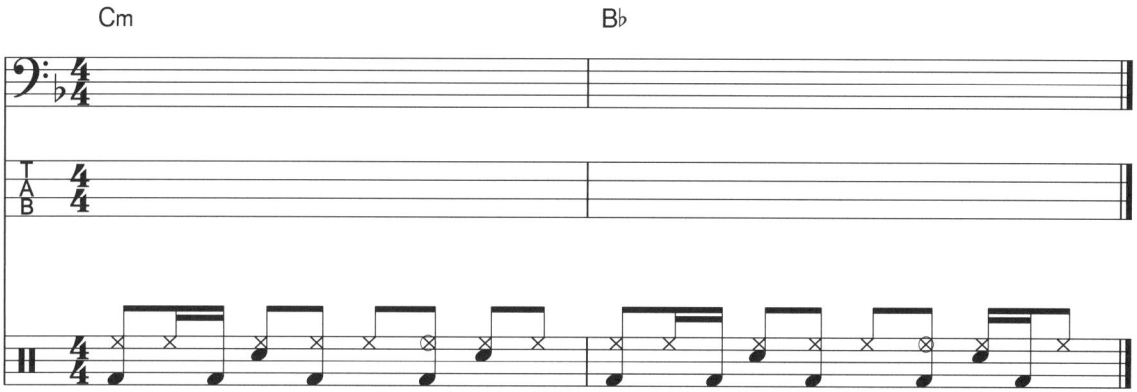

Hier bietet es sich an, eine auf Basis der Grundtöne durch Dead Notes angereicherte Basslinie zu spielen. Sie sollte sich mit den Hauptakzenten von Bass Drum und Snare Drum gut zusammenfügen.

Im **B-Teil** wird es etwas geradliniger und luftiger:

Vor allem die Achtelnoten der Bass Drum auf die Zählzeiten „1" und „1+" und „3" und „3+" könnten hier rhythmisch durch eine Basslinie gedoppelt werden. Lass dich nicht durch die spärliche Hi-Hat irritieren. Im Stück gibt es noch einen Shaker, der Sechzehntelnoten spielt, aber hier nicht notiert wurde.

Kapitel 6

Dur-Pentatonik

C-Dur Pentatonik

Zur Entwicklung von Basslinien ist die sogenannte *pentatonische Tonleiter* (oder kurz: *Pentatonik*) sehr gut geeignet. Unter einer Pentatonik versteht man im Allgemeinen eine Tonleiter, die aus *fünf Tönen* (*griechisch: penta = fünf*) besteht, also einer Fünfton-Tonleiter. Die in der westlichen bzw. abendländischen Musik gebräuchliche Pentatonik erhält man, indem auf einem Grundton (hier: „C") reine Quinten geschichtet werden:

Geschichtete Quinten (Ausgangston: C)

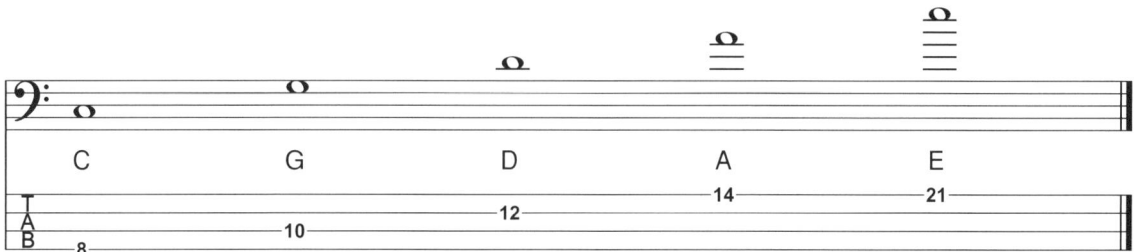

Bringt man die geschichteten Quinten innerhalb des Oktavraums in eine aufsteigende Reihenfolge ergibt sich die eigentliche **Dur-Pentatonik**:

C-Dur Pentatonik

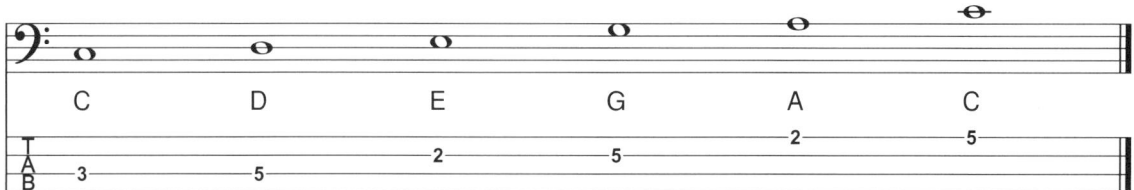

Die Dur-Pentatonik ist also eine um die 4. und 7. Stufe verkürzte Dur-Tonleiter. Die Griffbilder auf *Vier-* und *Fünfsaiter* sind wieder gleich:

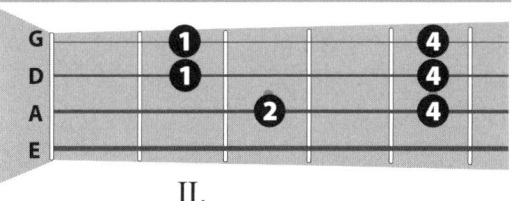

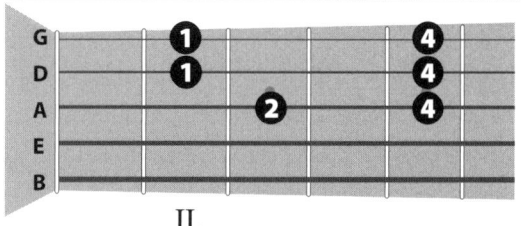

Kapitel 6

Dur-Pentatonik Etüden

Zum Üben der Dur-Pentatonik beginnen wir in einer Tonart, in der der (tiefe) Grundton der Pentatonik beim Viersaiter auf der E-Saite liegt: **G-Dur**. Dabei ist es für die Praxis auch sinnvoll, über den Oktavraum hinaus zu gehen. Auf einem Viersaiter kommen deshalb in der Position II. noch die beiden Töne „A" und „B" auf der **G-Saite** dazu:

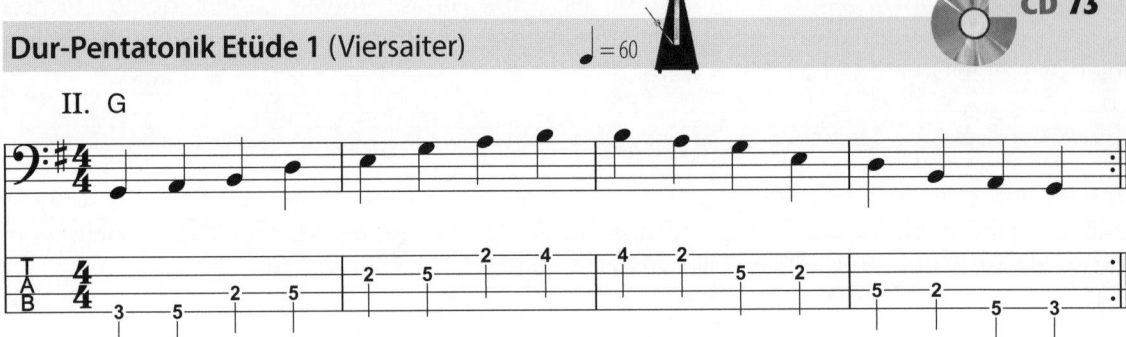

Präge dir dieses Griffbild für die Dur-Pentatonik, bei dem der Grundton auf der E-Saite liegt, gut ein.

Merke: Auf jeder Saite liegen jeweils zwei Töne!

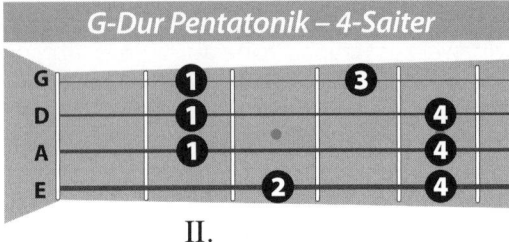

Genau wie schon bei der Dur-Tonleiter können auch hier Sequenzen gebildet werden:

Versuche wieder, deine eigenen Übungen zu entwickeln!

Bei einem *Fünfsaiter* kommen in dieser Pentatonik (und Position) noch die Töne „D" und „E" auf der B-Saite dazu:

Die Dur-Pentatonik

Dur-Pentatonik Etüde 3 (Fünfsaiter)

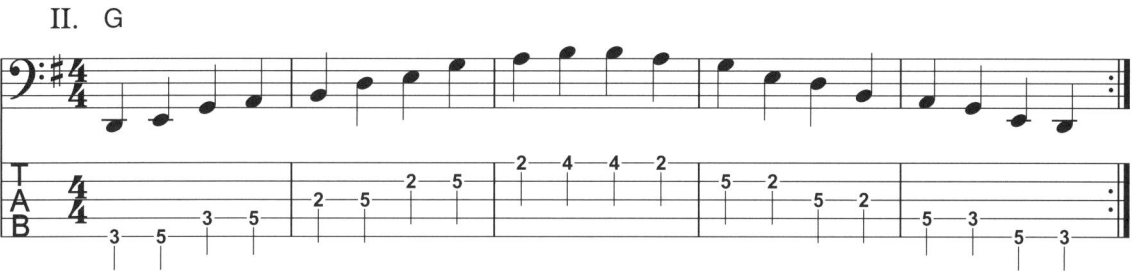

Wieder sind es jeweils zwei Töne pro Saite. Präge dir dieses Griffbild auf dem *Fünfsaiter* gut ein und versuche beim Spielen, die Grundtöne der Pentatonik auf dem Griffbrett zu visualisieren. Entwickle auch eigene Etüden aus diesem Tonmaterial.

Liegt der Grundton beim *Viersaiter* auf der A-Saite, also etwa in der Tonart C-Dur, ergänzen wir *zwei* zusätzliche Töne auf der **E-Saite**, nämlich „**G**" und „**A**". Auch dieses Griffbild solltest du dir gut einprägen!

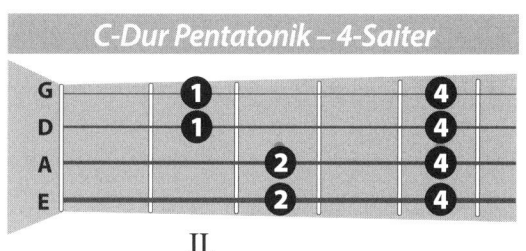

Dur-Pentatonik Etüde 4 (Viersaiter)

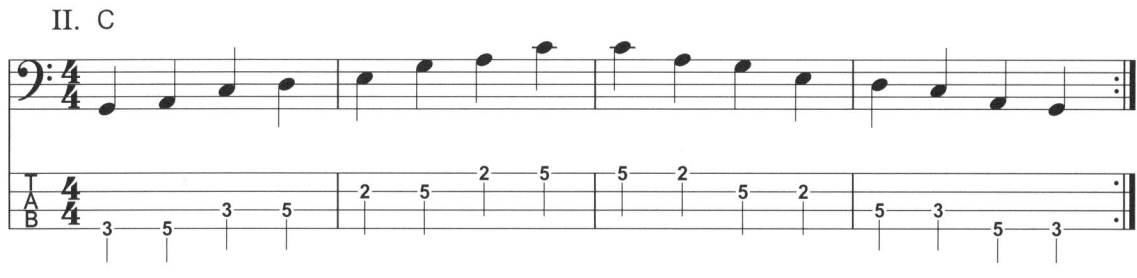

Beim *Fünfsaiter* kommen wieder zwei Töne auf der **B-Saite** dazu, nämlich „**D**" und „**E**":

Dur-Pentatonik Etüde 5 (Fünfsaiter)

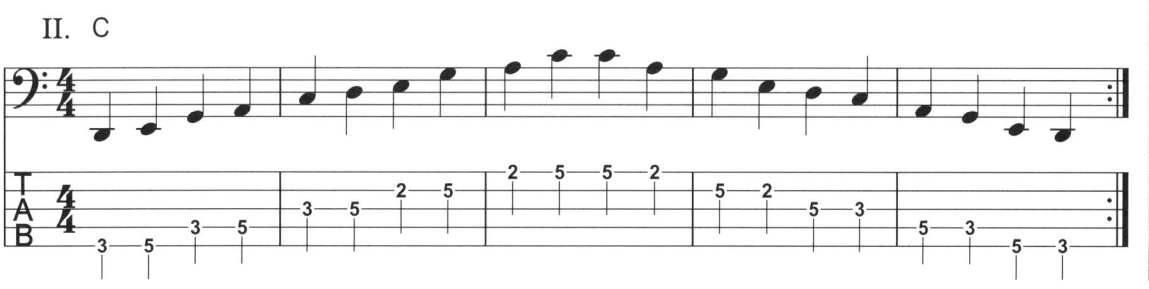

Kapitel 6

Wenn der Grundton der Pentatonik beim *Fünfsaiter* auf der **B-Saite** liegt, gibt es über den Oktavraum hinaus je zwei Töne auf der D- und G-Saite. Das folgende Beispiel ist in **D-Dur**:

5-Saiter

Dur-Pentatonik Etüde 6 (Fünfsaiter)

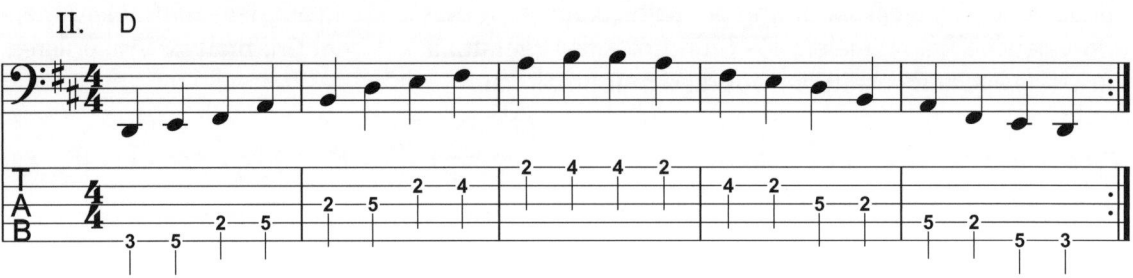

Dur-Pentatonik Grooves

Für die Anwendung der Dur-Pentatonik gilt, zunächst immer die naheliegende Pentatonik zu benutzen. Über einen C-Dur Akkord wäre das also die C-Dur Pentatonik, über einen G-Dur Akkord die G-Dur Pentatonik etc.

Bei der folgenden Basslinie über den einfachen Akkordwechsel C–G wird das Pentatonik-Pattern einfach verschoben. Beim C-Dur Akkord kommt die C-Dur Pentatonik zum Einsatz, beim G-Dur Akkord ist es die G-Dur Pentatonik.

Dur-Pentatonik Groove 1 (Vier- und Fünfsaiter)

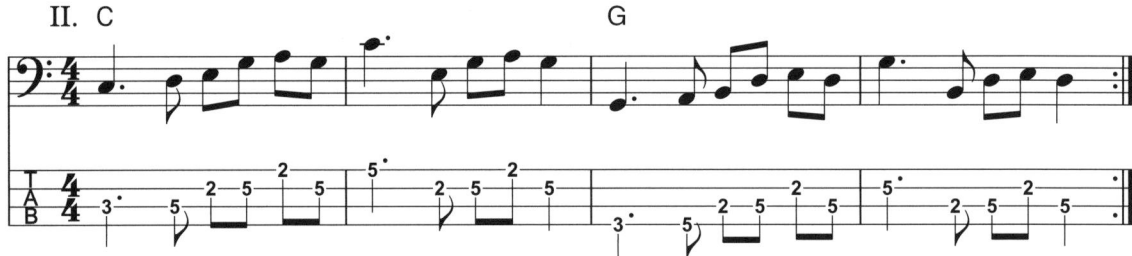

Das nächste Beispiel ist in **G-Dur**. Auch hier kannst du das Griffbild von der G-Dur Pentatonik zur C-Dur-Pentatonik einfach verschieben. Im letzten Takt gibt es eine fallende Linie, die die viertaktige Form abschließt.

Dur-Pentatonik Groove 2 (Vier- und Fünfsaiter) ♩ = 90

CD 75

Die Dur-Pentatonik

Das Prinzip, ein festes Pattern über verschiedene Akkorde zu verschieben, zeigt auch das nächste Beispiel in **D-Dur**:

Dur-Pentatonik Groove 3 (Vier- und Fünfsaiter) ♩=90 CD 76

Bildet man ein Dur-Pentatonik Pattern von einer Leersaite ab, ergibt sich ein etwas verändertes Griffbild. Beim nächsten Beispiel in E-Dur ist das bei der leeren E-Saite der Fall:

Dur-Pentatonik Groove 4 (Vier- und Fünfsaiter)

Kapitel 6

5-Saiter

Auf einem *Fünfsaiter* bleibt das Griffbild allerdings erhalten. Hier kann man sich aussuchen, ob das tiefe E leer oder gegriffen gespielt wird. Im nächsten Beispiel ist das Pattern über den B-Akkord allerdings eine Oktave tiefer und muss deshalb ab der leeren B-Saite gespielt werden:

Dur-Pentatonik Groove 5 (Fünfsaiter)

Für die Praxis ist es oft sinnvoll, über den Oktavraum hinaus zu gehen. Die nächsten beiden Basslinien sind Beispiele für den Einsatz der C-Dur Pentatonik auf allen Saiten des *Viersaiters*. Sie sind auch auf einem *Fünfsaiter* spielbar.

Dur-Pentatonik Groove 6 (Vier- und Fünfsaiter)

Dur-Pentatonik Groove 7 (Vier- und Fünfsaiter) ♩=80

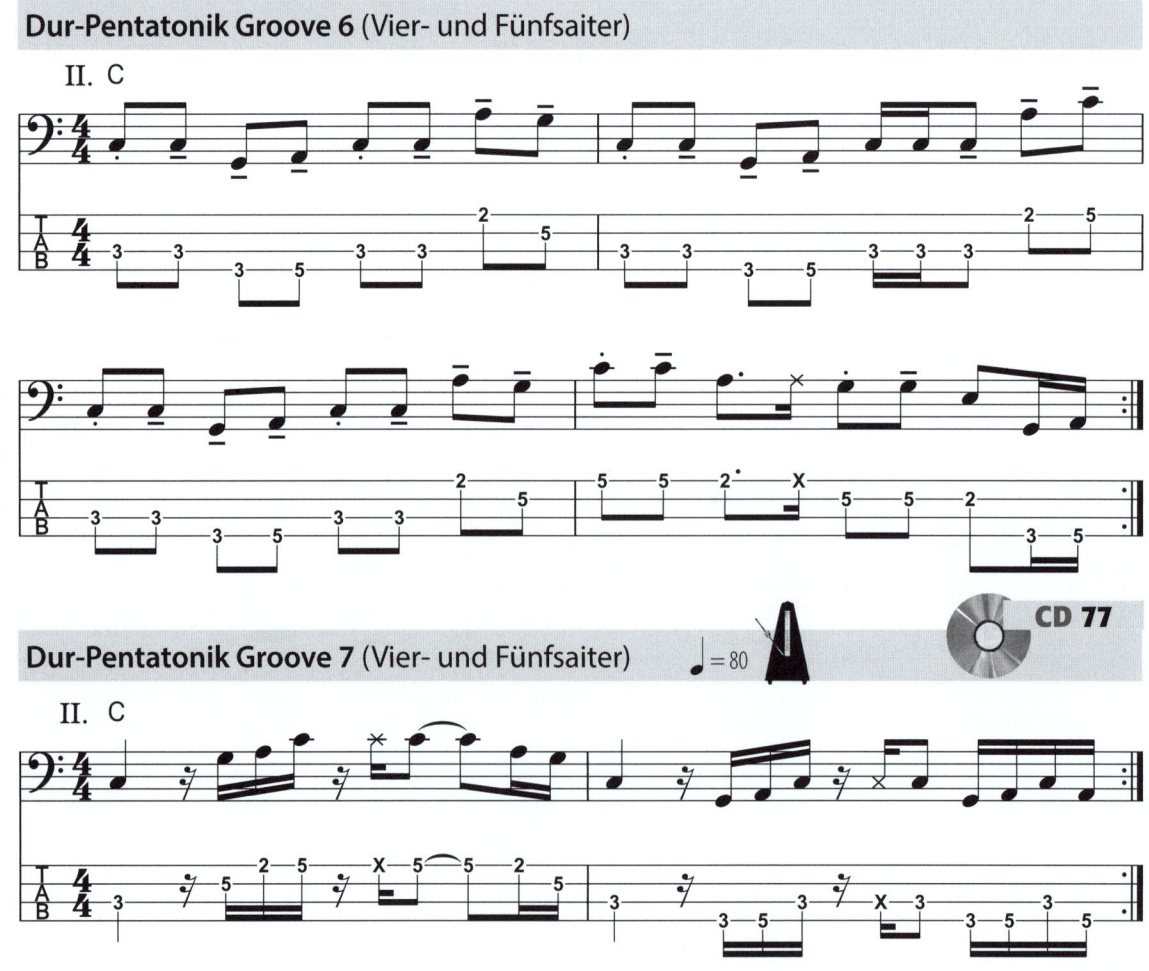

CD 77

garantiertbass.de

„Donald's Tail Feather"

Zum Abschluss noch eine Basslinie für den *Fünfsaiter*, die aus dem Tonmaterial der C-Dur Pentatonik besteht und über alle Saiten geht:

Dur-Pentatonik Groove 8 (Fünfsaiter)

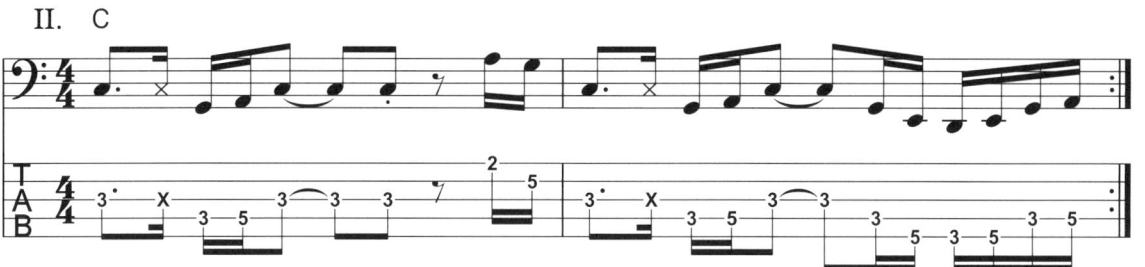

Das Auflösungszeichen

Die Wirkung eines *Vorzeichens* oder *Versetzungszeichens* kann mit einem **Auflösungszeichen** (♮) aufgehoben werden. So wird z. B. ein „C♯" durch ein Auflösungszeichen wieder in ein „C" zurückversetzt oder ein „E♭" wieder zum „E". Es steht – genau wie die beiden Versetzungszeichen ♯ und ♭ – wieder unmittelbar vor der entsprechenden Note und gilt bis zum nächsten Taktstrich.

Auflösungszeichen bei Versetzungszeichen

Auflösungszeichen bei Vorzeichen

Spielstück „Donald's Tail Feather"

Das nächste Spielstück bewegt sich stilistisch zwischen Blues, Rhythm & Blues und Soulmusik. Es besteht aus *zwei Teilen* (**A** und **B**), die *dreimal wiederholt* werden. In den ersten beiden Durchgängen wird **Haus eins / zwei** (bzw. 1. und 2. Klammer) gespielt, danach dann **Haus drei**.

Die Basslinie des **A-Teils** basiert auf dem Tonmaterial der Dur-Pentatonik. Lediglich bei den *verminderten Akkorden* (D♯°) im zweiten und sechsten Takt kommen nur Dreiklangstöne zum Einsatz. Im **B-Teil** geht es harmonisch etwas weg von der Grundtonart **A-Dur** (mit *drei* Kreuz-Vorzeichen), deshalb gibt es hier auch diverse *Auflösungszeichen*! Dennoch bleibt es beim pentatonischen Tonmaterial, allerdings ändert sich das Pattern der Basslinie. Auch finden sich vorgezogene Akkorde auf die Zählzeiten „**4+**" und „**2+**".

Achte auf das Zusammenspiel der *Artikulation* von (kurzen) *Staccato*- und (breiten) *Tenutotönen*. **Donald's Tail Feather** kannst du auch auf einem *Fünfsaiter* spielen. Hier hast du die Wahl, ob das tiefe „E" leer gespielt wird oder gegriffen, um das gewohnte Griffbild der Pentatonik zu erhalten.

Kapitel 6

„Donald's Tail Feather" (Rhythm & Blues) ♩ = 89

Achtung: Auflösungszeichen in B-Teil

„Donald's Tail Feather"

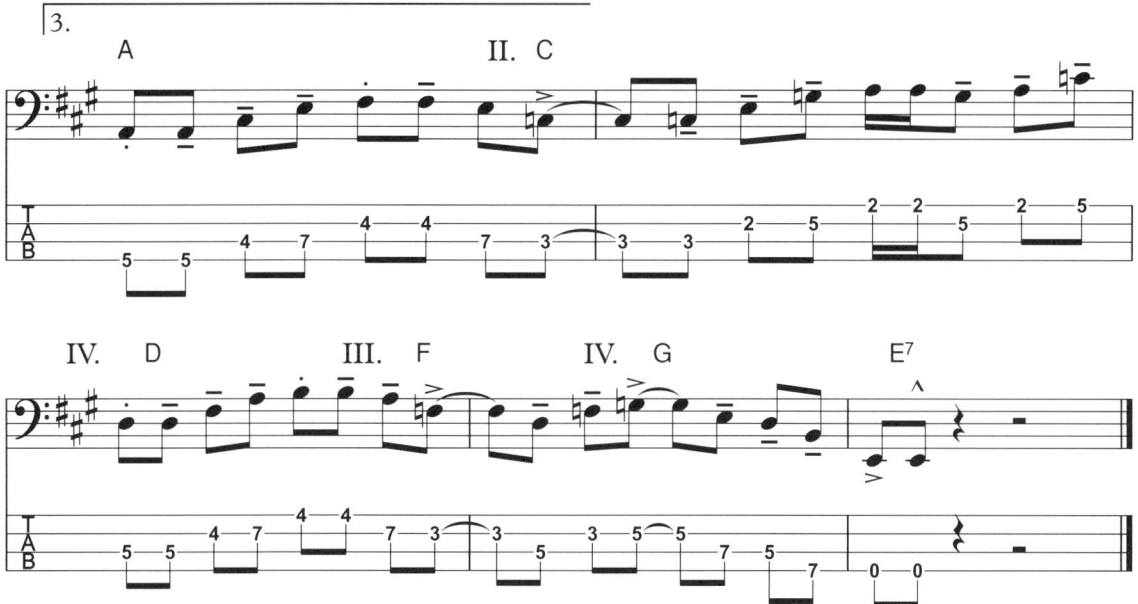

Groove Analyse

Das ist der Schlagzeug-Groove des **A-Teils**:

A-Teil: „Donald's Tail Feather" (Bass und Drumset)

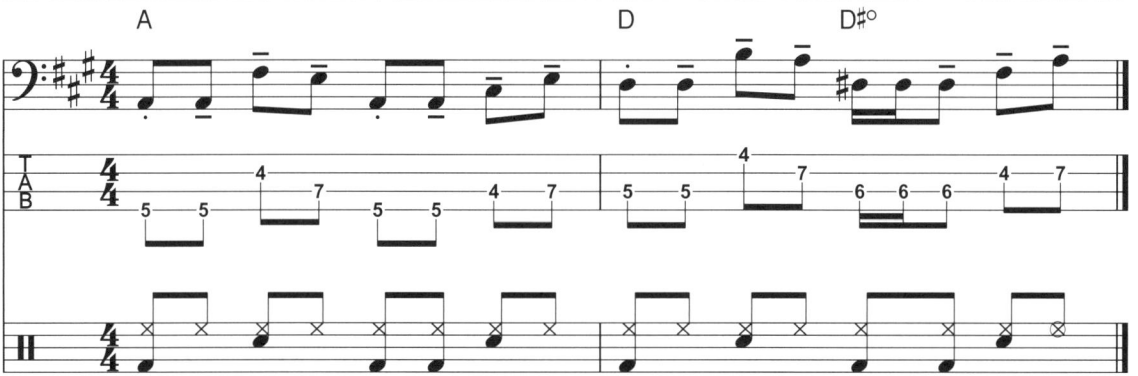

Dieses sehr geradlinige Schlagzeugpattern ergibt mit der Basslinie einen schönen, drückenden Puls, bei dem beide Elemente auf Achtelnoten basieren.

Im **B-Teil** ändert sich das Schlagzeug-Pattern kaum:

B-Teil: „Donald's Tail Feather" (Bass und Drumset)

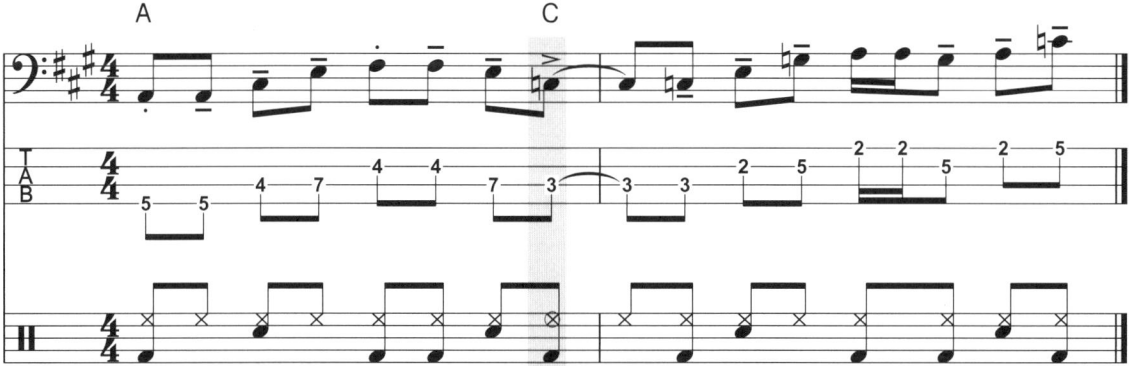

Der Hauptunterschied ist die „vorgezogene Eins", also der Akzent auf der Zählzeit „4+" im ersten Takt. Im Schlagzeug wird das durch eine offene Hi-Hat und eine Bass Drum gespielt, wobei die folgende Zählzeit „1" im Takt danach ohne Bass Drum bleibt. Ein hier nicht notiertes Element ist wieder die Cowbell, die Viertelnoten spielt und so dem Ganzen etwas Energie hinzufügt.

Kapitel 6

Die Moll-Tonleiter

Wenn man auf dem 6. Ton – man spricht auch von der 6. Stufe – einer Dur-Tonleiter mit deren Tonmaterial eine Tonleiter bildet, erhält man die *natürliche Moll-Tonleiter*.

Die natürliche A-Moll Tonleiter

Wir gehen also von der C-Dur Tonleiter aus:

C-Dur Tonleiter

Dann bilden wir auf dem 6. Ton („**A**") eine neue Tonleiter, wobei wir nur Töne aus der C-Dur Tonleiter verwenden, und erhalten dieses Ergebnis:

A-Moll Tonleiter

Notiert man das eine Oktave tiefer, wird es etwas übersichtlicher:

A-Moll Tonleiter (Oktave tiefer)

Die *natürliche A-Moll Tonleiter* besteht also aus sieben Tönen, wobei zwischen der **2. und 3. Stufe** (also den Tönen „B" und „C") und der **5. und 6. Stufe** (also „E" und „F") die *Halbtonschritte* liegen.

Diese allgemeine Definition einer natürlichen Moll Tonleiter führt wieder zu einem Griffbild, das du dir gut einprägen solltest. Es ist für *Vier-* und *Fünfsaiter* gleich:

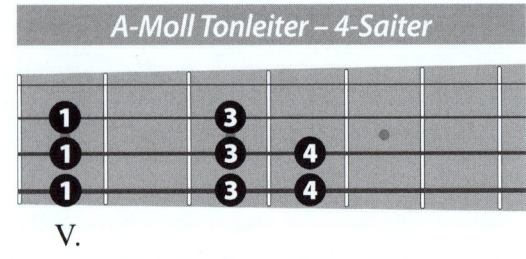

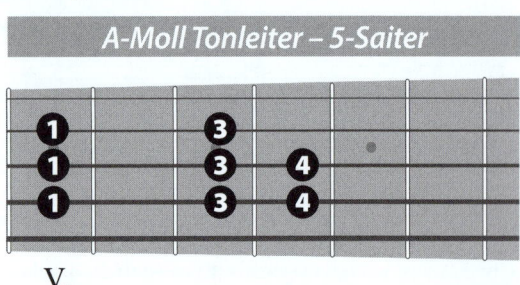

Die Moll-Tonleiter

Auch den Fingersatz zu diesem Griffbild solltest du dir gut merken:

1. Finger, 3. Finger, 4. Finger, 1. Finger, 3. Finger, 4. Finger, 1. Finger, 3. Finger.

Merke: Der Zeigefinger (1. Finger) liegt immer auf dem (tiefen) Startton der natürlichen Moll-Tonleiter!

Am besten machst du dich mit Klang, Fingersatz und Griffbild der natürlichen Moll-Tonleiter vertraut, indem du eigene Tonleiter-Etüden – wie schon bei der C-Dur Tonleiter – entwickelst.

Parallele Tonleitern

Die beiden Tonleitern C-Dur und A-Moll (natürlich) besitzen dasselbe Tonmaterial. Deshalb spricht man auch von *Parallelität*. Die C-Dur Tonleiter ist also die Dur-Parallele zur natürlichen A-Moll Tonleiter, während die natürliche A-Moll Tonleiter die Moll-Parallele zur C-Dur Tonleiter darstellt.

Allgemein gilt: Die Moll-Parallele findet man immer auf der **6. Stufe** (also dem 6. Ton) der Dur-Tonleiter. Umgekehrt findet man die Dur-Parallele immer auf der **3. Stufe** (also dem 3. Ton) der Moll-Tonleiter.

Parallele Tonarten

Die Parallelität gibt es nicht nur im Bezug auf Tonleitern, sondern auch bei Tonarten! So ist A-Moll die parallele Moll-Tonart zu C-Dur, E-Moll die parallele Moll-Tonart zu G-Dur etc. Die parallelen Tonarten greifen auf dasselbe Tonmaterial zurück und haben deshalb auch immer dieselben Vorzeichen.

Der Quintenzirkel

Um sich die Verwandtschaftsverhältnisse aller Dur- und Moll-Tonarten klar zu machen, ist der sogenannte Quintenzirkel ein sehr hilfreiches Werkzeug. Wenn du oben startest und dich im Uhrzeigersinn bewegst, durchläufst du die Kreuz-Tonarten mit steigender Anzahl der Kreuze. Beginnst du oben und gehst gegen den Uhrzeigersinn, erhältst du die ♭-Tonarten, wiederum mit steigender Anzahl an Vorzeichen. Durch die enharmonische Verwechslung können die Tonartenpaare C♯/D♭, F♯/G♭ und B/C♭ umgedeutet werden. Im Inneren des Kreises findest du jeweils die parallelen Moll-Tonarten.

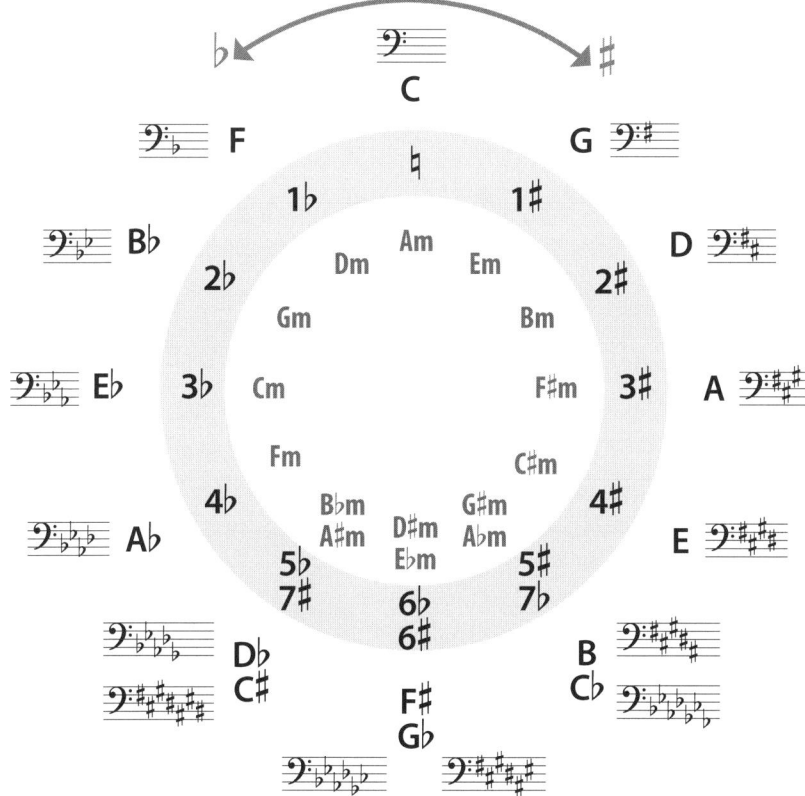

Kapitel 6

Die Moll-Pentatonik

Die A-Moll Pentatonik

Auch bei pentatonischen Tonleitern gibt es die Parallelität von Dur und Moll. So ist die A-Moll Pentatonik die parallele Pentatonik zur C-Dur Pentatonik, denn sie basieren beide auf demselben Tonmaterial. Hier die A-Moll Pentatonik:

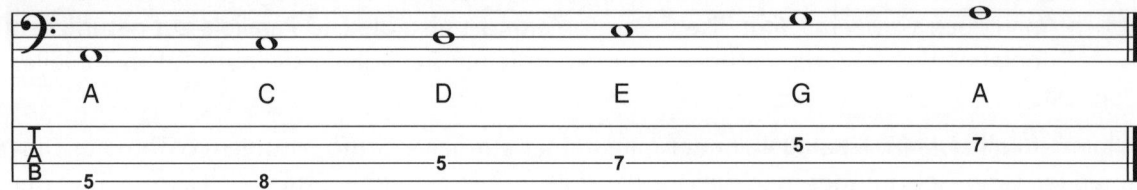

Die Moll-Pentatonik ist also eine um die **2.** und **6. Stufe** verkürzte Moll-Tonleiter. Die Griffbilder auf *Vier-* und *Fünfsaiter* sind wieder gleich:

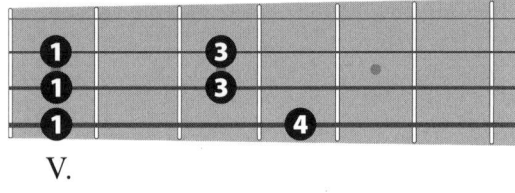
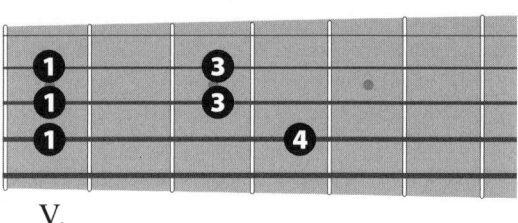

Moll-Pentatonik Etüden

Zum Üben der Moll-Pentatonik beginnen wir wieder in einer Tonart, in der der (tiefe) Grundton der Pentatonik beim *Viersaiter* auf der E-Saite liegt: **G-Moll**. Wie schon bei der Dur-Pentatonik gehen wir über den Oktavraum hinaus. Bei einem Viersaiter kommen so in der Position III. noch die zwei Töne „B♭" und „C" auf der G-Saite dazu:

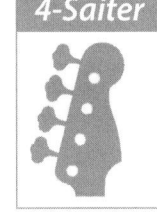

Moll-Pentatonik Etüde 1 (Viersaiter)

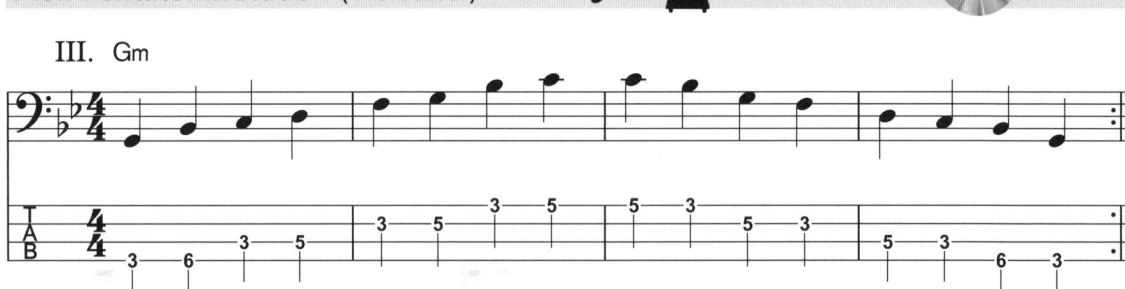

Präge dir dieses Griffbild für die Moll-Pentatonik gut ein! Auch hier liegen auf jeder Saite jeweils zwei Töne! Bilde mit dieser Pentatonik deine eigenen Übungen, indem du Sequenzen verwendest.

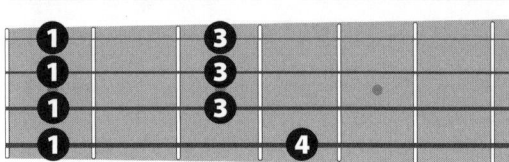

Die Moll-Pentatonik

Bei einem *Fünfsaiter* kommen bei der G-Moll Pentatonik in dieser Position noch die Töne „D" und „F" auf der **B-Saite** dazu:

Moll-Pentatonik Etüde 1 (Fünfsaiter)

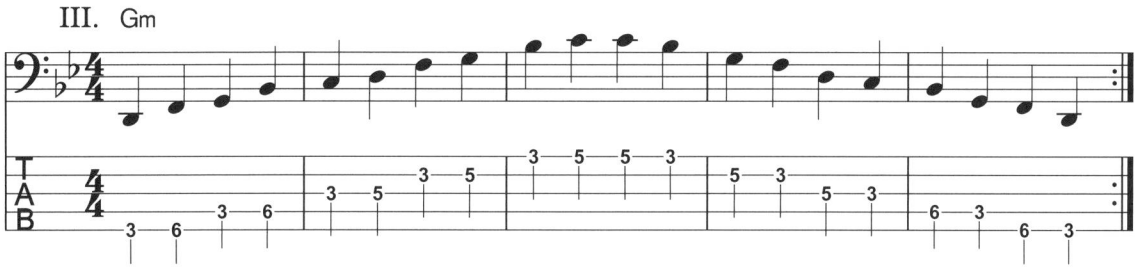

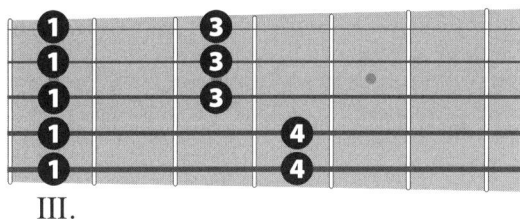

Pro Saite sind es wieder zwei Töne! Präge dir dieses Griffbild ein, indem du versuchst, die Grundtöne der Pentatonik auf dem Griffbrett zu visualisieren. Bilde dann wieder eigene Übungen!

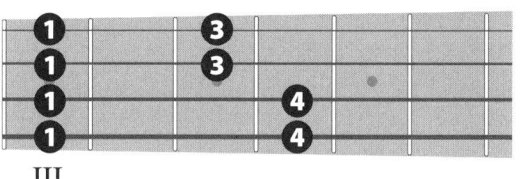

Liegt der Grundton beim *Viersaiter* auf der **A-Saite**, also etwa in der Tonart C-Moll, gibt es zwei zusätzliche Töne auf der E-Saite:

Moll-Pentatonik Etüde 2 (Viersaiter)

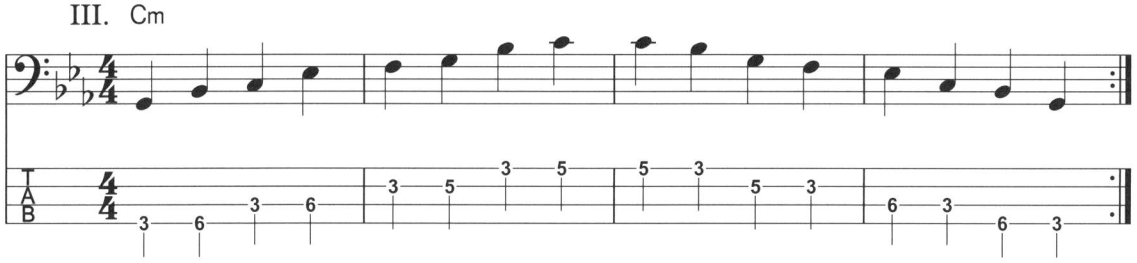

Beim *Fünfsaiter* gibt es wieder *zwei* zusätzliche Töne auf der B-Saite, nämlich „E♭" und „F":

Moll-Pentatonik Etüde 2 (Fünfsaiter)

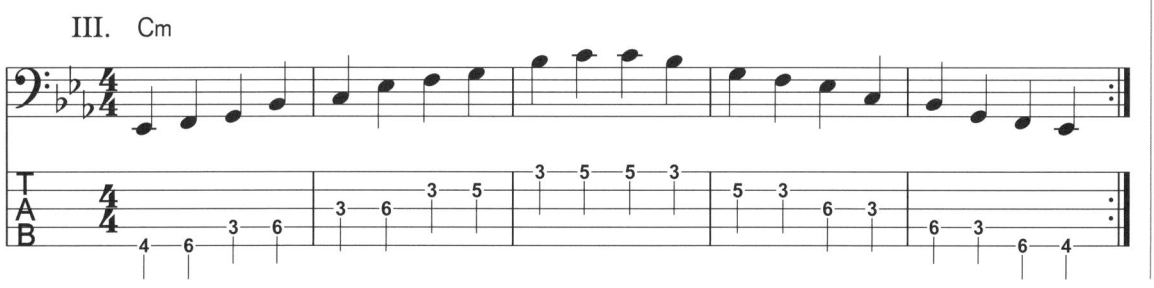

Kapitel 6

Auch bei der Moll-Pentatonik kann man mit dem Grundton auf der **B-Saite** eines *Fünfsaiters* beginnen. Beim nächsten Beispiel in **D-Moll** muss ein Positionswechsel der Greifhand erfolgen:

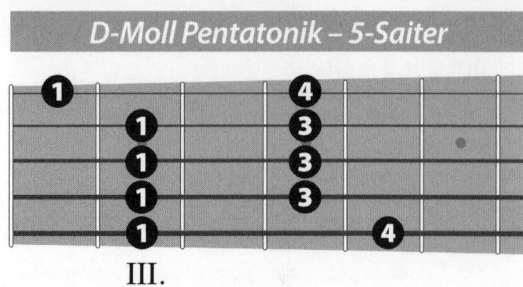

Moll-Pentatonik Etüde 3 (Fünfsaiter)

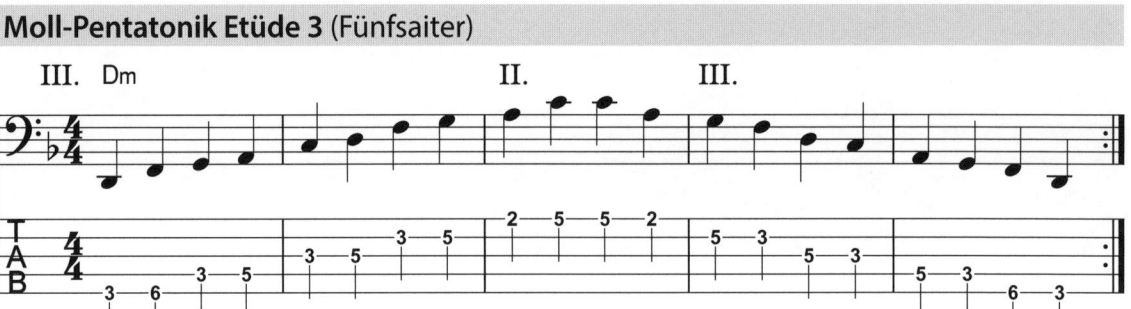

Moll-Pentatonik Grooves

Was für den Einsatz der Dur-Pentatonik gilt, ist auch für die Moll-Pentatonik gültig:

Benutze also auch hier immer die *naheliegende* pentatonische Tonleiter. Über den A-Moll Akkord ist das die A-Moll Pentatonik etc. Das folgende Beispiel ist in der Tonart A-Moll. Bei dem Akkordwechsel Am – Dm wird das Pentatonik-Pattern der Basslinie wieder verschoben. An Tonmaterial wird die A-Moll Pentatonik über dem A-Moll Akkord benutzt, entsprechend die D-Moll Pentatonik bei dem D-Moll Akkord.

Moll-Pentatonik Groove 1 (Vier- und Fünfsaiter) ♩ = 110 CD 81

Bildet man allerdings die Moll-Pentatonik von einer *Leersaite* ausgehend, ergibt sich ein anderes Griffbild, das du dir auch gut einprägen solltest. Das nächste Beispiel in E-Moll zeigt das recht anschaulich ausgehend von den beiden **Leersaiten E und A**:

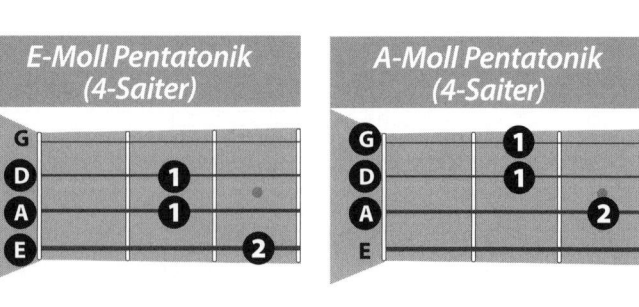

Moll-Pentatonik Groove 2 (Viersaiter)

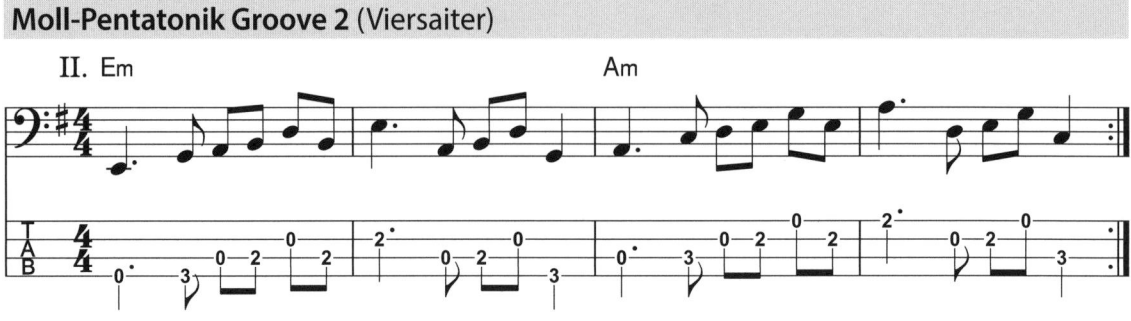

Die Moll-Pentatonik

Bei einem *Fünfsaiter* kann das Griffbild sogar erhalten bleiben, wenn man auf die Verwendung von Leersaiten verzichten möchte:

Moll-Pentatonik Groove 3 (Fünfsaiter)

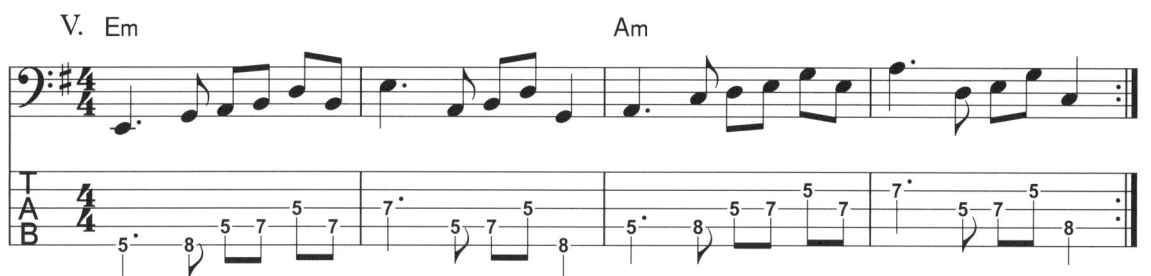

Das folgende Beispiel ist in **D-Moll**. Das Pentatonik-Pattern wird einfach über die drei Akkorde Gm, Am und Dm verschoben. Im letzten Takt wird das Pattern dann aufgebrochen, um die viertaktige Form abzurunden:

Moll-Pentatonik Groove 4 (Vier- und Fünfsaiter)

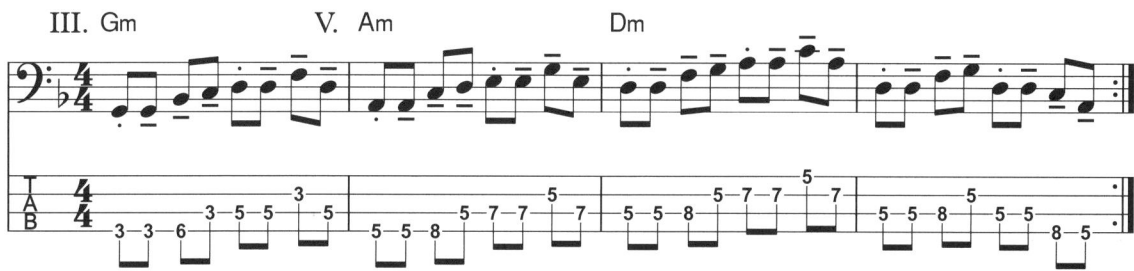

Auch im nächsten Beispiel (in **G-Moll**) wird ein festes Pattern über verschiedene Akkorde verschoben. Hier ist es allerdings zweitaktig und nur der Übergangston im zweiten und vierten Takt auf die Zählzeit „4" wird variiert:

Moll-Pentatonik Groove 5 (Viersaiter)

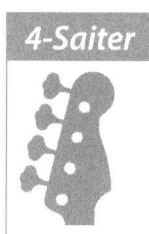

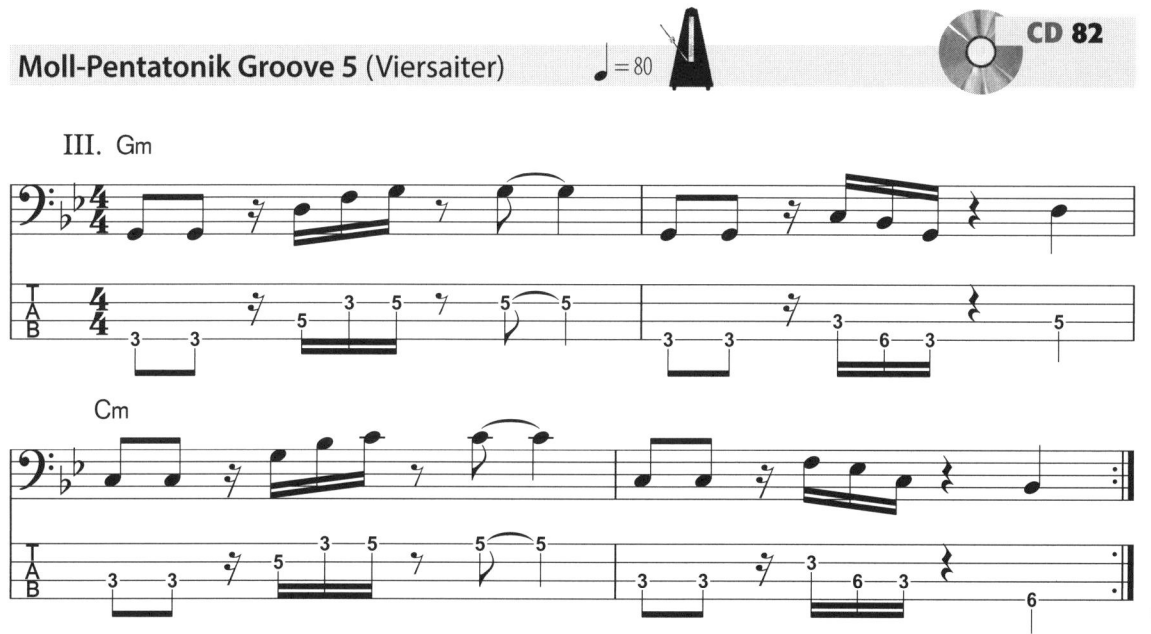

Kapitel 6

5-Saiter

Natürlich kann die Moll-Pentatonik ebenfalls *über* den Oktavraum hinaus genutzt werden. Das Pattern des vorherigen Beispiels findet ihr leicht verändert für den *Fünfsaiter* im Folgenden. Hier kommen die Moll-Pentatoniken auf je vier Saiten vor:

Moll-Pentatonik Groove 6 (Fünfsaiter)

Der Taktwechsel

Ein Musikstück muss nicht unbedingt in nur einer Taktart geschrieben sein. Wenn sich die Taktart während eines Stückes verändert, spricht man von einem *Taktwechsel*. Dabei sind theoretisch ganz verschiedene Möglichkeiten denkbar:

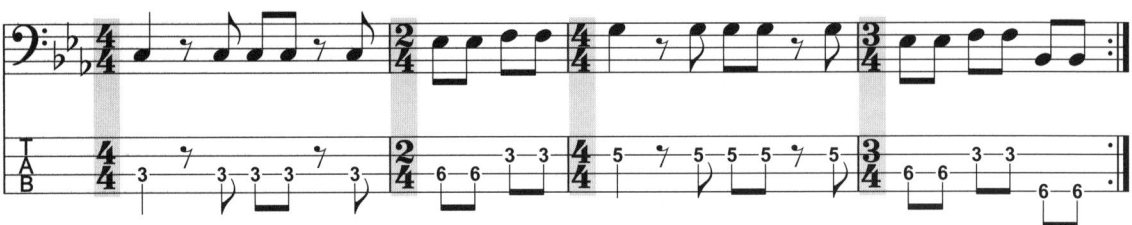

Spielstück „Hidden Observations" – Dur oder Moll?

Das Spielstück *Hidden Observations* enthält *drei* ♭-Vorzeichen. Es ist also in E♭-Dur oder der parallelen Molltonart, nämlich C-Moll, komponiert. Für eine eindeutige Entscheidung zwischen diesen beiden Möglichkeiten gibt es verschiedene Entscheidungshilfen. Schaue dir dafür den ersten und letzten Ton des Stückes an. Diese weisen oft den Grundton der Tonart – in unserem Falle also „C-Moll" – auf. Auch die Akkordsymbole deuten klar in diese Richtung. So ist der C-Moll Akkord häufig vertreten, der E♭-Dur Akkord dagegen nur an einer Stelle ganz kurz. Natürlich lässt sich diese Frage auch über das Ohr entscheiden: Der Höreindruck von Dur wird oft mit „hell", „klar", „fröhlich" und „strahlend" assoziiert, während man Moll eher mit „weich", „traurig" und „getragen" verbindet. Das ist allerdings nur eine recht grobe Charakterisierung.

Hidden Observations ist eine poppig groovende Funknummer. Es beginnt mit einem *zweitaktigen Unisono-Riff* (Intro), der auf der C-Moll Pentatonik basiert. Als kurzer Übergang zum **A-Teil** fungiert der 2/4-Takt mit den beiden Akzenten. Achte beim Spielen auf genaues Zählen und die exakte Rhythmik. Der folgende A-Teil läuft vor allem über die drei Akkorde Cm, Gm und Fm. Die Basslinie wird jeweils aus den passenden pentatonischen Tonleitern gespeist. Im kurzen **B-Teil** wird der harmonische Fluss etwas dichter, bevor es wieder im C-Moll Riff gipfelt (1. und 2. Klammer). Nach drei Durchgängen endet das Stück – wieder mit dem Riff – in der 3. Klammer.

Erneut ist die Artikulation wichtig, also die Frage, welcher Ton lang und welcher kurz gespielt werden soll. Achte bei der Rhythmik des Grundgrooves im A-Teil vor allem darauf, die Töne auf der Zählzeit „2+e" genau zu platzieren.

"Hidden Observations"

"Hidden Observations" (Funk) ♩=79

Kapitel 6

Groove Analyse

Der Schlagzeug-Groove im **A-Teil** sieht so aus:

A-Teil: „Hidden Observations" (Bass und Drumset)

Alle wichtigen Akzente der Basslinie werden durch die Bass Drum unterstützt. Also die beiden Achtelnoten der Zählzeiten „1" und „1+" und – ganz wichtig – die Sechzehntel bei „2+e". Hier „verzahnt" sich das Schlagzeug-Pattern und die Basslinie zu einem effektiven Ganzen.

Achtung: Auf der folgenden Zählzeit „3" gibt es keinen Schlag von der Bass Drum!

Play-Along „Pentatonic Jungle"

Das folgende Play-Along liegt stilistisch zwischen Pop- und Funkmusik. Nach dem zweitaktigen **Intro** folgt der geradlinige **A-Teil** mit Refrain-Charakter. Er wechselt sich mit dem **B-Teil** ab, der etwas luftiger ist und deshalb gut als Strophe funktioniert. Nach zwei Durchgängen wird das Lied durch einen doppelten A-Teil beendet.

Pentatonic Jungle enthält *zwei* Kreuzvorzeichen, ist also in **D-Dur** oder **B-Moll** geschrieben. Tatsächlich ist hier beides richtig: Der A-Teil steht in D-Dur, der B-Teil in B-Moll. Verwende als Tonmaterial für deine Basslinie die jeweilige Pentatonik. Für den D-Dur Akkord also die D-Dur Pentatonik, für den G-Dur Akkord die G-Dur Pentatonik, für den E-Moll Akkord die E-Moll Pentatonik etc.

Groove Analyse

Das ist der Schlagzeug-Groove des **A-Teils**:

A-Teil: „Pentatonic Jungle" (Bass und Drumset)

garantiertbass.de

148

Play-Along „Pentatonic Jungle"

Die Achtelnoten der Bass Drum auf die Zählzeiten „1", „1+", „3" und „3+" legen eine ebenfalls aus Achtelnoten bestehende Basslinie nahe. Sie kann durch einzelne Sechzehntelnoten aufgelockert werden.

Der Schlagzeug-Groove des **B-Teils** ist weniger dicht:

B-Teil: „Pentatonic Jungle" (Bass und Drumset)

Die beiden klanglichen Hauptunterschiede sind der Rim Click, der die reguläre Snare Drum ersetzt und die fehlende Bass Drum auf der Zählzeit „3". Für deine Basslinie würde ich deshalb vorschlagen, die Zählzeit davor, nämlich die „2+e", deutlich anzuspielen.

Kapitel 6

Kapitel 7

Hammer On

Ein *Hammer On* ist ein Ton, bei dem die Saite nicht durch die Schlaghand angeschlagen wird, sondern durch einen Finger der Greifhand. Meistens klingt vorher schon die jeweilige Saite, die Greifhand verändert durch das Hammer On dann lediglich die Tonhöhe. Es ist also eine Spieltechnik, bei der ein Anschlag der Schlaghand „eingespart" wird und bei der die Töne sehr *legato* (*gebunden*) erklingen.

Greife mit dem 1. Finger der Greifhand den Ton „C" im 5. Bund auf der G-Saite und schlage ihn an. Dann setze den 3. Finger der Greifhand in einer schnellen, kräftigen Bewegung von oben auf die Saite auf, so dass der Ton „D" ohne Einsatz der Schlaghand erklingt. Der 1. Finger bleibt dabei liegen.

1. Finger greift im 5. Bund.

3. Finger setzt kräftig im 7. Bund auf.

Notation

Hammer Ons werden im Notentext durch einen *Bindebogen* zwischen den Noten dargestellt. Um explizit ein Hammer On zu notieren, wird noch der Zusatz „**HO**" verwendet.

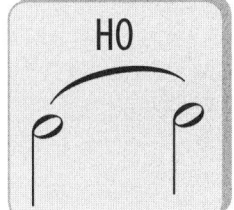

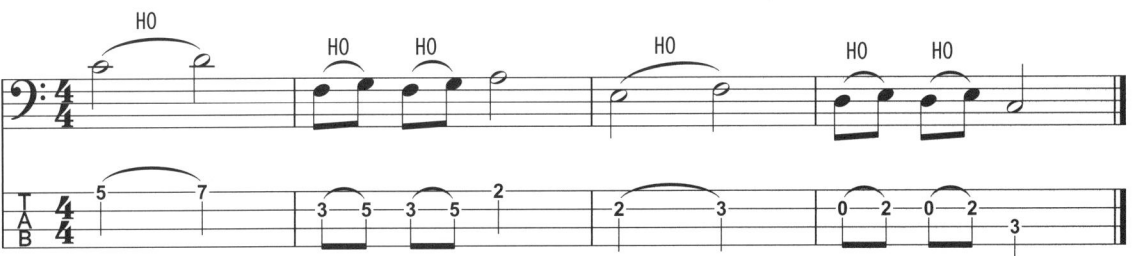

Kapitel 7

Hammer On – Etüden

Wie schon beim herkömmlichen Anschlag ist es auch für die Hammer Ons sehr wichtig, in time ausgeführt zu werden. Deshalb sollte der Bewegungsablauf zunächst langsam eingeübt werden. Beginne mit Halben Noten in der Position V. auf der G-Saite. Stelle dein Metronom auf ♩= 60 **bpm** ein und achte auf die richtige Koordination von Greif- und Schlaghand.

Hammer On – Etüde 1 (Zeigefinger – Ringfinger)

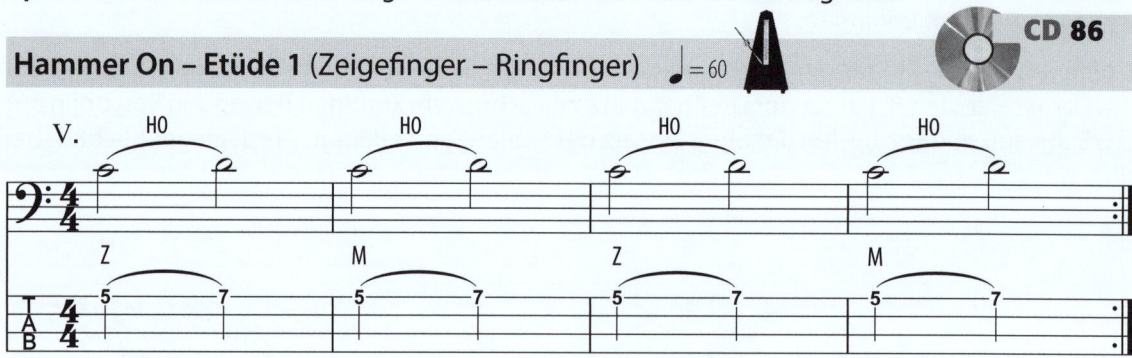

Die Hammer Ons sollen dabei exakt im Timing und möglichst kräftig sein. Sobald das gut klappt, kannst du das Tempo steigern oder aber zur Viertelebene wechseln:

Hammer On – Etüde 2 (Zeigefinger – Ringfinger)

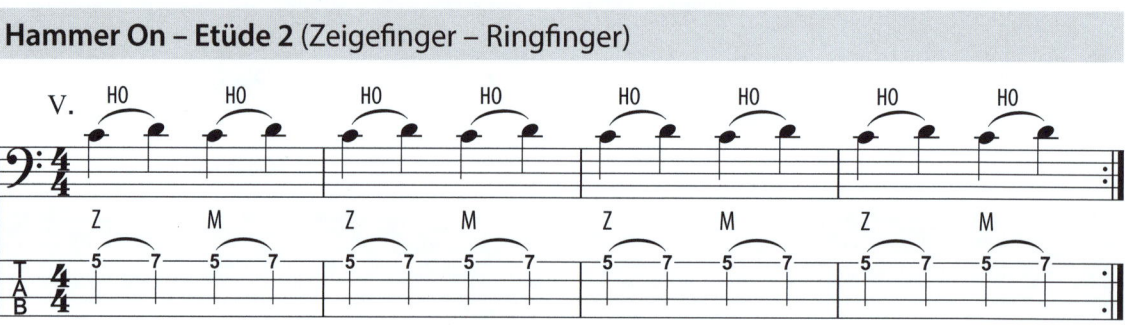

Übe dann die Hammer Ons auch in Achtel- und Sechzehntelnoten:

Hammer On – Etüde 3 (Zeigefinger – Ringfinger)

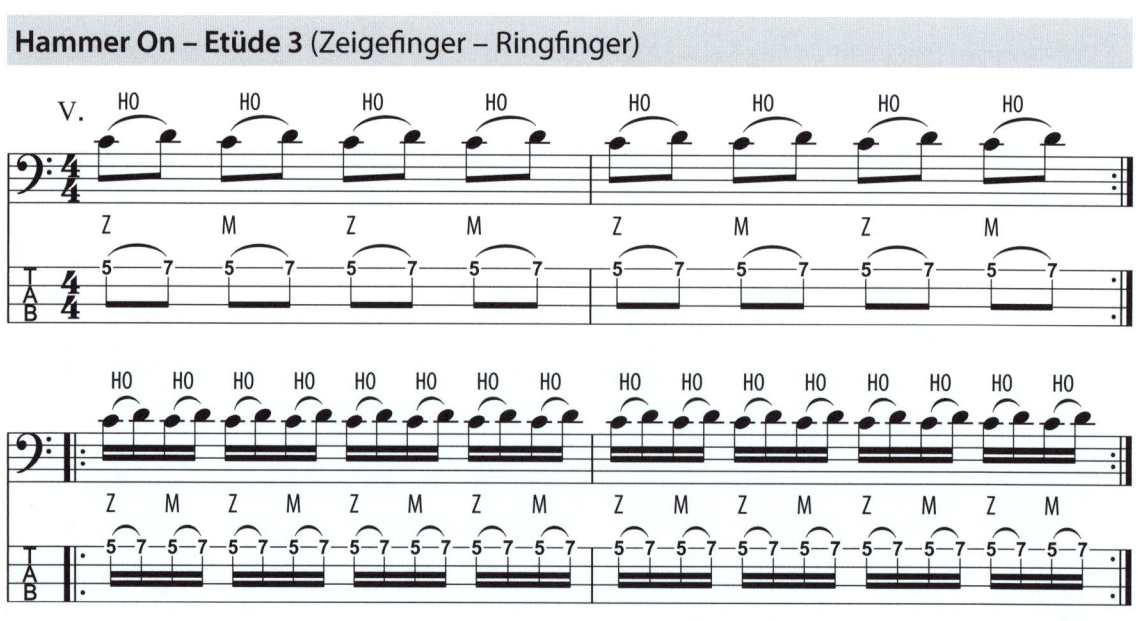

Hammer On

Durch die vorangegangenen Übungen hast du Hammer Ons mit dem 3. Finger bzw. Ringfinger der Greifhand trainiert. Für die Praxis solltest du auch alle anderen Finger vorbereiten. Hier ist die entsprechende Übung für den *2. Finger* (*Mittelfinger*):

Hammer On – Etüde 4 (Zeigefinger – Mittelfinger)

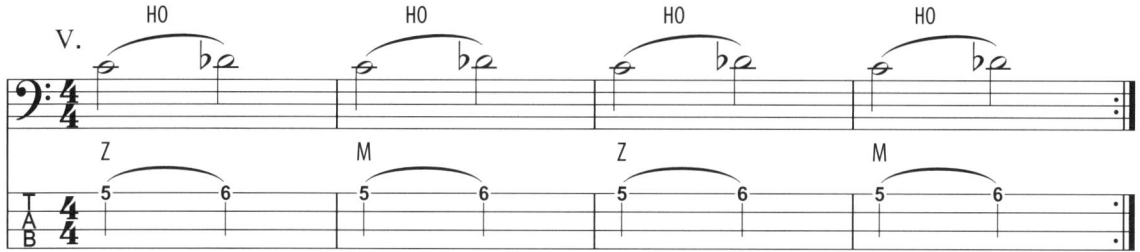

Hier wird das Hammer On mit dem *kleinen Finger* (*4. Finger*) ausgeführt:

Hammer On – Etüde 5 (Zeigefinger – Kleiner Finger)

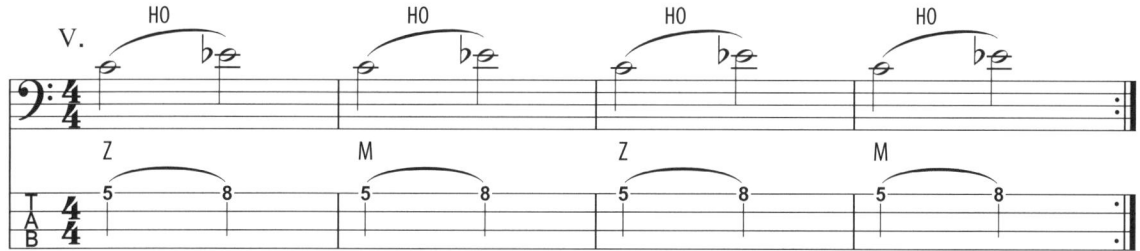

Diese Übungen solltest du wieder auf die Viertel-, Achtel- und Sechzehntelebenen übertragen. Auch der Zeigefinger kann – in Kombination mit einer Leersaite – für Hammer Ons genutzt werden:

Hammer On – Etüde 6 (Leersaite – Zeigefinger) ♩ = 60   CD 87

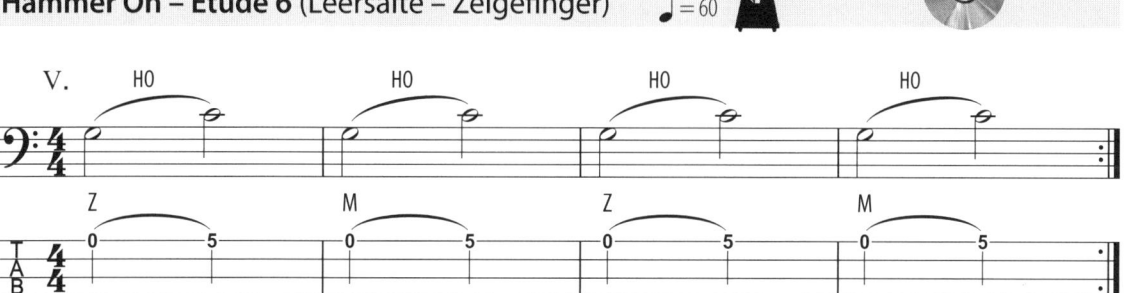

Wieder solltest du diese Übungen nur als Ausgangspunkt für deine eigenen Etüden sehen. Trainiere also Hammer Ons auch auf allen anderen Saiten und in anderen Positionen auf dem Griffbrett.

Kapitel 7

Grooves mit Hammer Ons

Für die Praxis bilden Hammer Ons gute Möglichkeiten, deine Basslinien aufzuwerten. Das folgende Beispiel basiert auf den Dur-Pentatoniken von C und G. Die Hammer Ons des Pattern werden mit dem *4. Finger* (*kleiner Finger*) ausgeführt:

Hammer On – Groove 1

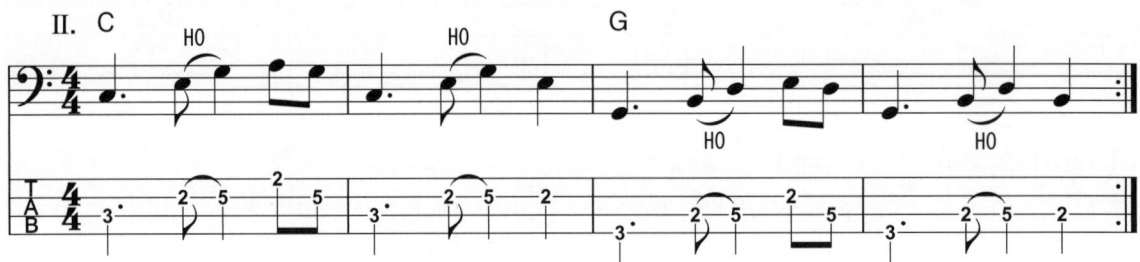

Auch das Pattern des nächsten Beispiels besteht aus der Dur-Pentatonik. Es wird einfach auf den jeweiligen Akkord (F, B♭ und C) verschoben bzw. übertragen. In der Position I. kommen dabei allerdings Leersaiten zum Einsatz, die Hammer Ons werden mit dem *3. Finger* (*Ringfinger*) gespielt:

Hammer On – Groove 2

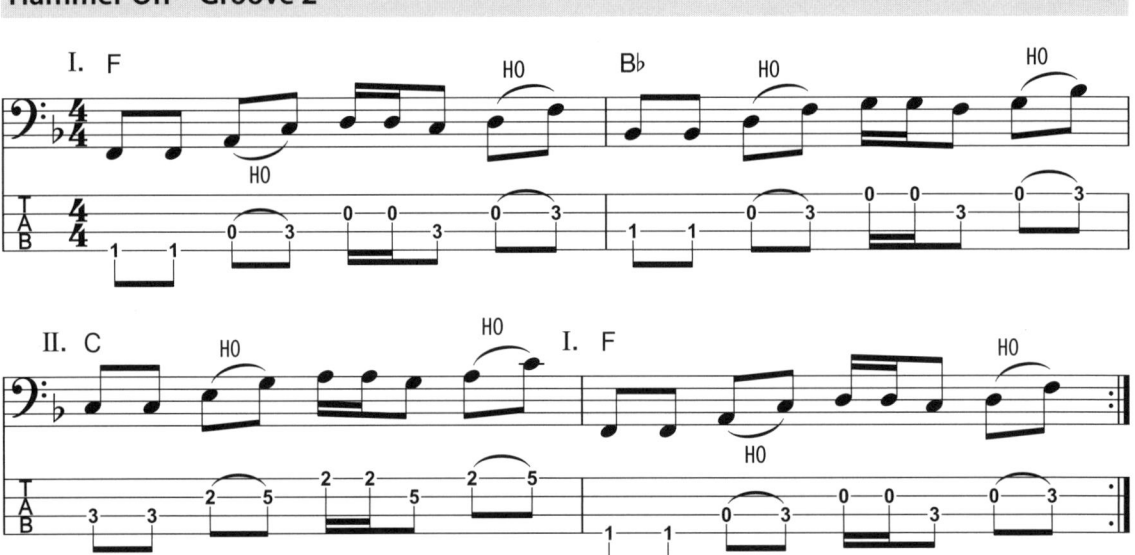

Die Moll-Pentatonik kann ebenfalls gut mit Hammer Ons kombiniert werden. Im nächsten Beispiel in B-Moll geschieht das über die beiden Akkorde Bm und F♯m:

Hammer On – Groove 3

CD 88

Der Tonartwechsel

Der Tonartwechsel (Modulation)

Ein Musikstück kann in verschiedenen Tonarten stehen. Wenn sich die Tonart innerhalb eines Stückes verändert, spricht man von einem *Tonartwechsel* oder einer *Modulation*. Im Notentext erkennst du das an den geänderten Vorzeichen, wobei ganz unterschiedliche Möglichkeiten denkbar sind. So moduliert das nächste Beispiel von G-Dur über A♭-Dur nach A-Dur:

Tonartwechsel (Modulation von G-Dur über A♭-Dur nach A-Dur)

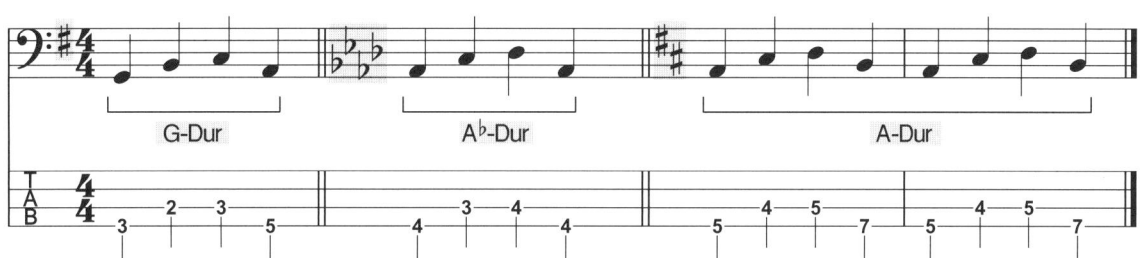

Die folgende Basslinie enthält einen Tonartwechsel von E-Moll nach G-Moll. In den ersten beiden Takten gelten die Vorzeichen von E-Moll, in den letzten beiden die Vorzeichen von G-Moll. Das pentatonische Pattern wird hier trotzdem einfach verschoben, in E-Moll muss dabei von der leeren E-Saite begonnen werden.

Hammer On – Basslinie 1 mit Tonartwechsel ♩ = 90   CD 89

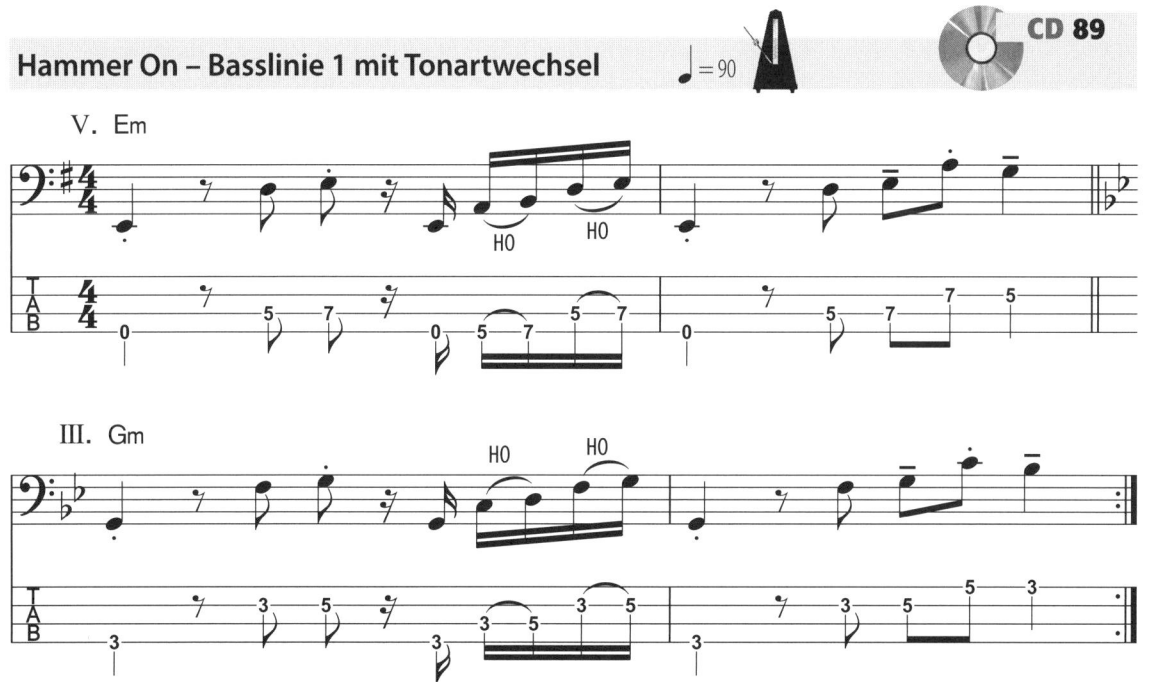

Kapitel 7

Überträgt man diese Basslinie auf den *Fünfsaiter*, kann das gesamte Griffbild auch ohne Leersaiten verschoben werden:

Hammer On – Basslinie 1 mit Tonartwechsel

Das letzte Beispiel ist rhythmisch etwas anspruchsvoller und basiert auf der F#-Moll Pentatonik.

Hammer On – Basslinie 2 (Viersaiter und Fünfsaiter)

Chromatik

Unter *Chromatik* versteht man die Verwendung von Halbtönen, die sich nicht innerhalb einer Tonleiter bzw. Tonart (Diatonik) befinden. Sie geben dem Ergebnis dabei mehr Spannung oder – anders gesagt – eine neue *Klangfarbe* (altgriechisch: chroma = Farbe).

Die Bluestonleiter

Erweitert man die Moll-Pentatonik durch einen chromatischen Durchgangston (hier: D#) zwischen der reinen Quarte und der reinen Quinte, erhält man die Bluestonleiter in A:

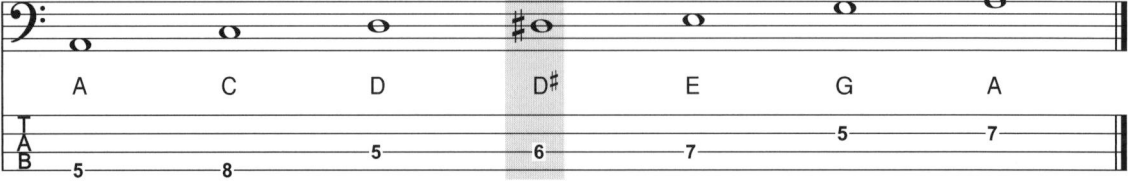

Präge dir das Griffbild für diese Tonleiter gut ein. Die Griffbilder für Vier- und Fünfsaiter sind gleich:

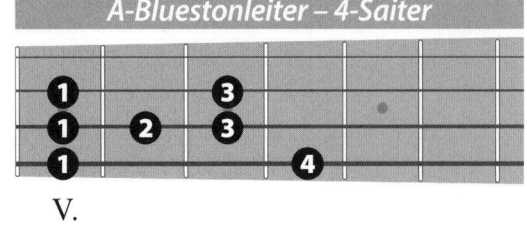

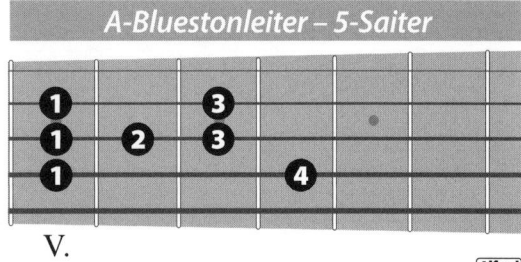

„320 Horsepower"

Spielstück „320 Horsepower"

Im Stück *320 Horsepower* geht es etwas härter zur Sache. Es besitzt eine *zwölftaktige Moll-Blues-Form* und wird stilistisch durch verzerrte Gitarren- und Orgelklänge geprägt. Die Tonart ist C#-Moll und der zweitaktige Grundriff, der von Gitarre, Orgel und Bass gespielt wird, basiert auf der *Bluestonleiter*. Er ist rhythmisch vertrackt, auch gibt es einige *Hammer Ons*. Nachdem eR zweimal in C# gespielt wird, geht es nach F# und danach wieder zurück nach C#. Es folgen die abfallenden, akzentuierten Akkorde, bevor die Form durch den Riff in C# abgeschlossen wird. Die gesamte Form wird *dreimal* wiederholt und komplett im *forte* gespielt!

Kapitel 7

Wie immer kannst du auch „*320 Horsepower*" auf dem *Vier- und Fünfsaiter* spielen. Auf dem *Fünfsaiter* bietet es sich an, den Riff in C♯ (also in der ersten, zweiten und vierten Zeile) eine Oktave tiefer zu spielen:

„320 Horsepower": **Bassriff in C♯** (Fünfsaiter)

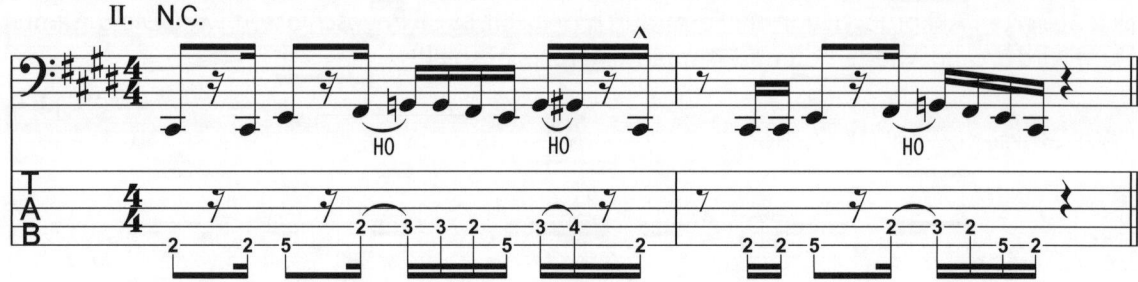

In der Aufnahme kannst du dir diese Version im zweiten Durchgang anhören. Auch die abfallende Akkordlinie kannst du mit einem *Fünfsaiter* noch etwas schlüssiger gestalten. Dabei ist im zweiten Takt sogar noch ein wenig Platz für einen Fill. Zunächst das Beispiel für den Fünfsaiter:

„320 Horsepower": **Abfallende Akkordlinie** (Fünfsaiter)

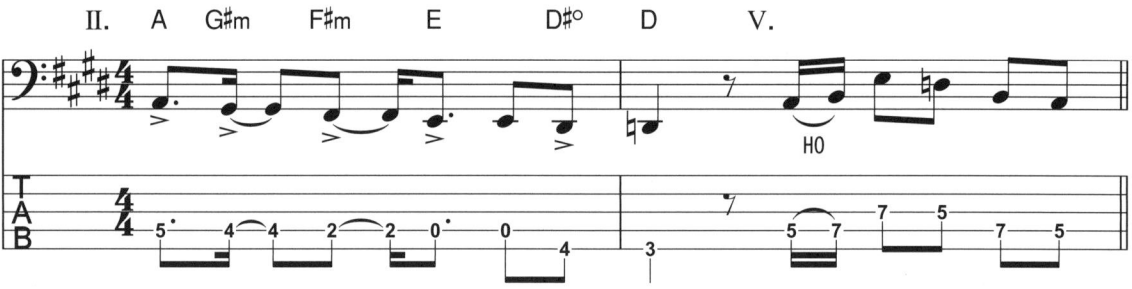

Dieser Fill besteht aus der D-Dur Pentatonik und erklingt in der zweiten Wiederholung der Form. Im letzten Durchgang ist der Fill eine Oktave höher:

„320 Horsepower": **Fill** (Vier- und Fünfsaiter)

Versuche auch, eigene Fills zu entwickeln!

Diatonische Stufendreiklänge

Groove Analyse

Der Schlagzeug-Groove während des **Grundriffs** sieht so aus:

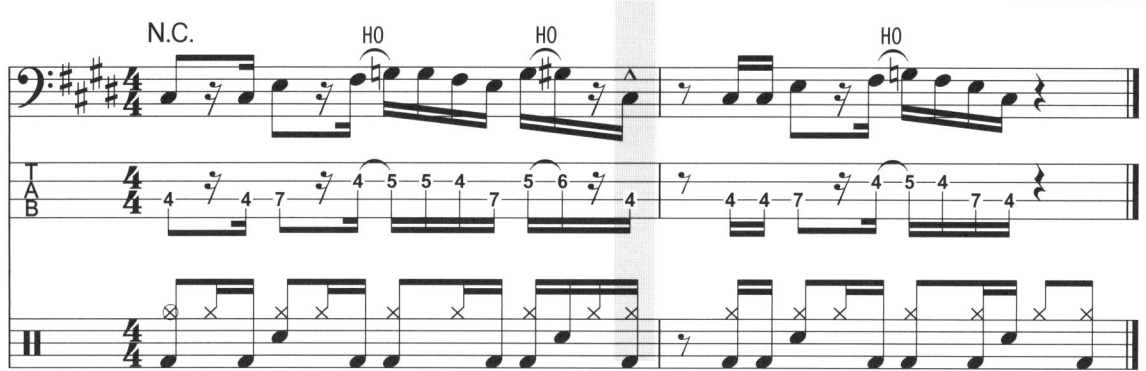

Der offene, energetischere Klang wird vor allem durch die treibenden Achtelnoten des Ride Beckens erzeugt. Gleichzeitig ist der Groove von Bass Drum und Snare Drum sehr dicht: Alle „Eckpunkte" des Riffs werden klar unterstützt. Bemerkenswert ist vor allem der Akzent auf die Zählzeit „4+e" im ersten Takt und die folgende Achtelpause auf die Zählzeit „1" im Takt danach. Im dritten Durchgang von *„320 Horsepower"* wechselt das Schlagzeug zu einem Double-Time-Feeling, wodurch das Stück noch mehr an Fahrt aufnimmt.

Diatonische Stufendreiklänge

Für die Bildung von Dreiklängen haben wir bisher große und/oder kleine Terzen übereinander geschichtet. Nimmt man als Ausgangsmaterial für diese Terzschichtungen die Töne einer Dur-Tonleiter, erhält man die diatonischen Stufendreiklänge, deren Stufen in der Harmonielehre mit römischen Ziffern benannt werden. Da alle Dur-Tonleitern gleich aufgebaut sind, gilt die allgemeine Formel mit *drei Gruppen* von Stufendreiklängen:

Stufen I, IV, V: Dur-Dreiklänge
Stufen II, III, VI: Moll-Dreiklänge
Stufe VII: Verminderter Dreiklang

Kapitel 7

Stufendreiklangs-Etüden

Mit den nächsten Übungen kannst du dir die einzelnen Stufenakkorde und deren Verwandtschaftsverhältnisse auf dem Griffbrett klarmachen:

Etüde 1 (Viersaiter)

Auf dem *Fünfsaiter* geht das auch eine Oktave tiefer, wobei Leersaiten eingesetzt werden müssen:

Etüde 1 (Fünfsaiter)

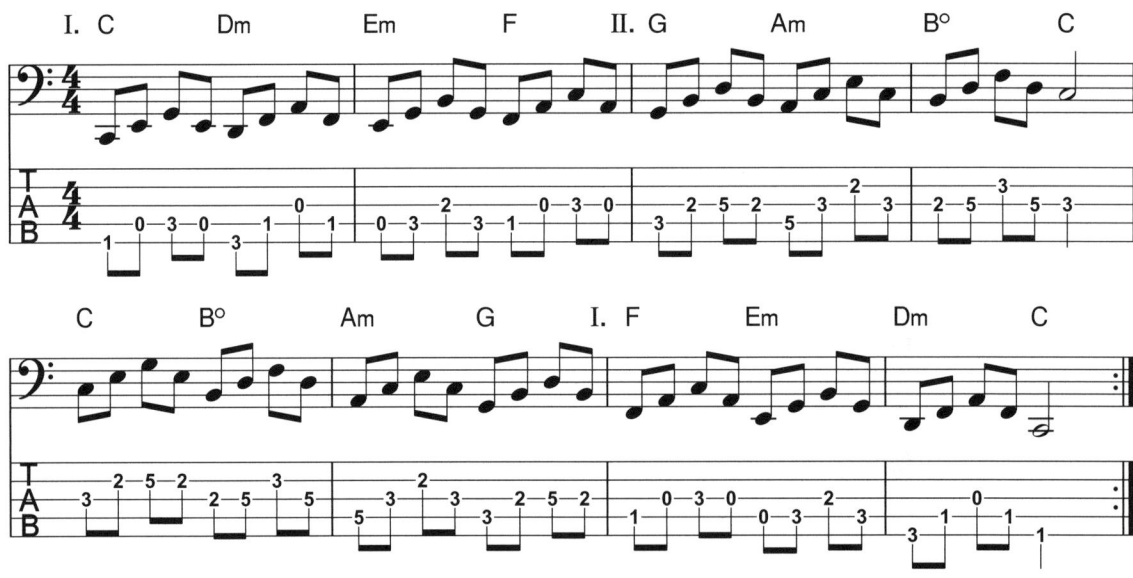

Übertrage diese Übungen auch in andere Tonarten. Dabei kannst du das bisherige Pattern verwenden oder auch eigene entwickeln. Nimm die zwei folgenden Etüden als Anregungen dafür! Bei der nächsten Übung in G-Dur geht das Pattern des jeweiligen Dreiklangs bis zur Oktave hinauf:

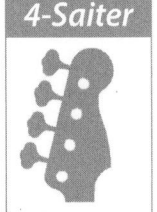

Etüde 2 (Viersaiter)

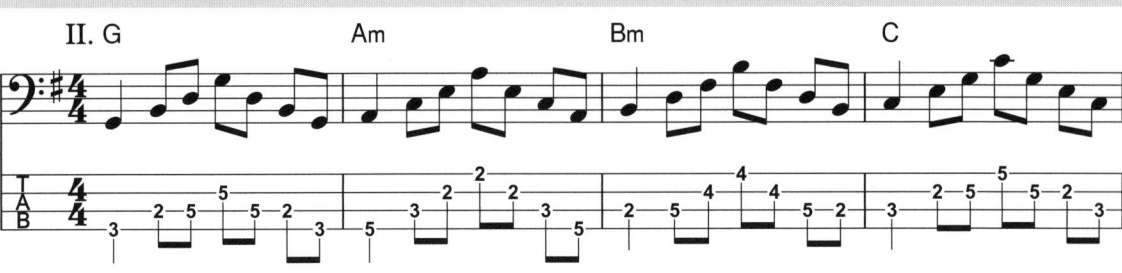

Pull Off

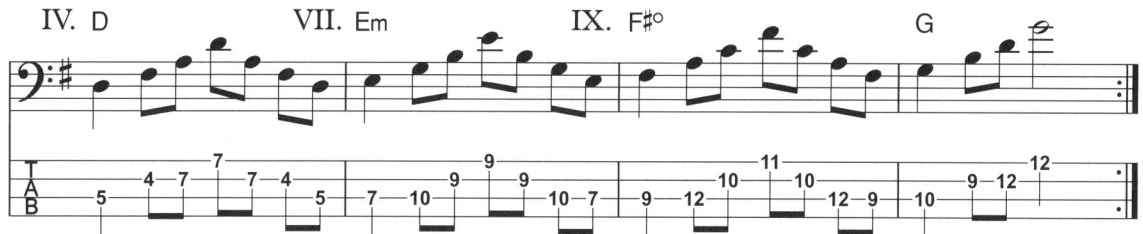

Die nächste Übung ist in F-Dur. Das Dreiklangspattern beginnt mit der hohen Oktave und die Stufenakkorde sind in abfallender Reihenfolge angeordnet:

Etüde 3 (Viersaiter)

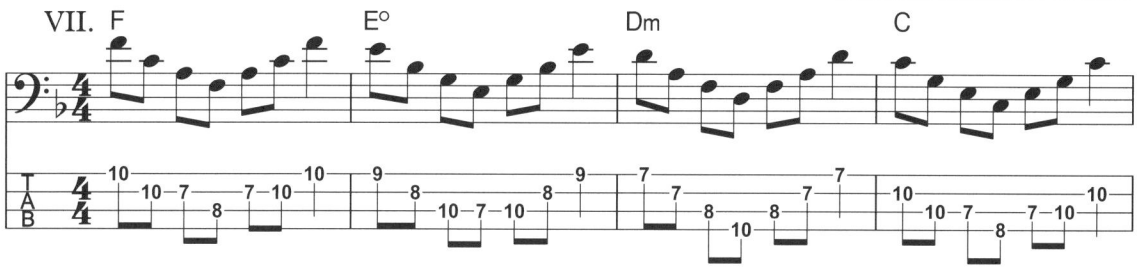

Pull Off

Bei einem Pull Off wird der Ton nicht durch die Schlaghand erzeugt, sondern durch einen Finger der Greifhand. Es ist damit eine Legato-Spieltechnik, die dem Hammer On verwandt ist und es im Bewegungsablauf logisch ergänzt. Während allerdings beim Hammer On der Ausgangspunkt ein tieferer Ton ist, ist es beim Pull Off ein höherer Ton.

Greife mit dem 3. Finger der Greifhand den Ton „D" im 7. Bund auf der G-Saite. Der 1. Finger sollte dabei im 5. Bund auf derselben Saite liegen. Schlage jetzt die Saite an, damit der Ton „D" erklingt. Ziehe dann den 3. Finger der Greifhand seitlich (in Richtung der Griffbrettkante) von der Saite ab, so dass der Ton „C" zu hören ist.

3. Finger greift im 7. Bund.

3. Finger seitlich abziehen.

Kapitel 7

Notation

Pull Offs werden – genau wie Hammer Ons – im Notentext durch *Bindebögen* zwischen den Noten dargestellt. Um allerdings explizit ein Pull Off zu notieren, wird zusätzlich noch die Ergänzung „**PO**" verwendet.

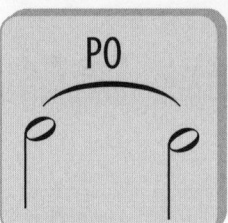

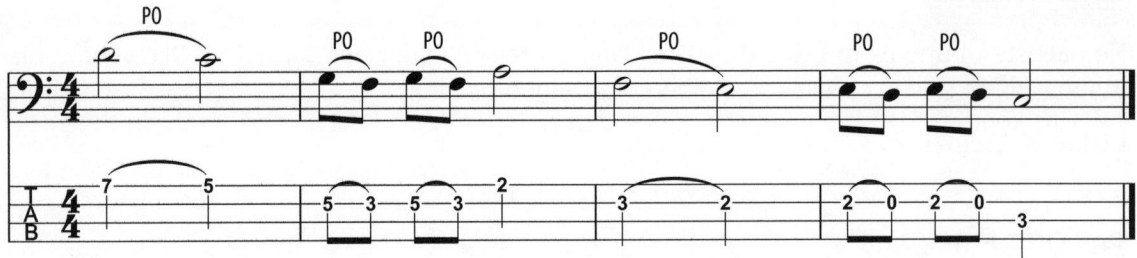

Pull Off – Etüden

Genau wie für den herkömmlichen Anschlag und die Hammer Ons ist auch bei der Pull Off-Technik sehr wichtig, dass die Pull Offs gleichmäßig laut und in time ausgeführt werden. Beginne also wieder in einem langsamen Tempo (♩ = **60 bpm**), um die einzelnen Bewegungsabläufe exakt zu trainieren. Achte auf die Koordination beider Hände!

Pull Off – Etüde 1

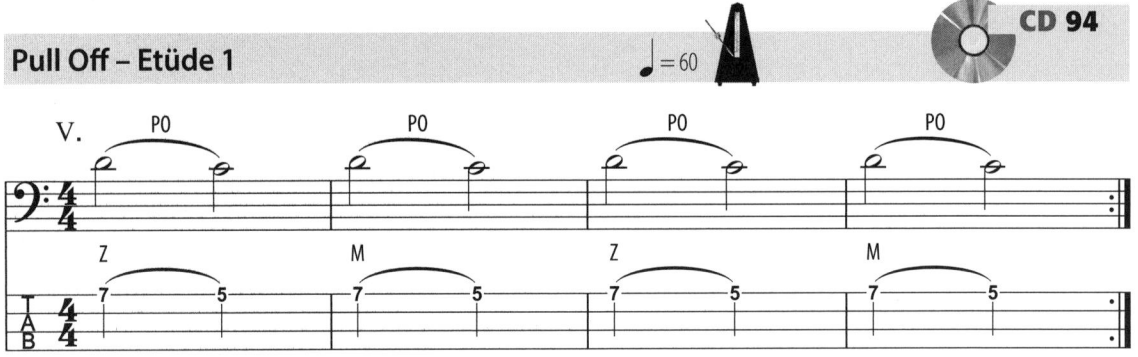

Sobald die Pull Offs gleichmäßig und genau im Timing sind, kannst du das Tempo steigern oder aber zur Viertel-, Achtel- oder Sechzehntelebene wechseln:

Pull Off – Etüde 2

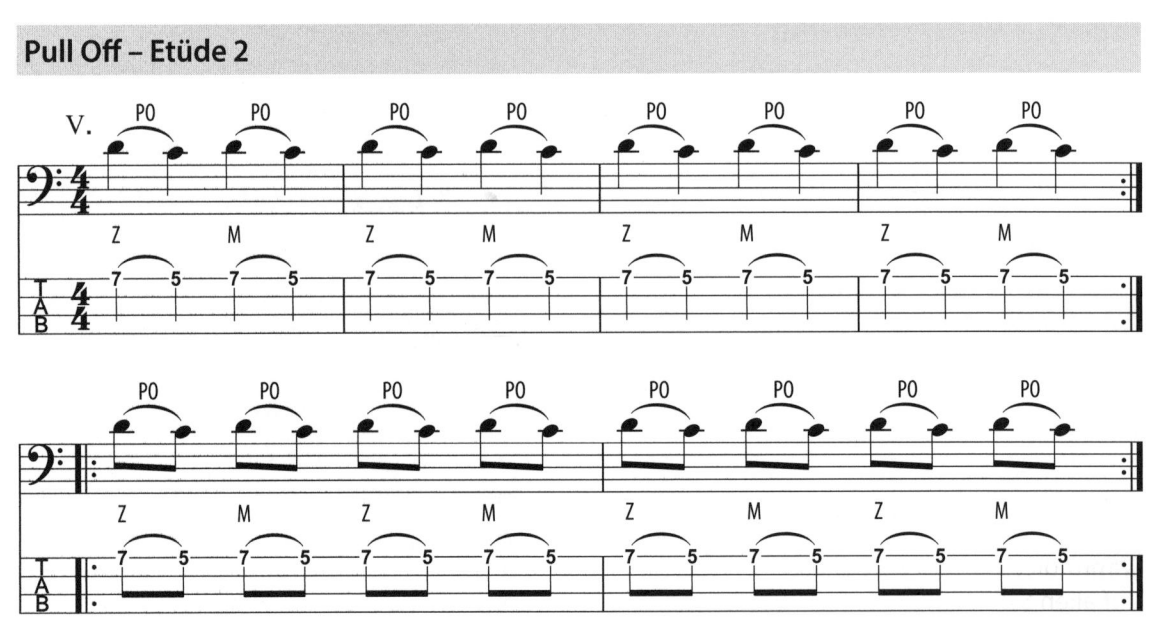

Pull Off

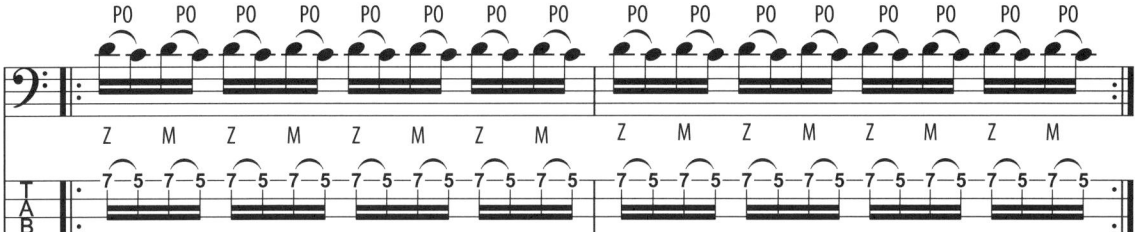

Pull Offs können natürlich auch mit den anderen Fingern deiner Greifhand produziert werden. Das ist die analoge Übung für den *Mittelfinger* (*2. Finger*):

Pull Off – Etüde 3

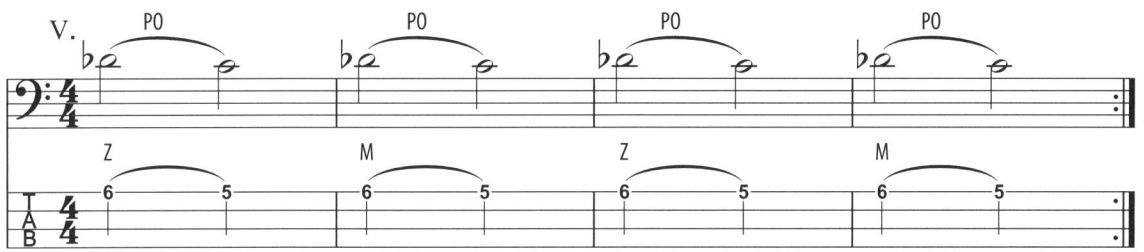

In der folgenden Übung ist der *kleine Finger* (*4. Finger*) für die Pull Offs zuständig:

Pull Off – Etüde 4

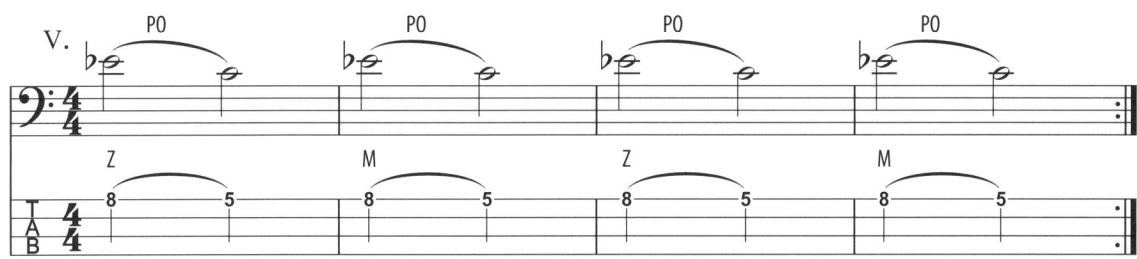

Wenn der *1. Finger* (*Zeigefinger*) ein Pull Off ausführt, ist das Ziel die Leersaite:

Pull Off – Etüde 5

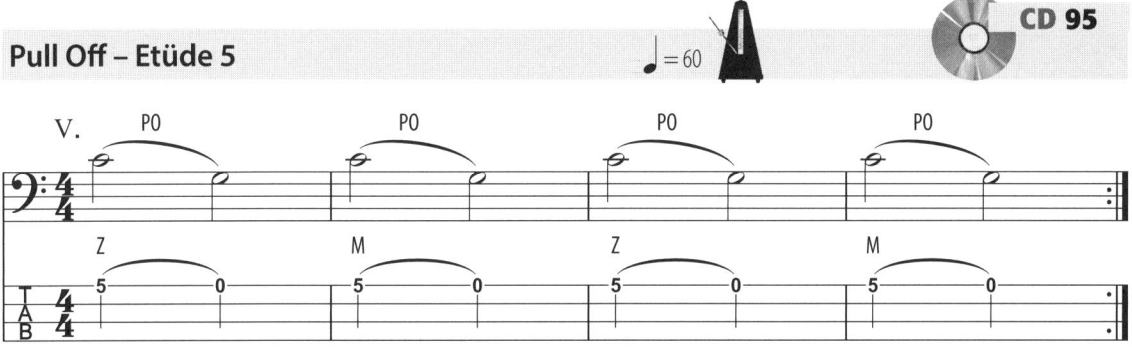

Nimm diese Beispiele lediglich als Ausgangspunkt für deine eigenen Etüden. Übe die Pull Offs auf allen Saiten, in anderen Positionen und auf den unterschiedlichen rhythmischen Ebenen.

Kapitel 7

Grooves mit Pull Offs

Pull Offs können deine Basslinien bereichern. Im folgenden Groovebeispiel werden die Pull Offs mit dem *4. Finger* ausgeführt. Es basiert auf den Dur-Pentatoniken der beiden Akkorde C und G.

Pull Off – Groove 1

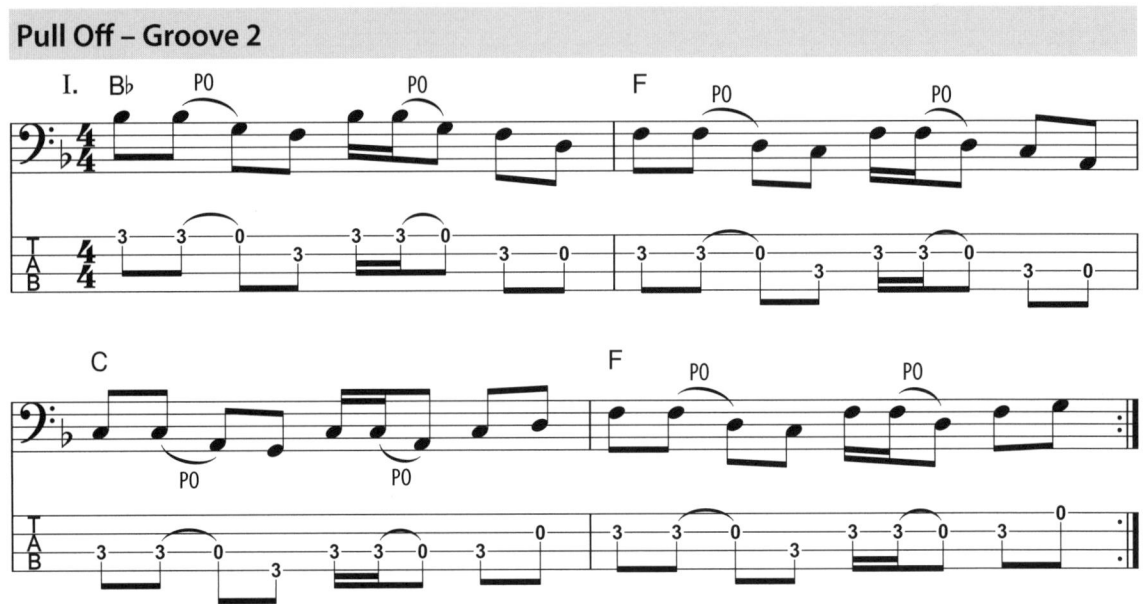

Das nächste Beispiel ist in F-Dur. Die Pull Offs werden mit dem 3. Finger produziert, der Zielton ist dabei jeweils die leere G-, D- oder A-Saite:

Pull Off – Groove 2

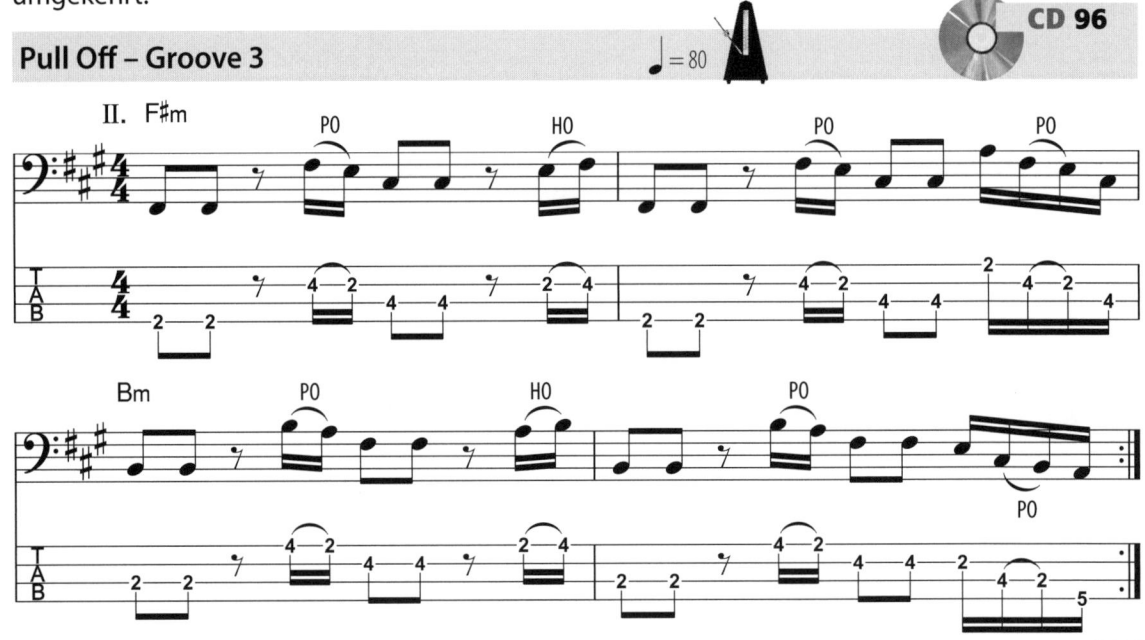

Die Kombination von Pull Off und Hammer On zeigt das nächste Beispiel in F♯-Moll. In der Moll-Pentatonik bieten sich *Pull Offs* vom 3. zum 1. Finger an, bei den *Hammer Ons* ist es genau umgekehrt.

CD 96

Pull Off – Groove 3

♩ = 80

Auftakt

Der Auftakt

Wenn ein Song oder ein musikalisches Motiv mit einem *unvollständigen Takt* beginnt, nennt man das einen *Auftakt*. Die Taktartbezeichnung bleibt davon unberührt! Im folgenden Beispiel beginnt der Auftakt mit den Pull Offs auf der Zählzeit „3e", also sieben Sechzehntelnoten vor der neuen Zählzeit „1". Man zählt: *Ei - ne - und - e, zwei - e - und - e, drei - e:*

Pull Off – Groove 4 mit Auftakt

Die *Bluestonleiter* bildet die harmonische Grundlage für den nächsten Bassriff. Der chromatische Durchgangston „G♭" wird durch das Pull Off effektiv zum Ton „F" aufgelöst.

Pull Off – Groove 5 mit Bluestonleiter

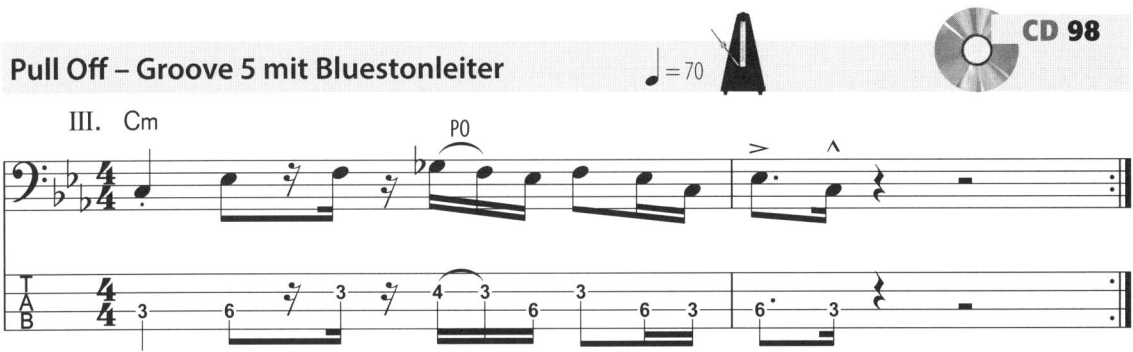

Slash Chords

Den tiefsten Ton eines Akkordes nennt man den *Basston*. Bisher waren die Basstöne immer auch die Grundtöne der jeweiligen Akkorde. Wenn aber Basston und Grundton eines Akkordes unterschiedlich sind und man das in einem Akkordsymbol darstellen möchte, bekommt man einen *Slash Chord*. Der Begriff leitet sich von dem *Schrägstrich* (englisch: „slash") ab, der im Akkordsymbol verwendet wird.

Links (oder oberhalb) des Striches steht dabei immer der Akkord selbst, rechts (oder unterhalb) davon der Basston. Ausgesprochen wird dieses Symbol als „C mit G im Bass" oder als „C über G". Als Bassist solltest du immer den Basston spielen! Der Basston eines Slash Chords kann aus dem Akkord selbst stammen, dann spricht man auch von einer Umkehrung. Im folgenden Beispiel kommen die vier Akkorde C, Am, F und Dm und die abgeleiteten Slash Chords C/B, Am/G, F/E und Dm/G vor:

Beispiel Slash Chords

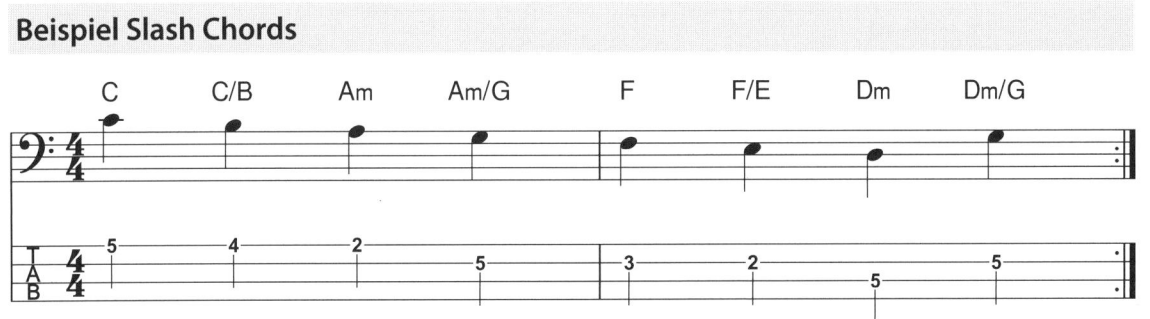

Kapitel 7

Spielstück „Push and Pull"

Das nächste Spielstück besteht aus drei Teilen. Der **A-Teil** ist in A♭-Dur und beginnt mit einem *Auftakt* von E-Piano und Bass. Am Ende des A-Teils gibt es den Slash Chord B♭m/E♭. Achte beim Hören darauf, wie sich der Charakter des Akkordes durch den neuen Baston verändert.

Der **B-Teil** ist in der parallelen Moll-Tonart zu A♭-Dur geschrieben, also in F-Moll. Hier gibt es einen knackigen Riff, der auf der F-Bluestonleiter basiert. Nach der Wiederholung von A- und B-Teilen moduliert *Push and Pull* von F-Moll nach G-Moll (**C-Teil**). Der Riff wird dabei allerdings ab dem tiefen „G" auf der E-Saite gespielt, was für einen noch besseren Effekt sorgt.

Achte bei der Ausführung der Pull Offs auf die Koordination von Greif- und Schlaghand und auf eine möglichst breite Spielweise.

„Push and Pull"

Um den abschließenden **C-Teil** noch etwas zu steigern, könntest du eigene Fills hinzufügen. Platz dafür wäre in Takt 2 und 6 (jeweils ab der Zählzeit „2") dieses Teils. Als Tonmaterial kannst die *G-Bluestonleiter* verwenden.

Kapitel 7

Groove Analyse

Das ist der Schlagzeug-Groove des **A-Teils**:

A-Teil: „Push and Pull" (Bass und Drumset)

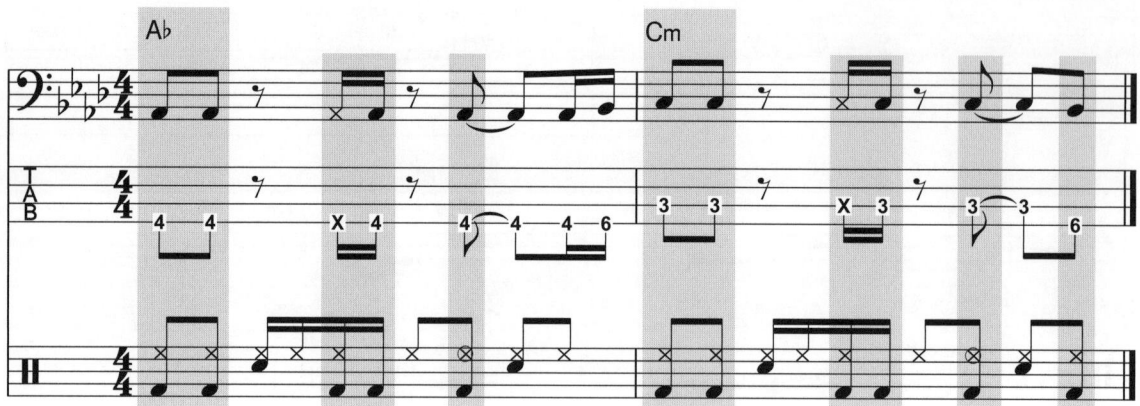

Die wichtigen Akzente der Basslinie, nämlich die Zählzeiten „1", „1+" und „2+e", werden vor allem durch die Bass Drum unterstützt.

Im **B-Teil** sieht es so aus:

B-Teil: „Push and Pull" (Bass und Drumset)

Auch hier werden die „Eckpunkte" des Riffs durch das Schlagzeug mitgespielt. Die offene Hi-Hat auf den „und"-Zählzeiten sorgt dabei für einen treibendes Feeling.

Play-Along „Keep Moving!"

Das folgende Play-Along ist eine poppige Nummer, die aus zwei Teilen besteht. Im **A-Teil** geht es noch etwas offener zu, bevor der dichtere **B-Teil** folgt. Nach der Wiederholung beider Teile schließt *Keep Moving!* mit einem *zusätzlichen* B-Teil ab.

Die vier Akkorde des **A-Teils** E♭, Gm, Cm und A♭ sind die Stufenakkorde I, IIIm, VIm und IV in E♭-Dur. Bei den Slash Chords (Cm/B♭ und Cm/A) solltest du unbedingt die Basstöne (also „B♭" und „A") spielen.

Dasselbe gilt für den **B-Teil**, der in der parallelen Moll-Tonart C-Moll steht. Hier bringt die abfallende Linie der Basstöne bei gleichen Akkorden einen interessanten Effekt. Neben den Basstönen kannst du – wie immer – die jeweilige Pentatonik als Tonmaterial verwenden. Für Übergänge zwischen den Akkorden bieten sich außerdem die Töne aus der E♭-Dur Tonleiter an.

Play-Along „Keep Moving!"

Groove Analyse

Das ist der Schlagzeug-Groove im **ersten A-Teil**:

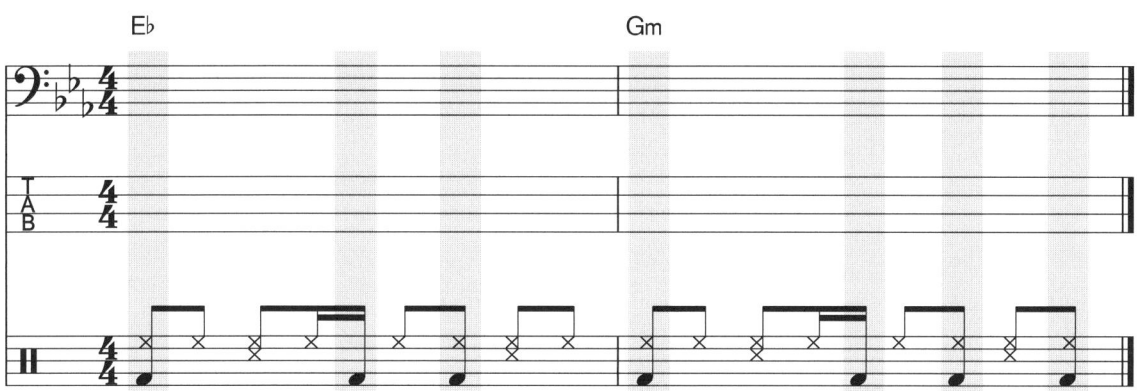

Die Akzente der Bass Drum auf die Zählzeiten „1", „2+e" und „3+" bilden mit den Rim Clicks einen poppigen Standard-Groove. Es liegt deshalb nahe, diese Zählzeiten auch durch deine Basslinie zu unterstützen. Im **zweiten A-Teil** werden die Rim Clicks durch herkömmliche Schläge auf die Snare Drum ersetzt.

Im **B-Teil** wird es etwas geradliniger:

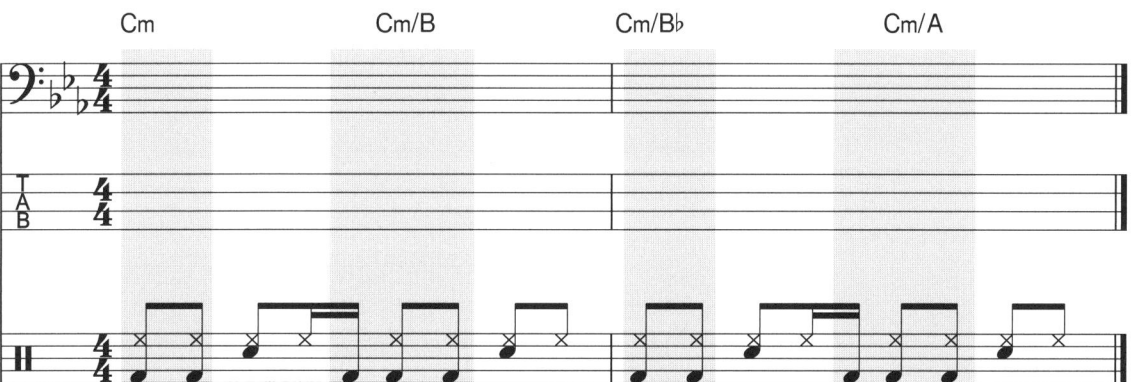

Die Snare Drum wird auf der Aufnahme noch durch Hand Claps gedoppelt, auch kommt ein (ebenfalls nicht notierter Shaker) dazu. Die Schläge der Bass Drum sollten für deine Basslinie relevant sein. Sie kann somit also eher in Richtung durchgehende Achtelnoten gehen.

Kapitel 8

Vierklänge / Septakkorde

Schichtet man auf die Quinte eines Dreiklangs nochmals eine Terz, erhält man einen *Vierklang*. Der neu hinzugefügte Ton hat die Funktion der *Septime*, daher werden diese Akkorde auch *Septim-* oder *Septakkorde* genannt. Da große und kleine Terzen zur Schichtung verwendet werden können, entstehen Akkorde mit *großen* und *kleinen Septimen*.

Die wichtigsten Septakkorde sind:

- **Major-Sieben Akkord** (großer Septakkord)
- **Dominant-Septakkord**
- **Moll-Septakkord**
- **Halbverminderter Septakkord**

Der Major-Sieben Akkord

Der **Major-Sieben Akkord** (*großer Septakkord*) besteht aus einem *Dur-Dreiklang* und einer auf der reinen Quinte geschichteten *großen Terz* (hier: „G" – „B"). Es ergibt sich der allgemeine Aufbau aus Grundton („C"), großer Terz („E"), reiner Quinte („G") und großer Septime („B").

Als Akkordsymbol wird der Großbuchstabe des Grundtons mit einem nachgestellten „**maj7**" verwendet: **C**^**maj7**

Neben diesem Symbol sind auch die folgenden Symbole gebräuchlich: **CΔ7, Cma7, Cj7**

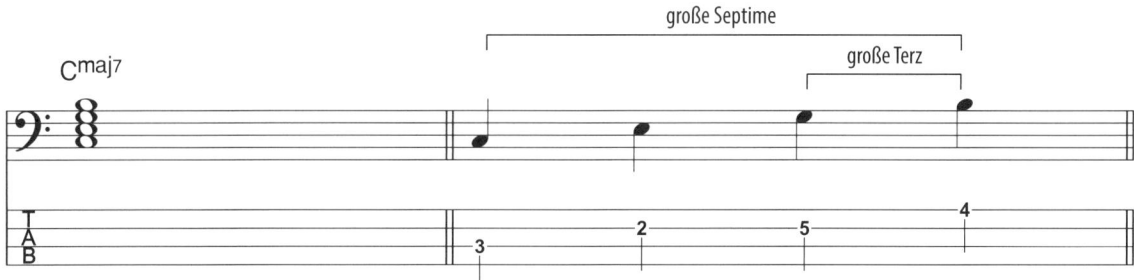

Für den Major-Sieben Akkord gibt es ein wichtiges Griffbild:

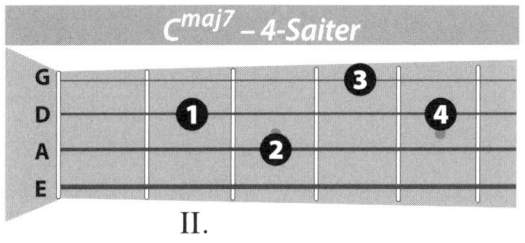
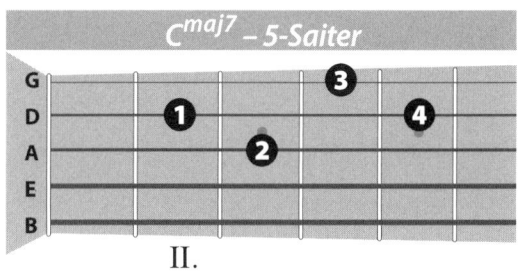

Der Dominant-Septakkord

Der **Dominant-Septakkord** dagegen besteht aus einem *Dur-Dreiklang* und einer darüber geschichteten *kleinen Terz* (hier: „G" – „B♭"). Somit hat er den allgemeinen Aufbau aus Grundton („C"), großer Terz („E"), reiner Quinte („G") und kleiner Septime („B♭").

Das Akkordsymbol des Dominant-Septakkordes besteht aus dem Großbuchstaben des Grundtons mit einer nachgestellten „**7**": **C**^**7**

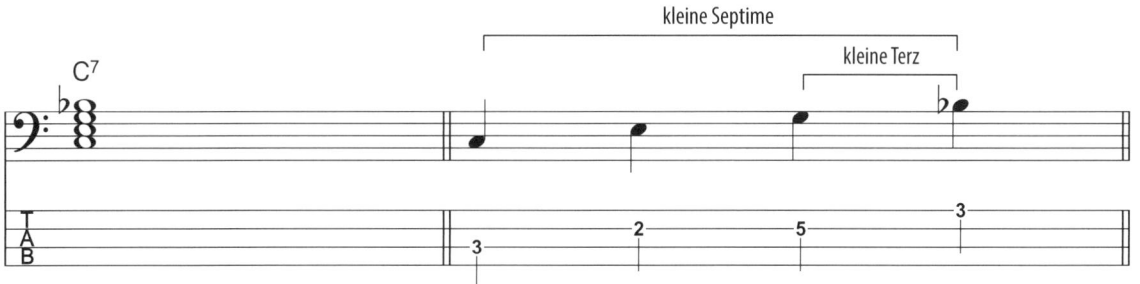

Kapitel 8

Auch für den Dominant-Septakkord gibt es ein Griffbild, das du dir einprägen solltest:

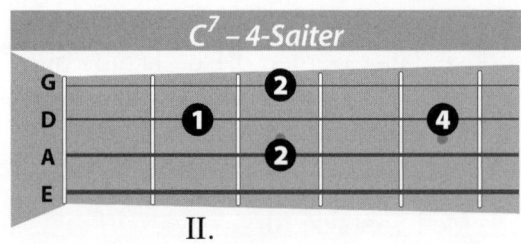
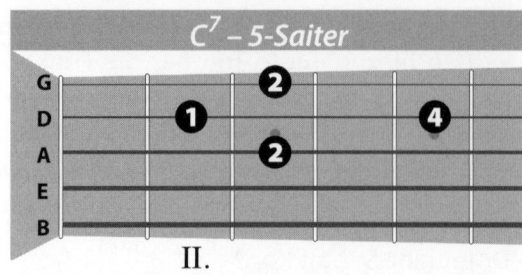

Der Moll-Septakkord

Cm⁷

Der **Moll-Septakkord** besteht aus einem *Moll-Dreiklang* und einer *kleinen Terz* darüber (hier wieder: „G" – „B♭"). Er hat also den allgemeinen Aufbau aus Grundton („C"), kleiner Terz („E♭"), reiner Quinte („G") und kleiner Septime („B♭").

Das Akkordsymbol setzt sich aus dem Symbol des Moll-Dreiklangs und einer nachgestellten „7" zusammen: **Cm⁷**

Außerdem findet man noch diese Symbole für den Moll-Septakkord: **C–⁷, Cmi⁷, Cmin⁷**

Daraus ergibt sich für den Moll-Septakkord das folgende Griffbild:

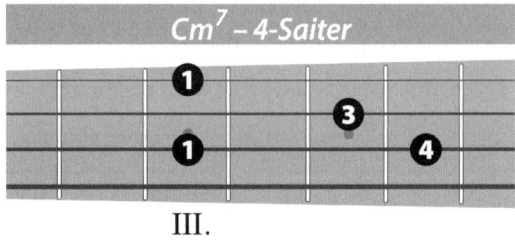
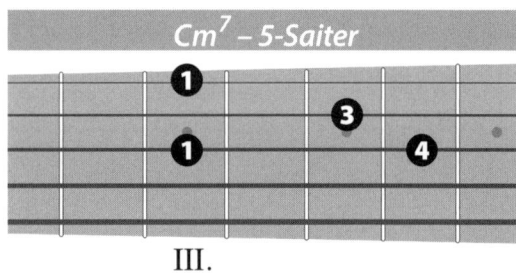

Der halbverminderte Septakkord

Cm⁷(♭5)

Der **halbverminderte Septakkord** besteht aus einem *verminderten Dreiklang* und einer *großen Terz*, die über der verminderten Quinte liegt (hier: „G♭" – „B♭"). Dieser Akkord ist also aus Grundton („C"), kleiner Terz („E♭"), verminderter Quinte („G♭") und kleiner Septime („B♭") aufgebaut.

Als Akkordsymbol wird das Symbol des Moll-Dreiklangs mit einem nachgestellten „7(♭5)" verwendet: **Cm⁷(♭5)**

Auch die folgenden Symbole sind gebräuchlich: **C⌀⁷, C–⁷(♭5), Cmi⁷(♭5), Cmin⁷(♭5)**

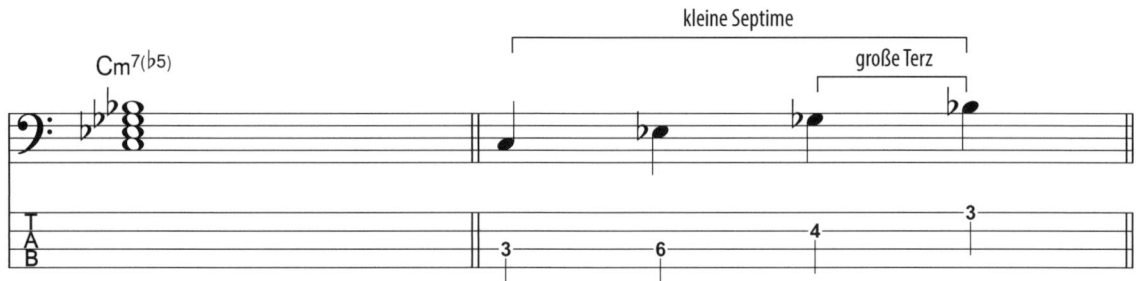

Vierklänge | Septakkorde

Präge dir auch das Griffbild des halbverminderten Septakkordes ein:

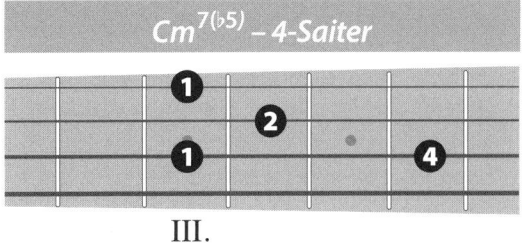
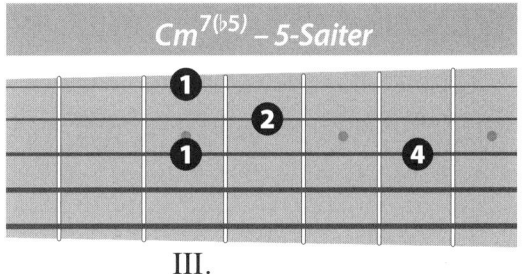

In der folgenden Übung werden die vier verschiedenen Vierklangs-Arpeggios jeweils vom Grundton „C" bis zur Oktave hinauf gespielt. Mache dir so die unterschiedlichen Griff- und Klangbilder dieser Akkorde bewusst.

Vierklang-Arpeggios (Vier- und Fünfsaiter) ♩=60   CD 102

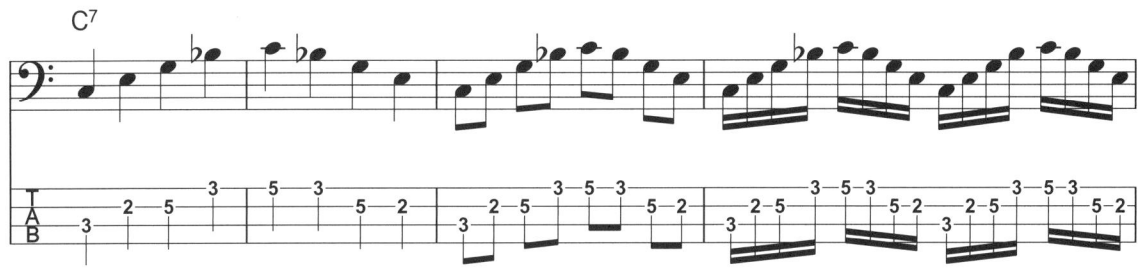
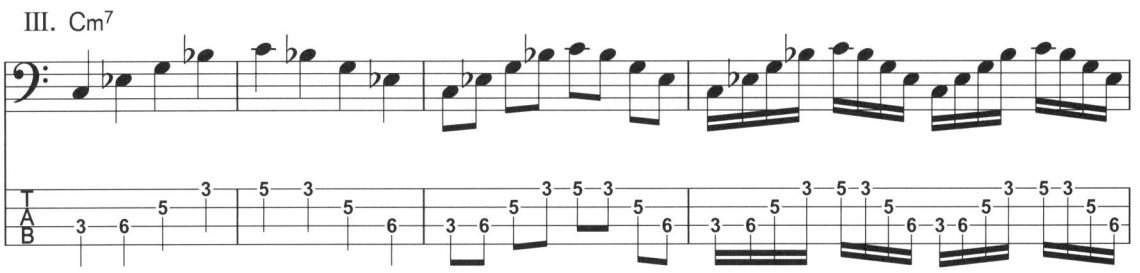
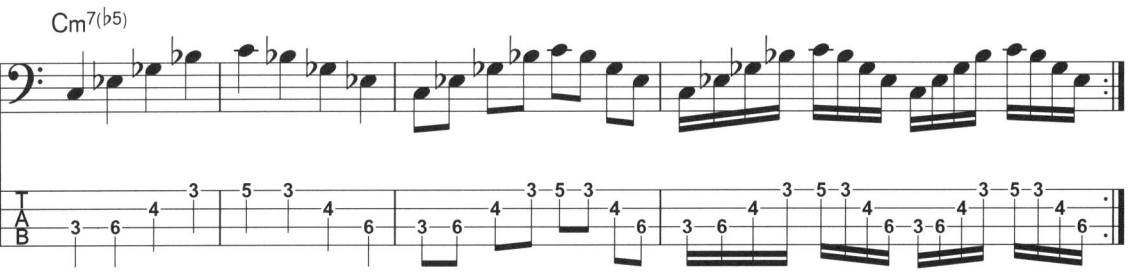

Kapitel 8

Diatonische Stufenvierklänge

Bildet man mit dem Tonmaterial der Dur-Tonleiter Vierklänge, erhält man – analog zu den diatonischen Stufendreiklängen – die *diatonischen Stufenvierklänge* oder *Septakkorde*.

In C-Dur sind es folgende:

Stufen I, IV: Major-Sieben Akkorde
Stufe V: Dominant-Septakkord
Stufen II, III, VI: Moll-Septakkorde
Stufe VII: Halbverminderter Septakkord

Entwickle mit diesen Stufenvierklängen deine eigenen Übungen, ähnlich wie im *Kapitel 7* mit den *Stufendreiklängen* (vgl. S. 159ff.)!

Ternäre Rhythmik

Die Achteltriole

Bisher haben wir rhythmische Notenwerte immer nur durch *zwei* gleiche Teile geteilt. So wurden aus einer Ganzen Note zwei Halbe Noten, aus einer Halben Note zwei Viertelnoten etc. Man spricht auch von einer *binären Rhythmik*.

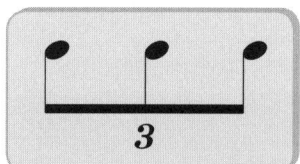

Dagegen ist die Basis für die *ternäre Rhythmik* die **Triole**. Sie entsteht, wenn man einen Notenwert in *drei* gleiche Teile unterteilt. So kann man aus einer Viertelnote eine **Achteltriole** bilden. Die einzelnen Notenwerte innerhalb der Achteltriole nennen sich Triolenachtel. Die Kennzeichnung im Notentext geschieht durch eine kleine *„3"* (und eine *Klammer* bei Notenwerten ohne Balken) über oder unter der Triole.

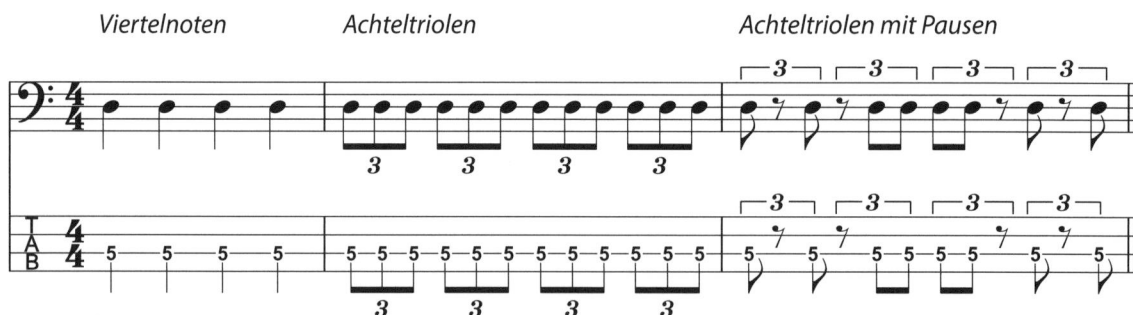

Zählzeiten

Die neu dazu gekommenen Zählzeiten der Achteltriole werden mit den Silben *„er"* und *„lei"* bezeichnet. Vollständige Achteltriolen kannst du so mit *„ein-er-lei"*, *„zwei-er-lei"* etc. auszählen:

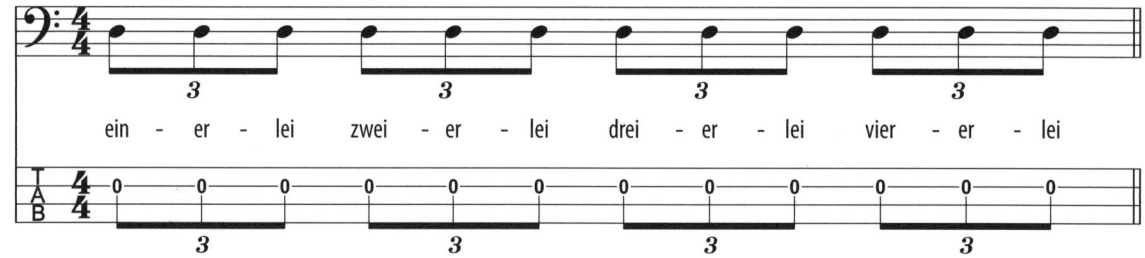

Ternäre Rhythmik

Es gibt *sieben* Möglichkeiten, eine, zwei oder drei Triolenachtel innerhalb einer Achteltriole (in einem $\frac{1}{4}$-Takt) zu positionieren:

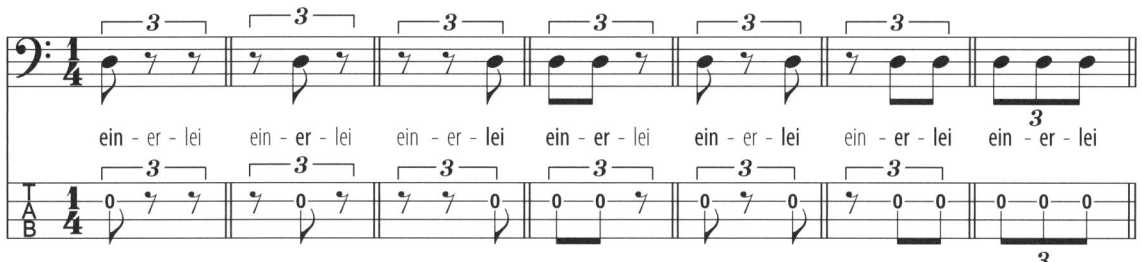

Mache dir diese rhythmischen Bausteine klar, bevor du weiter zu den Etüden gehst. Stelle dir dabei im Kopf immer klar die Unterteilung durch drei pro Schlag bzw. Viertelnote vor. Beginne mit einem langsamen Tempo (♩ = **60 bpm**). Erst, wenn du alle Takte sicher durchklatschen kannst, solltest du sie auch auf deinem Instrument spielen.

Achteltriolen-Etüden

In der folgenden Etüde werden *Achteltriolen* mit *Viertelnoten*, *Pausen* und *Achtelnoten* kombiniert. Die Positionen für die Greifhand stehen über den Noten, die aus dem Tonraum C-Dur stammen. Achte auf die exakte rhythmische Ausführung, vor allem bei den Wechseln von Triolen und binären Achtelnoten.

Achteltriolen Etüde 1 (Viersaiter)   ♩ = 60

Kapitel 8

Diese Etüde ist nur für den *Fünfsaiter*:

Achteltriolen Etüde 2 (Fünfsaiter)   ♩ = 60

CD 104

5-Saiter

Der Shuffle

Der Shuffle

Der *Shuffle* ist eine ternäre Phrasierungsweise, deren Basis die *Triole* ist. Wenn man die *beiden ersten Triolenachtel* einer Achteltriole mit einem *Haltebogen* zusammen zieht, erhält man folgende rhythmische Figur:

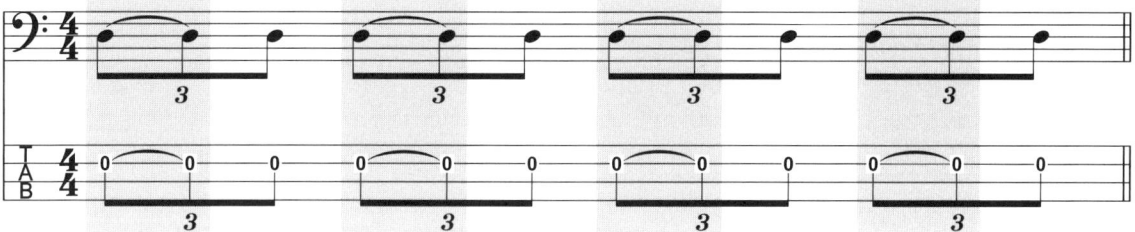

Die angebundenen Triolenachtel werden innerhalb der Triole als *Triolenviertel* notiert:

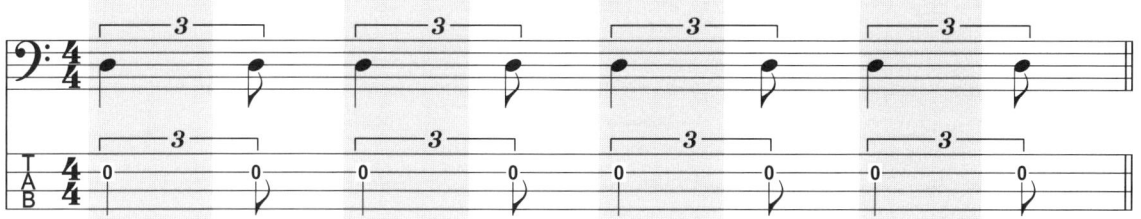

Diese Figur ist dem Puls des menschlichen Herzschlags recht ähnlich und die rhythmische Grundlage für den Shuffle.

Die ternäre Notation

Für ein einfaches, übersichtliches Notenbild wird beim Shuffle meistens auf die triolische Notation verzichtet. Zu Beginn eines Stücks steht dagegen dieses Symbol, das festlegt, dass binär notierte Achtelnoten als Shuffle – also *ternär* – gespielt werden:

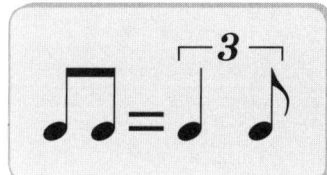

Alle auf den „+"-Zählzeiten notierte Achtelnoten werden also etwas verzögert gespielt, nämlich auf dem *dritten* Triolenachtel („*lei*"). Statt diesem sehr eindeutigen Symbol findet man aber auch folgende Bezeichnungen:

• **Shuffle oder Shuffle feel**
• **Swing oder Swing feel**
• **Jazz oder Jazz feel**

Kapitel 8

Shuffle Grooves

Dieser Groove ist ein gutes Beispiel für einen Shuffle in F-Dur. Er bewegt sich zwischen den drei Akkorde F, B♭ und C⁷ und ist grundtonbasiert:

Shuffle Groove 1 (Vier- und Fünfsaiter) ♩ = 110

Einen stärkeren Riff-Charakter hat das folgende Beispiel, bei dem Viertelnoten und „geshuffelte" Achtel gemischt werden:

Shuffle Groove 2 (Vier- und Fünfsaiter)

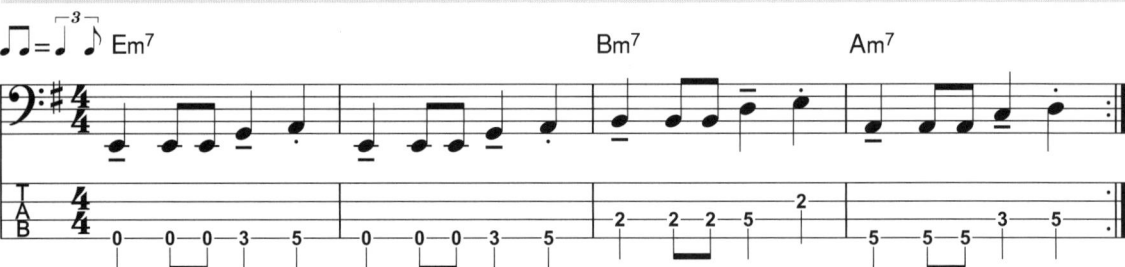

Der nächste Bassgroove bewegt sich zwischen den beiden Akkorden Gm⁷ und C⁷ und hat ebenfalls einen starken Riff-Charakter:

Shuffle Groove 3 (Vier- und Fünfsaiter) ♩ = 120

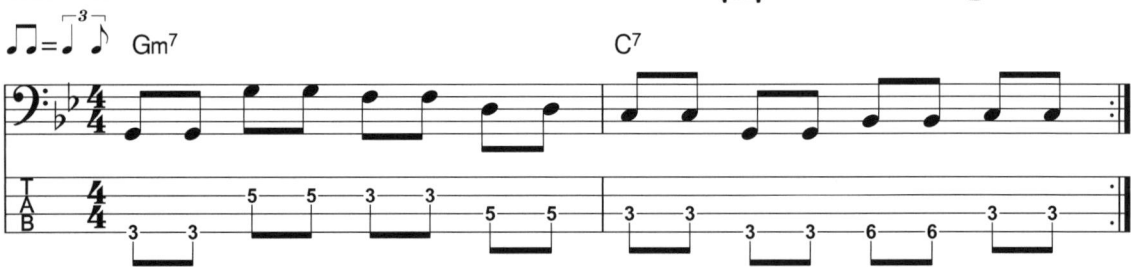

Das nächste Beispiel ist in D-Dur, der Akkord A⁷ bildet die 5. Stufe in dieser Tonart. Das Tonmaterial der Basslinie stammt aus Akkordtönen und aus Tönen der Tonart:

Shuffle Groove 4 (Vier- und Fünfsaiter)

Der Power Chord

Im letzten Beispiel werden *Hammer Ons* mit einer treibenden Rhythmik kombiniert:

Der Power Chord

Der *Power Chord* ist nach unserer Definition eigentlich gar kein „echter" Akkord, da er keine geschichteten Terzen besitzt. Er hat außer dem Grundton (hier: „C") nur noch eine reine Quinte („G") und eine Oktave („C").

Als Akkordsymbol wird der Großbuchstabe des Grundtons mit einer nachgestellten „5" verwendet: C^5

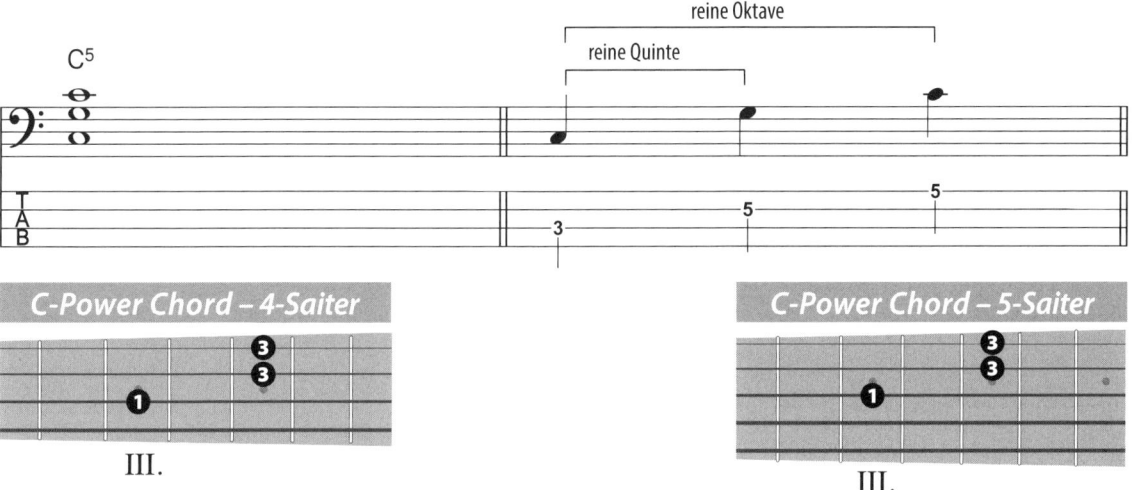

Weil der Power Chord keine Terz besitzt, nennt man ihn auch geschlechtslos. Er kann für Dur- oder Mollakkorde stehen und ist vor allem bei Gitarristen für die Kreation von harten Riffs sehr beliebt.

Spielstück „Manic Three"

Inspiriert durch den Psychedelic Rock der Sechziger Jahre ist *Manic Three* das erste Spielstück im $\frac{3}{4}$-Takt. Der Anzähler in der Aufnahme ist wie bisher zwei Takte lang, allerdings besitzen diese Takte jeweils nur drei Schläge:

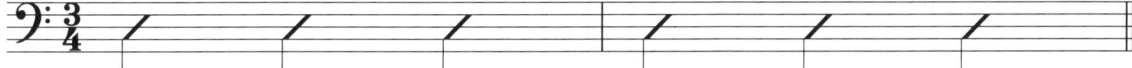

Manic Three ist in zwei Teile gegliedert. Im **A-Teil** wechseln sich *Walking Bass-artige* Linien mit festen Patterns über den Dominant-Septakkord D^7 ab. Hier gibt es auch die ersten *Power Chords* (G^5, $G\sharp^5$ und A^5). Der **B-Teil** ist dagegen offener und mehr funky gehalten.

Harmonisch geht es hier um die beiden *Bluestonleitern* von A und G. Nach der Wiederholung beider Teile schließt sich noch ein **doppelter A-Teil** mit Gitarrensolo an, bevor *Manic Three* endet.

Das Spielstück ist nicht nur ein Beispiel für einen rockigen $\frac{3}{4}$-Takt, sondern gleichzeitig auch ein *Shuffle*. Alle notierten Achtelnoten müssen also *ternär* (bzw. „geshuffelt") ausgeführt werden. Höre dir zuerst die Aufnahme an, um dir den Anzähler, die Taktart und die Phrasierungsweise klar zu machen. Wenn du dabei die Noten mitliest, kannst du auch schon den Ablauf lernen.

"Manic Three"

Kapitel 8

Groove Analyse

Die ersten *drei* Takte des Grooves im **A-Teil** sehen so aus:

A-Teil: „Manic Three" (Bass und Drumset)

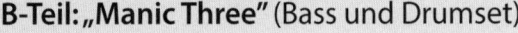

Die Bass Drum „marschiert" – passend zur Rhythmik der Basslinie – in fortlaufenden Viertelnoten, während die Akzente der Snare Drum dazwischen liegen. Jeweils ab der Zählzeit „3" gibt es markante, triolische Fills der Toms, im dritten Takt sogar schon früher.

Das ist der Schlagzeug-Groove des **B-Teils**:

B-Teil: „Manic Three" (Bass und Drumset)

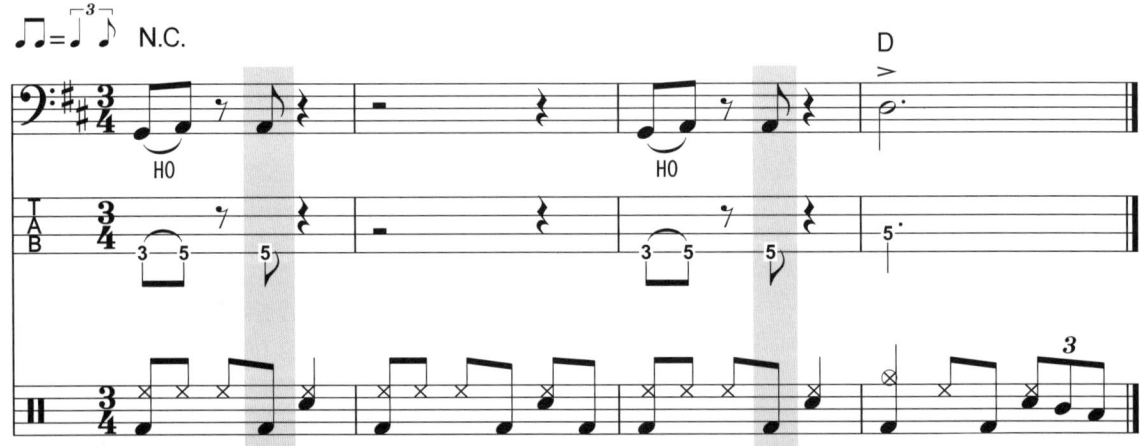

Half Time Feel: *Spielen in halbiertem Tempo. Gespielt wird auf jeder zweiten Zählzeit.*

Statt des Ride Cymbals im **A-Teil** gibt es hier lediglich die Hi-Hat, was deutlich ruhiger wirkt. Die wichtige Zählzeit „2+" der Basslinie wird durch die Bass Drum unterstützt, die Snare Drum auf „3" gibt dem Ganzen eine Art *Half Time Feel*.

Slide

Slide

Ein *Slide* ist – ebenso wie ein Hammer On und ein Pull Off – eine Spieltechnik, die sich für eine sehr effektvolle, gebundene Spielweise eignet. Auch hier wird ein Anschlag der Schlaghand „eingespart".

Erzeugung

Greife mit dem *1. Finger* der Greifhand den Ton „C" im 5. Bund auf der G-Saite und schlage ihn an. Rutsche dann – während der Ton erklingt – in einer flüssigen Bewegung mit dem 1. Finger *zum 7. Bund*. Der Finger sollte den Kontakt zur Saite nicht verlieren, so dass am Ende der Bewegung der Ton „D" erklingt.

1. Finger greift im 5. Bund.

1. Finger rutscht über die Saite in den 7. Bund.

Slides sind *aufwärts* von tieferen zu höheren Tönen und auch *abwärts* möglich!

Notation

Slides werden im Notentext durch einen *Bindebogen* oder einen *Schrägstrich* zwischen den Noten dargestellt. Um allerdings explizit ein Slide zu notieren, wird noch der Zusatz „**SL**" verwendet.

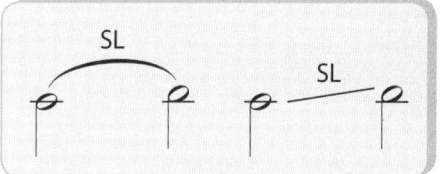

Slide-Etüden

Slides sollten gleichmäßig, flüssig und in time gespielt werden können. Dabei ist es besonders wichtig, die Bewegung der gesamten Greifhand auf den jeweiligen Notenwert „aufzuteilen". Fange in einem langsamen Tempo (♩ = **60 bpm**) an und achte auf exakte Bewegungsabläufe und ein gutes Timing.

Slide Etüde 1 (Vier- und Fünfsaiter)

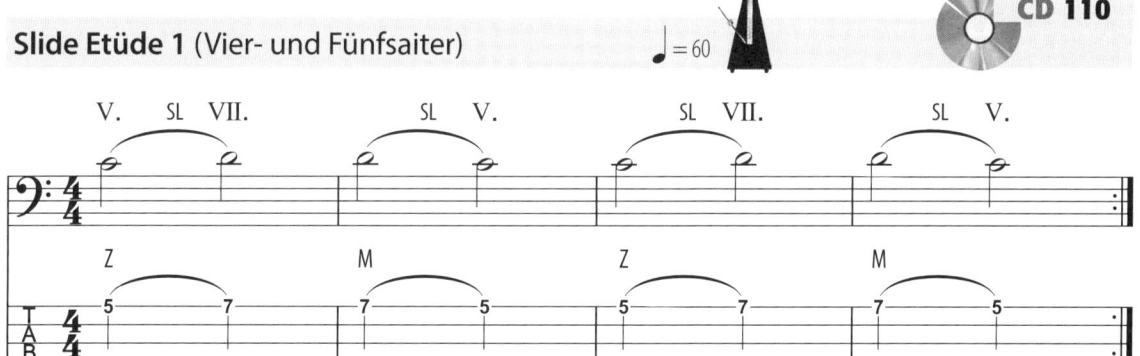

Kapitel 8

Wenn diese Slides mit dem Zeigefinger der Greifhand gut klappen, solltest du sie auch mit den anderen drei Fingern deiner Greifhand trainieren. Natürlich kannst du auch das Tempo steigern oder zur Viertel-, Achtel- oder Sechzehntelebene übergehen:

Slide Etüde 2 (Vier- und Fünfsaiter)

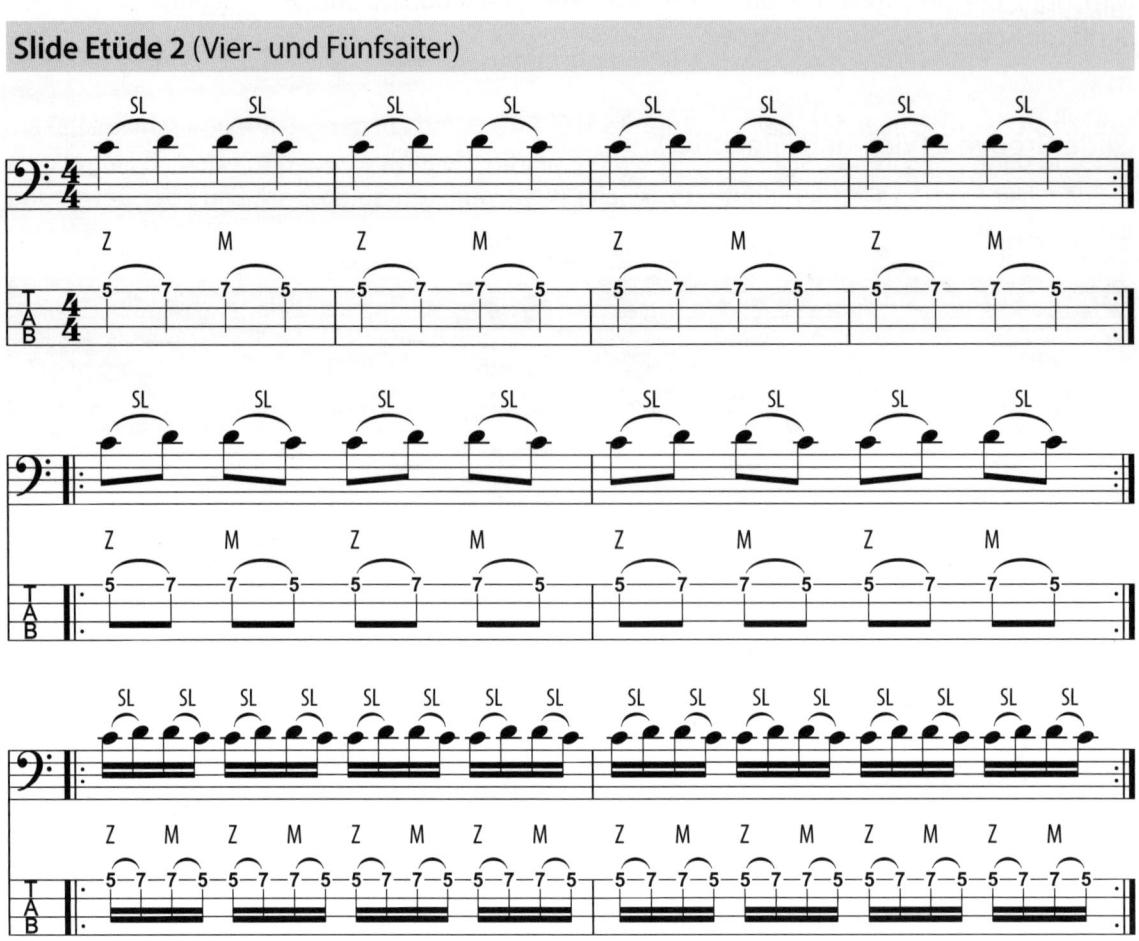

Diese Etüden solltest du nur als Ausgangspunkt für deine eigenen Etüden nehmen. Trainiere Slides auf allen Saiten deines Instruments, mit allen Fingern und auch über verschiedene Intervalle.

Grooves mit Slides

Um deine Basslinien aufzuwerten, sind Slides ein sehr effektives Hilfsmittel. Das erste Beispiel zeigt einen harten Gitarrenriff, der auf Power Chords basiert. Die Basslinie, die auf *Vier- und Fünfsaiter* gespielt werden kann, folgt dabei einfach der Akkordbewegung in Slides. Am besten beginnst du in der Position III. und benutzt den 1. Finger der Greifhand für die Slides.

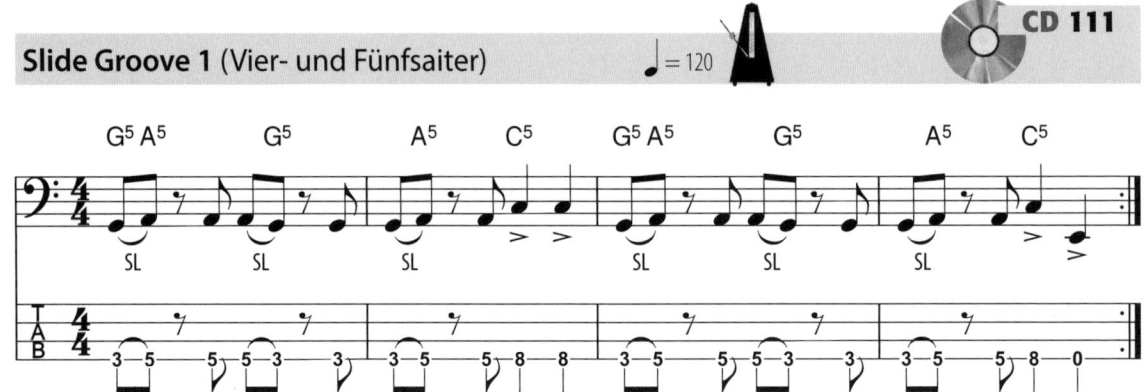

Slide Groove 1 (Vier- und Fünfsaiter) ♩ = 120 CD 111

Slide

Das folgende Beispiel ist in D-Moll und wieder für *Vier- und Fünfsaiter* geeignet. Der Slide des Grundpatterns beginnt bei der Quarte des Akkords und führt zur Quinte, bevor die Linie in der (hohen) kleinen Terz gipfelt. Auch hier ist der 1. Finger für den Slide zuständig. Das Pattern wird über die drei Akkorde Dm^7, Am^7 und Gm^7 verschoben und zum Schluss mit einem pentatonischen Lauf abgeschlossen.

Slide Groove 2 (Vier- und Fünfsaiter)

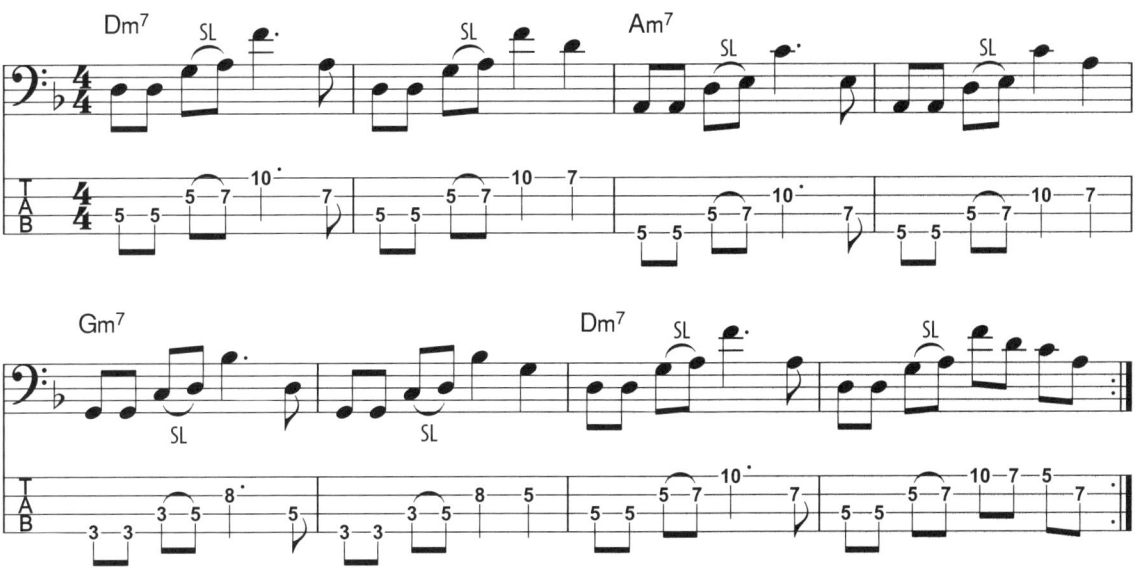

Im Rock'n'Roll der Fünfziger Jahre findet man oft Basslinien oder kurze (Gitarren-)Einwürfe, die dem folgenden Beispiel in G-Dur ähneln. Die Slides passieren dabei immer von dem chromatischen Ton unter dem Grundton des Akkords zum Grundton selbst. Probiere verschiedene Fingersätze aus!

Slide Groove 3 (Vier- und Fünfsaiter)

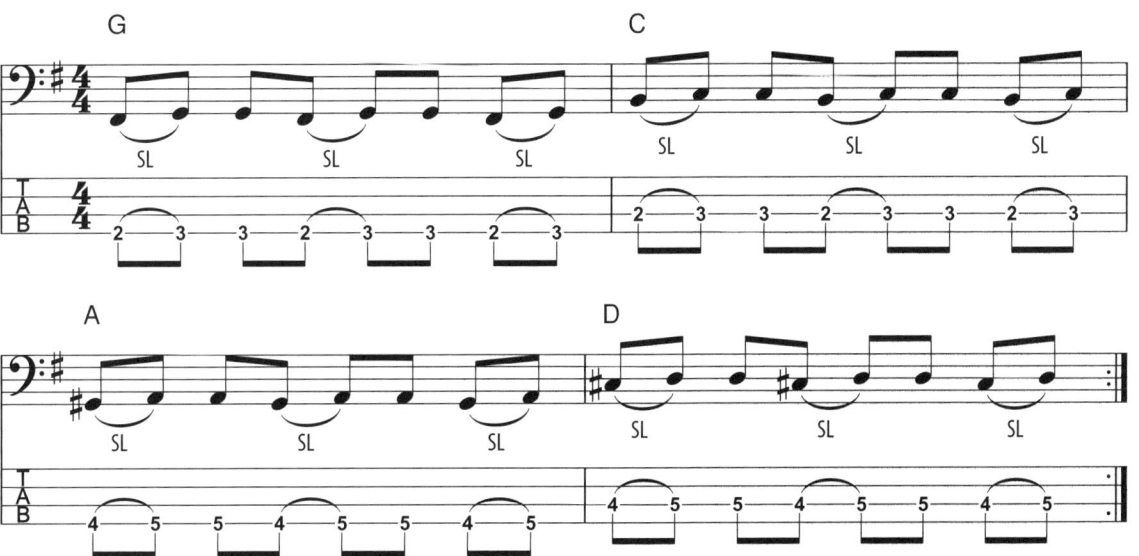

Kapitel 8

Auch bei der nächsten Basslinie führen die Slides zum Grundton, allerdings von der kleinen Septime ab. Es sind die Töne „F" bei Gm⁷ und „B♭" bei C⁷, die wieder mit dem 1. Finger gespielt werden.

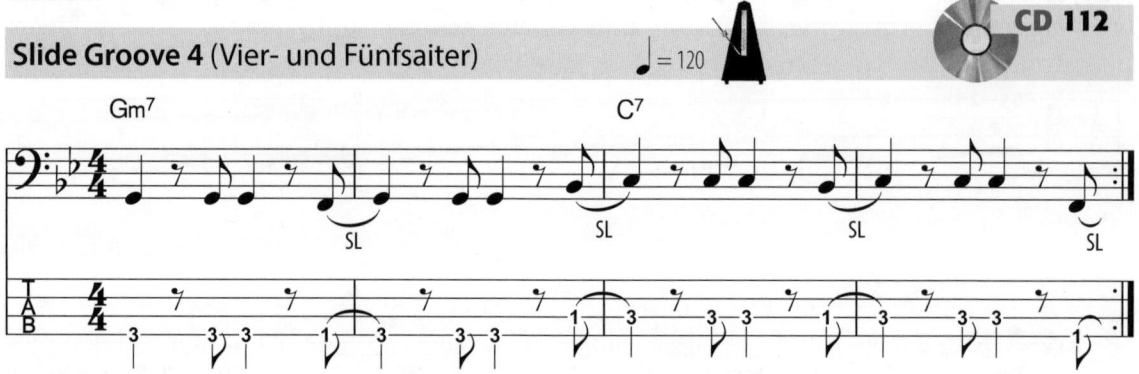

Im letzten Beispiel in A-Dur wird eine pentatonische Basslinie durch chromatische Durchgänge erweitert. Hier wird jeweils die große Terz durch die darunter liegende kleine Terz als Slide angespielt. Spielbar ist diese Linie auf *Vier- und Fünfsaiter*. Auf dem Fünfsaiter kannst du das tiefe „E" sogar auch ohne Leersaite spielen.

Der $\frac{6}{8}$-Takt

Der $\frac{6}{8}$-Takt ist mit dem $\frac{3}{4}$-Takt verwandt, allerdings liegen die Schwerpunkte hier anders. Wie bei allen anderen Taktarten auch bezeichnet der Nenner des Bruchs (also die „8") die Länge der Schläge pro Takt. Diese Schläge (oder auch der Grundpuls) sind also Achtelnoten, es gibt pro Takt sechs Stück. Aus diesem Grund werden die Achtelnoten im $\frac{6}{8}$-Takt auch mit „eins", „zwei", „drei" etc. gezählt. Die **Schwerpunkte** liegen auf der *ersten* und *vierten* Achtelnote im Takt. Deshalb werden die Balken bei Achtelnoten auch in *Dreiergruppen* angeordnet.

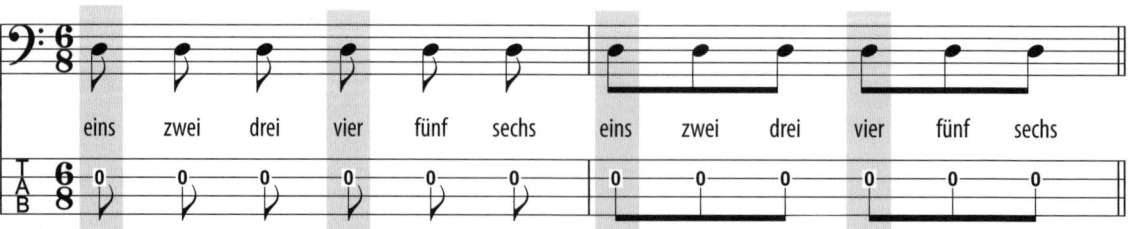

Tempobezeichnung

Die Tempobezeichnung eines Musikstückes braucht immer eine Bezugsgröße, also einen *Notenwert*. Bei den vorangegangenen $\frac{4}{4}$- und $\frac{3}{4}$-Takten waren das stets *Viertelnoten*. Im $\frac{6}{8}$-Takt ist diese Bezugsgröße die *Achtelnote*. Eine Tempobezeichnung im $\frac{6}{8}$-Takt muss sich deshalb auf Achtelnoten beziehen. Üblich ist auch die Tempobezeichnung der punktierten Viertelnoten, was den Schwerpunkten im $\frac{6}{8}$-Takt Rechnung trägt. Für dasselbe Tempo im $\frac{6}{8}$-Takt sind das die beiden möglichen Bezeichnungen:

Der 6/8-Takt

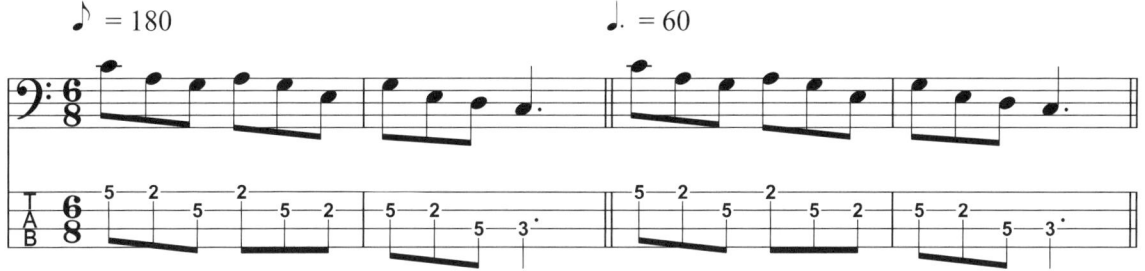

Der 7(sus4)-Akkord

Auch der sus4-Akkord kann zu einem Vierklang erweitert werden. Durch Hinzufügen einer kleinen Terz (hier: „G" – „B♭") über der reinen Quinte entsteht der **7(sus4)-Akkord**. Es ergibt sich der allgemeine Aufbau aus Grundton („C"), reiner Quarte („F"), reiner Quinte („G") und kleiner Septime („B♭").

Als Akkordsymbol wird der Großbuchstabe des jeweiligen Grundtons und ein nachgestelltes „**7(sus4)**" verwendet: C⁷⁽ˢᵁˢ⁴⁾

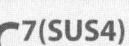

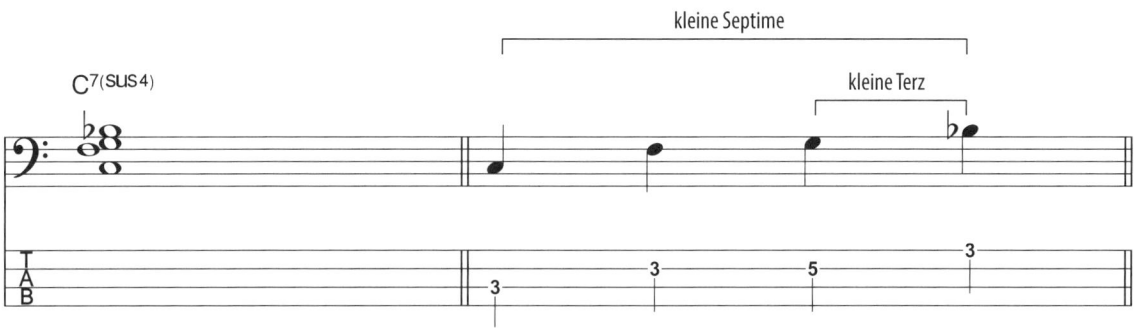

Präge dir auch das Griffbild für diesen Akkord ein:

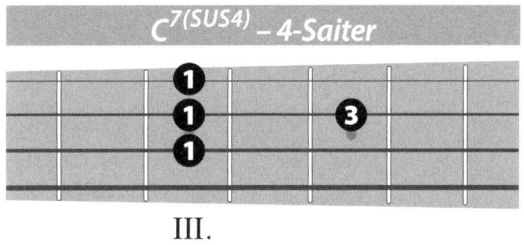
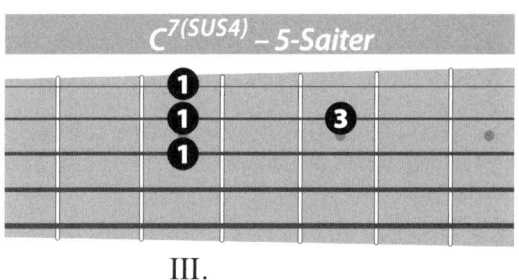

Spielstück „Haven of Tranquility"

Das nächste Spielstück ist eine getragene 6/8-Ballade in G-Moll. Wie immer ist der **Anzähler** der Aufnahme zwei Takte lang:

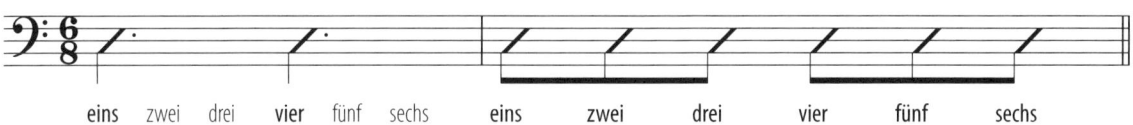

Nach dem Anzähler kommt das viertaktige **Intro**, bevor der **A-Teil** folgt. Er wird wiederholt (*1. und 2. Klammer*), danach schließt sich der **B-Teil** an. Dann kommt der Sprung zum A-Teil zurück (**D.S.**), der nicht wiederholt wird (*senza rep.*). Es geht also direkt in die *2. Klammer* von da in den **B-Teil**. Der B-Teil wird bis zum *Kopf-Zeichen* gespielt, dann kommt der Sprung in die *Coda* (**C-Teil**).

Kapitel 8

Vor allem in dem ruhigen **A-Teil**, dessen Basslinie harmonisch auf den Grundtönen der jeweiligen Akkorde basiert, kommen *Slides* zum Einsatz. Achte beim Üben darauf, dass sie kräftig klingen und exakt im Timing sind. Im dichteren **B-Teil** wird durch die stark betonten, punktierten Achtelnoten eine zweite Puls-Ebene erzeugt. Statt der bisherigen sechs Schläge scheint sich der Puls auf vier Schläge zu verlagern. In der *Coda* wird dieser Eindruck noch mehr verstärkt, wenn es insgesamt noch dichter und energiereicher zugeht. In der **Mitte des B-Teils** und im **C-Teil** gibt es auch drei verschiedene Fills über den Akkord $F^{7(SUS4)}$, die auch notiert sind. Entwickle auch deine eigenen Fills, an Tonmaterial steht die **G-Moll Pentatonik** zur Verfügung.

„Haven of Tranquility" (Jazz-Pop Ballade)

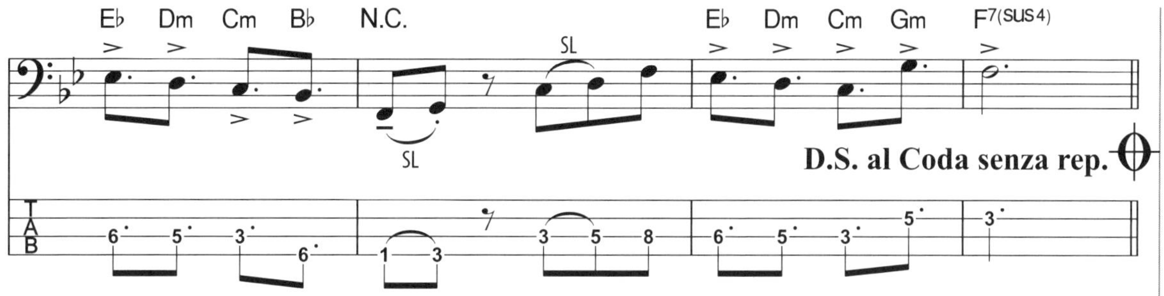

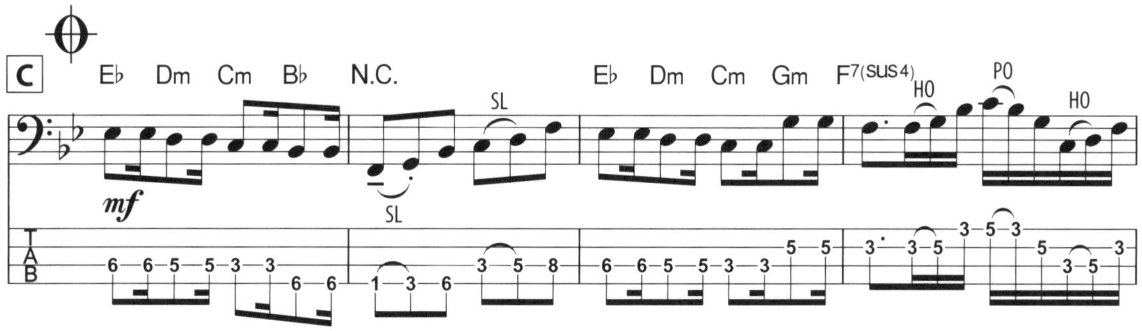

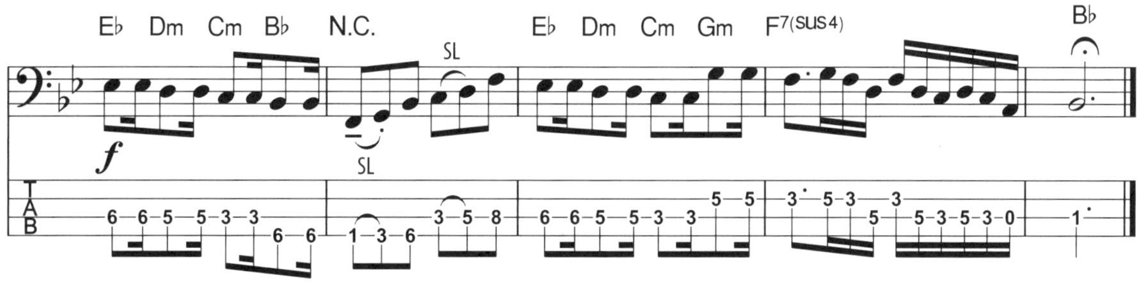

„Haven of Tranquility"

Groove Analyse

Der ruhige **A-Teil** wird vom Schlagzeug durch ein reduziertes $\frac{6}{8}$-Pattern umgesetzt. Die Hi-Hat gibt den Puls der Achtelnoten wieder, die schweren Zählzeiten „1" und „4" werden von Bass Drum und Snare Drum gespielt:

A-Teil: „Haven of Tranquility" (Bass und Drumset)

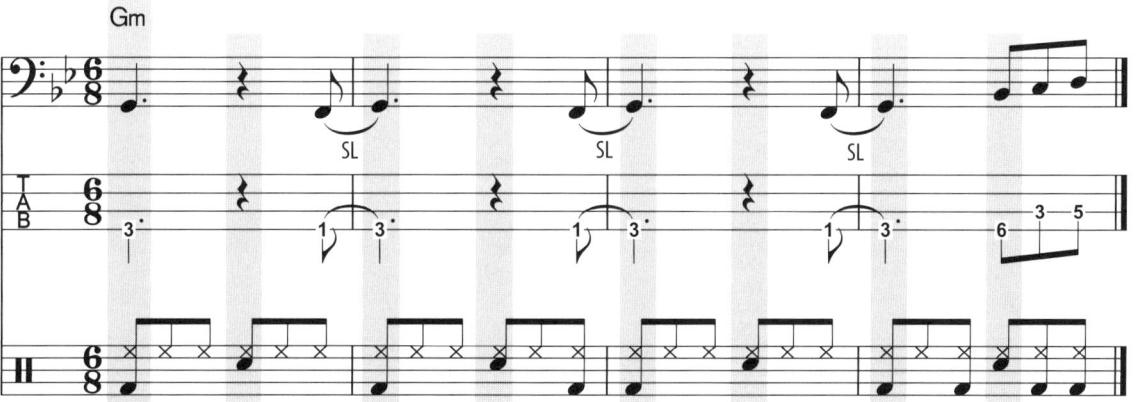

Kapitel 8

Auch im **B-Teil** sorgen die gleichmäßigen Achtelnoten der Hi-Hat für eine sichere Orientierung, wobei die „eins" im Takt jeweils durch einen offene Hi-Hat betont wird. Die Akzente der punktierten Achtelnoten werden durch Bass Drum und Snare Drum effektiv unterstützt:

B-Teil: „Haven of Tranquility" (Bass und Drumset)

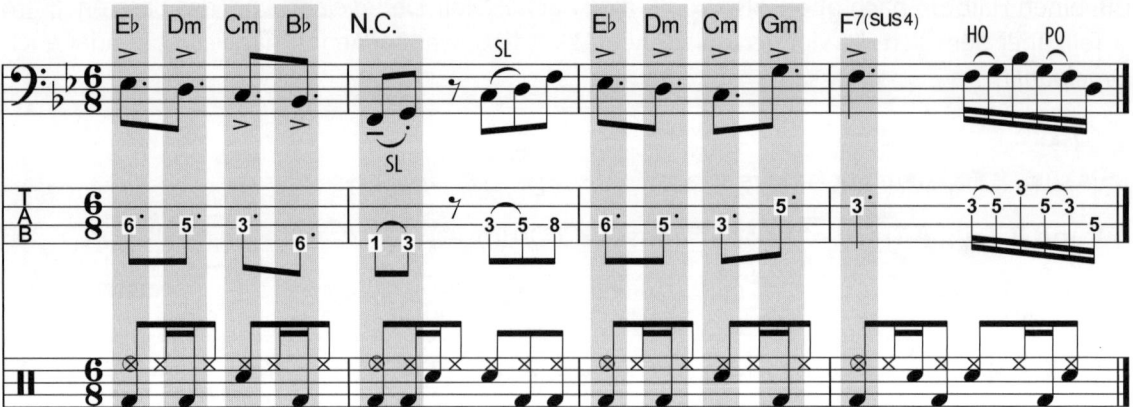

Play-Along „A Trace of Pepper"

Play-Along „A Trace of Pepper"

Zum Abschluss das letzte Play-Along. Es ist wieder ein Stück im $\frac{6}{8}$-Takt, das aus den drei Teilen A, B und C besteht. Zum Ablauf: Nach dem **A-Teil**, der wiederholt wird, folgt der **B-Teil** und die drei Durchgänge des **C-Teils**. Dann geht es zum Anfang zurück (**D.C.**) mit A- und B-Teil, bevor in die *Coda* gesprungen wird (C' und C"). *A Trace of Pepper* bewegt sich harmonisch zwischen den beiden Tonarten E-Dur (A) und E-Moll (B, C). Im **C"-Teil** der Coda moduliert das Stück noch um einen Halbton nach oben, also von E-Moll nach F-Moll. Den *gleichbleibenden* Baston „E" im A-Teil, über dem sich die vier verschiedenen Akkorde bewegen, nennt man *Pedalton* oder auch *Orgelpunkt*.

Groove Analyse

Im **A- und B-Teil** sieht der Groove so aus:

A- und B-Teil: „A Trace of Pepper" (Bass und Drumset)

Der reduzierte Schlagzeug-Groove wird durch die Hi-Hat in Achtelnoten getragen. Akzente der Bass Drum auf der Zählzeit „1" und Rim Clicks auf der Zählzeit „4" markieren klar den Puls. Diese beiden Zählzeiten sollten sich auch in deiner Basslinie wiederfinden. Um den Orgelpunkt interessanter zu gestalten, kannst du auch die Töne „E" aus verschiedenen Oktaven benutzen. Ansonsten stehen die Dur-Pentatoniken der Akkorde zur Verfügung.

Im **C-Teil** wird es viel dichter und spannender:

C-Teil: „A Trace of Pepper" (Bass und Drumset)

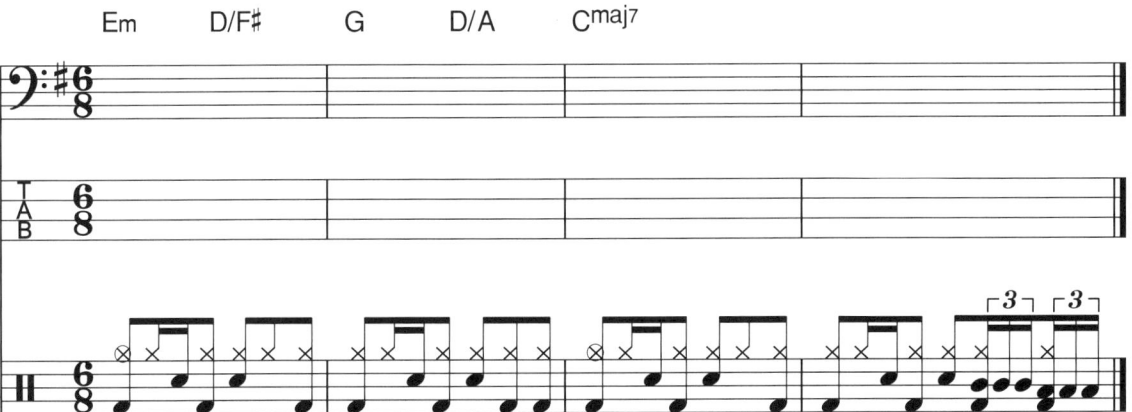

Das Ride-Cymbal löst die Hi-Hat ab, auch tritt eine reguläre Snare Drum an die Stelle der Rim Clicks. Die Taktmitte wird allerdings immer noch deutlich markiert. Die triolischen Fills der Tom Toms runden die jeweils viertaktige Form ab. Deine Basslinie sollte natürlich die aufsteigende Linie der Basstöne beinhalten. Beim Akkord C^{maj7} kannst du die C-Dur Pentatonik für Fills oder Übergänge nutzen.

CD Trackliste

CD Tracks

001 Leersaiten Etuede 1.mp3
002 Saitenwechsel mit rakes.mp3
003 Saitenwechsel mit rakes und left hand muting.mp3
004 Four Quarters.mp3
005 Four Quarters minus bass.mp3
006 Saitenwechsel Etuede 1 Viersaiter.mp3
007 Saitenwechsel Etuede 1 Fuenfsaiter.mp3
008 Leersaiten Etuede 2 Viersaiter.mp3
009 Leersaiten Etuede 2 Fuenfsaiter.mp3
010 Smooth Flow.mp3
011 Smooth Flow minus bass.mp3
012 Home Coming minus bass.mp3
013 Viertel Etuede Viersaiter.mp3
014 Viertel Etuede Fuenfsaiter.mp3
015 Steppin In.mp3
016 Steppin In minus bass.mp3
017 Wechselbass in Viertelnoten.mp3
018 Wechselbass in Halben Noten.mp3
019 Rock Em Hard.mp3
020 Rock Em Hard minus bass.mp3
021 Beat The Train minus bass.mp3
022 Achtel Etuede Viersaiter.mp3
023 Achtel Etuede Fuenfsaiter.mp3
024 Etuede mit punktierten Noten Viersaiter.mp3
025 Etuede mit punktierten Noten Fuenfsaiter.mp3
026 Amsterdam Groove 1.mp3
027 Amsterdam Groove 2.mp3
028 Arousing Bossa.mp3
029 Arousing Bossa minus bass.mp3
030 C Dur Arpeggio.mp3
031 C Moll Arpeggio.mp3
032 Groove mit Dur Akkorden.mp3
033 Groove mit Dur und Moll Akkorden.mp3
034 Little Rude Boy.mp3
035 Little Rude Boy minus bass.mp3
036 Surfing with the Munsters minus bass.mp3
037 Tonleiter Etuede.mp3
038 Tonleiter Etuede Sequenzen aufwaerts.mp3
039 Tonleiter Etuede Sequenzen abwaerts.mp3
040 Tonleiter Etuede Variation 1 Vierersequenz.mp3
041 Tonleiter Etuede Variation 2 Vierersequenz.mp3
042 Uebung Staccato mit der Schlaghand.mp3
043 Artikulationsuebung Staccato und Tenuto.mp3
044 Artikulationsuebung Tenuto und Staccato.mp3
045 Staccato Groove Viersaiter.mp3
046 Funky Fragments.mp3
047 Funky Fragments minus bass.mp3
048 G Dur Etuede 1.mp3
049 G Dur Etuede 2.mp3
050 Cameo Appearance.mp3
051 Cameo Appearance minus bass.mp3
052 sus4 Akkord Uebung 1.mp3
053 Better Have Mercy minus bass.mp3
054 Sechzehntel Etuede 1 Viersaiter.mp3
055 Sechzehntel Etuede 1 Fuenfsaiter.mp3
056 Sechzehntel Etuede 2 Viersaiter.mp3
057 Sechzehntel Etuede 2 Fuenfsaiter.mp3
058 Sechzehntelgroove 1 Viersaiter.mp3
059 Sechzehntelgroove 2 Viersaiter.mp3
060 Sechzehntelgroove 3 Viersaiter.mp3
061 You Got 2 B Funky.mp3
062 You Got 2 B Funky minus bass.mp3
063 Dead Note Etuede 1.mp3
064 Dead Note Etuede 2.mp3
065 Dead Note Etuede 4.mp3
066 Dead Note Groove 1 Viersaiter.mp3
067 Dead Note Groove 2 Viersaiter.mp3
068 Verminderter Dreiklang Uebung 1.mp3
069 Swamp Soul.mp3
070 Swamp Soul minus bass.mp3
071 Uebermaessiger Dreiklang Uebung 1.mp3
072 Watching Waterfalls minus bass.mp3
073 Dur Pentatonik Etuede 1 Viersaiter.mp3
074 Dur Pentatonik Etuede 2 Viersaiter.mp3
075 Dur Pentatonik Groove 2.mp3
076 Dur Pentatonik Groove 3.mp3
077 Dur Pentatonik Groove 7.mp3
078 Donalds Tail Feather.mp3
079 Donalds Tail Feather minus bass.mp3
080 Moll Pentatonik Etuede 1.mp3
081 Moll Pentatonik Groove 1.mp3
082 Moll Pentatonik Groove 5.mp3
083 Hidden Observations.mp3
084 Hidden Observations minus bass.mp3
085 Pentatonic Jungle minus bass.mp3
086 Hammer On Etuede 1.mp3
087 Hammer On Etuede 6.mp3
088 Hammer On Groove 3.mp3
089 Hammer On Basslinie 1 mit Tonartwechsel.mp3
090 Hammer On Basslinie 2.mp3
091 320 Horsepower.mp3
092 320 Horsepower minus bass.mp3
093 Stufendreiklang Etuede 1.mp3
094 Pull Off Etuede 1.mp3
095 Pull Off Etuede 5.mp3
096 Pull Off Groove 3.mp3
097 Pull Off Groove 4.mp3
098 Pull Off Groove 5.mp3
099 Push and Pull.mp3
100 Push and Pull minus bass.mp3
101 Keep Moving minus bass.mp3
102 Vierklang Arpeggios.mp3
103 Achteltriolen Etuede 1 Viersaiter.mp3
104 Achteltriolen Etuede 2 Fünfsaiter.mp3
105 Shuffle Groove 1.mp3
106 Shuffle Groove 3.mp3
107 Shuffle Groove 5.mp3
108 Manic Three.mp3
109 Manic Three minus bass.mp3
110 Slide Etuede 1.mp3
111 Slide Groove 1.mp3
112 Slide Groove 4.mp3
113 Slide Groove 5.mp3
114 Haven of Tranquility.mp3
115 Haven of Tranquility minus bass.mp3
116 A Trace of Pepper minus bass.mp3

Stichwortverzeichnis | Register

1. Klammer / 2. Klammer	23
2/4-Takt	146
3/4-Takt	25
4/4-Takt	11
5-Bünde-Regel	75
6/8-Takt	186
7(sus4)-Akkord	187–188
A-A-B-A-Form	62
Achtelnote	53
Achtelpause	53
Achtel-Rhythmik	53
Achteltriole	174
Akkord	33, 45–46, 51, 60–61, 65–71, 77, 89, 104–106, 122–124, 127–129, 134–137, 144–146, 148, 154, 157–158, 160–161, 164–166, 168, 171–174, 178–179, 184–185, 187–188, 191
Akkordsymbol	33, 51, 66–67, 71, 104, 123, 127, 146, 165, 171–172, 179, 187
Akkordton	46, 77, 178
Akzent	29, 62, 64, 76, 89, 103, 105–106, 129, 139, 146, 148, 157, 159, 168–169, 182, 190–191
Allgemeine Musiklehre	12–14
Amsterdam-Groove	59–62, 64, 77
Anschlag	18–20, 22, 43, 85, 151–152, 162, 183
Arpeggio	66–69, 127–128, 173
Artikulation	84–89, 101, 114, 119, 137, 146
Auflösungszeichen	137–138
Auftakt	165–166
b-Vorzeichen	99–101
Balken, Notenbalken	53, 108, 174, 186
Ballade	33, 187–188
Bass Drum	59–60, 64, 73, 77, 91, 103, 105–106, 116, 126, 129, 139, 148–149, 159, 168–169, 182, 189–191
Basston	126, 165–166, 168, 191
Bespielbarkeit	9
Blues	23–24, 137–138, 156–157, 165–167, 179
Bluestonleiter	156–157, 165–167, 179
Bo Diddley	121–122
Bossa Nova	64
Box, Lautsprecherbox	10
Bund	12, 13, 17–18, 34–36, 40, 44–46, 49, 51, 62–63, 65–68, 74–75, 80, 84–85, 118–119, 151, 161, 183
C-Dur Akkord	134
C-Dur Pentatonik	131, 133–134, 136–137, 142, 191
C-Dur Tonleiter	36, 45, 65, 80–81, 87, 89, 92, 94–95, 97, 119, 140–141
C-Moll Akkord	146
Chromatik	156
chromatisch	11, 156, 165, 185–186
Coda	76, 79, 89–90, 105, 107, 114–115, 187–189, 191–192
Combo, Comboverstärker	10
con rep.	114
Country	47, 51–52
Cowbell	126, 139
Crash Cymbal	59
Crescendo	114
Da Capo al Fine	71, 73
Dal Segno al Coda	76, 79, 107, 189
Dead Note	117–122, 124, 129
Decrescendo	114
Diatonische Stufendreiklänge	159–161
Diatonische Stufenvierklänge	174
Diminuendo	114
Dominant-Septakkord	171–172, 179
Doppelstrich	24–25
Dreiklang	65–71, 77, 104, 123–124, 127–128, 137, 159–161, 171–172, 174
Dur-Akkord	66–69, 148
Dur-Dreiklang	66–67, 69–70, 159, 171
Dur-Pentatonik	131–137, 142, 144, 148, 154, 164, 191
Dur-Tonarten	92–101
Dur-Tonleiter	80–83, 97, 99, 131–132
Dynamik	43–44, 62, 71, 101, 124
E-Piano	166
Elektronik	9
enharmonische Verwechslung	74, 141
Fähnchen, Notenfähnchen	53, 108
Fine	71–73, 76
Flageolett	17–18
forte	43–44, 49, 62, 157
fortissimo	43
Funk	89–91, 112–116, 124–125, 146–148, 150, 166, 179
Funk-Pop	90, 150
Ganze Note	14
Ganze Pause	14
Ganzton	80
Ganztonschritt	92, 97
Greifhand	8–9, 7, 22, 25, 30, 34–35, 37, 39–40, 44, 49, 54, 62, 66, 68–70, 80–86, 89, 94, 99, 117–128, 121, 127, 144, 151, 153, 161, 163, 175, 183–184
Griffbild	46, 51, 65–66, 68–69, 71, 80, 94, 99–100, 104, 123, 127, 131–137, 140–144, 156, 171–173, 187
Griffbrett	8–9, 12, 35–40, 46, 49, 54, 68, 74–75, 81–82, 94, 99, 117, 133, 143, 153, 160–161
Griffbrettübersicht	36–40, 54, 74–75, 81
große Terz	65–67, 69, 127, 171–172, 186
Grundausstattung	8–11
Grundpuls	186
Grundton	33, 46–47, 49, 51, 60, 62, 64–70, 77, 91, 92, 122–123, 104, 127, 129, 131–134, 137, 142–144, 146, 165, 171–173, 178–179, 185–188
Gurt	9, 15, 35
Halbe Note	14, 33, 51, 56, 174
Halbe Pause	14
Halbton	45, 49, 62, 74, 75, 80, 92, 97, 156, 191
Halbtonschritt	46, 65, 80, 92–93, 97–98, 140
Halbverminderter Septakkord	171, 174
Hals, Basshals	8, 9, 15, 35, 40
Haltebogen	40, 56, 110, 177
Haltung	15, 34–35, 40, 83
Hammer On	151–157, 161–162, 164, 179, 183
Hand Claps	169
Haus 1 / Haus 2	25, 62, 137
Hi-Hat	59, 73, 77, 91, 106, 129, 139, 168, 182, 189–191
Hip Hop	101, 102, 114
Instrument	8–11, 15–18, 22, 34, 35, 54, 59, 71, 75, 106, 109, 119, 175, 184
Intervall	45, 65–67, 123, 184
Jazz (-Pop)	22, 105, 107, 177
Jazz feel	177
Kabel, Instrumentenkabel	10
Kammerton "A"	17
Keyboard	17–18, 105–106
Klangholz	8
Klavier	12, 17–18, 71, 75
kleine Terz	65–68, 123, 159, 171–172, 186–187
kopflastig	9
Korpus	8, 19
Kreuz	49, 61, 62, 69, 74, 92–95, 97, 105, 117, 124, 137, 141, 148
Kreuz-Tonarten	92–97, 141
Leersaiten	16, 20–33, 40, 44, 48, 69, 85–86, 94–95, 99, 101, 144–145, 154, 156, 160
left hand muting	22–25, 27
Legato	151, 161
Long Scale	9, 11
Major-Sieben Akkord	171, 174

Register

Medium Scale	9, 11
Mensur	9, 11
Metronom	15, 21, 25, 30, 40, 54, 56, 83, 109, 188, 152
mezzoforte	43, 49, 62
mezzopiano	43, 44, 62
Modulation	155
Moll-Akkord	67–68, 70
Moll-Blues	157
Moll-Dreiklang	67–68, 70, 104, 159, 172
Moll-Pentatonik	142–146, 154, 156, 164
Moll-Septakkord	171–172, 174
Moll-Tonleiter	140–142
Natürliche A-Moll Tonleiter	140–141
Neo-Soul	105
No Chord	71
Noten	12–14, 21, 23, 25, 29–33, 36, 40–44, 47–49, 51, 54, 56–58, 62, 71, 74, 84, 85, 87, 89, 94, 99, 112–114, 117, 151, 155, 162, 174–175, 179, 183
Notenhals	53, 108
Notenkopf	23, 53, 85, 89, 108, 117
Notenlänge	32, 40, 47, 49, 60
Notennamen	13, 49, 62, 74, 99
Notenschlüssel	12
Notensystem	12–14, 40, 75
Notenwert	13–15, 25, 40, 56, 62, 174, 183, 186
Oberton, natürlicher	17, 117
Oktavraum	82, 131, 132, 134, 136, 142, 146
Parallele Tonarten	141
Parallele Tonleitern	141
Pattern	59, 61, 62, 64, 69, 77, 106, 112, 113, 116, 120, 121, 134–137, 139, 144–146, 148, 154–155, 160–161, 179, 185, 189
Pausenwert	14
Pentatonik	131–137, 142–146, 148, 154, 156, 158, 164, 168, 188, 191
pentatonische Tonleiter	131, 144
perkussiv	117
pianissimo	43
piano	43
Pick-Up	9
Pizzicato	18
Pop(-Rock)	15, 90, 112, 114, 130, 148, 150, 170
Position / Lage	18, 19, 21, 25, 35, 37, 40, 44, 49, 54, 62, 63, 69, 71, 73, 80–83, 89, 94, 99, 101, 104, 114, 123, 124, 127, 131, 132, 142–144, 152–154, 163, 175, 184
Power Chord	179
Psychedelic Rock	179–180
Pull Off	161–166, 183
Punkt hinter einer Note	56–57, 85
punktierte Note	56–57
Punktierung	110
Quarte	75, 104, 156, 185, 187
Quartvorhalt	104
Quinte	45–48, 51, 61–62, 64–67, 77, 104, 122–123, 127, 131, 141, 156, 171, 172, 179, 185, 187
Quintenzirkel	141
rake	22–27, 30–31, 40–42, 54, 83, 87
Rap	101
Referenzinstrument	17
Referenzton	16–17
reine Quarte	104
reine Quinte	45–46, 66–67, 104, 131, 179
Rhythm & Blues	137–138
Ride Cymbal	59, 77, 106, 182, 191
Riff	71, 73, 89, 91, 101, 103, 146, 157–159, 165–166, 168, 178–179, 184
Rim Click	59, 64, 77, 149, 169, 191
Saitenwechsel	22–27, 40–42
Schlag	109, 148, 175
Schlaghand	18–23, 25, 32, 40, 83, 117, 119, 151, 152, 161, 166, 183
Schlagzeug-Notation	59
Schlussstrich	13, 24, 25
Sechzehntel-Rhythmik	108–113, 124
Sechzehntelnote	108–113, 120, 129, 149, 152, 165
Sechzehntelpause	108
senza rep.	113–115, 187, 189
Septakkord	171–174, 179
Sequenz	82–84, 100–101, 132, 142
Shaker	129, 169
Short Scale	9, 11
Shuffle	177–179
Shuffle feel	177
Ska	71–73
Slash Chord	165–166, 168
Slide	183–186, 188
Snare Drum	59, 64, 73, 77, 126, 129, 149, 159, 169, 182, 189–191
Soul	32, 105, 107, 124–126, 137, 166
Soul-Funk	124, 166
Soul-Jazz	105–107
Staccato	84–89, 91, 112–113, 137
Stimmen	11, 16–18, 40, 75
Stimmgabel	17–18
Stimmgerät	11, 17–18
Stufendreiklang	159–161, 174
Stufenvierklang	174
Surf	76–79
sus4-Akkord	51, 104–105, 107, 187–188
Swing	177
Swing feel	177
Tabulatur	12, 14, 33, 51, 52, 77, 106
Taktart	13, 146, 165, 179, 186
Taktwechsel	146
Tempo	15, 44, 51, 56, 118, 152, 162, 175, 182, 183, 184, 186
Tempobezeichnung	15, 186
ternär	174–175, 177, 179
ternäre Notation	177
Ternäre Rhythmik	174–175
Tetrachord	92, 97
Toms	59, 182, 191
Tonabnehmer	9, 11, 18, 19
Tonartwechsel	155–156
Tonhöhe	16–17, 23, 34, 40, 85, 117–118, 151
Topteil (Verstärker)	10
Triole	174–177
Triolenachtel	174–175, 177
Triolenviertel	177
Übermäßige Quinte	127
Übermäßiger Dreiklang	127–128
Übungsverstärker	10
Unisono	71
Unisono-Riff	71, 89, 146
Verminderte Quinte	123
Verminderter Dreiklang	123–124, 159
Versetzungszeichen	49, 62, 69, 137
Verstärker	10, 43
Vierklang	171–174, 187
Viertel-Rhythmik	29
Viertelnote	13–14, 23, 25, 29, 30, 32, 33, 44, 47, 51, 53, 56, 77, 91, 106, 112, 126, 139, 174–175, 178, 182, 186
Viertelpause	14, 47, 48
Vorzeichen	92–95, 97–101, 105, 114, 124, 137, 141, 146, 148, 155
Walking Bass	179
Wechselbass	47–49, 51, 61
Wechselschlag	19–22, 40, 83, 85
Wiederholungszeichen	20–21, 25, 49, 62, 71
Zählzeit	29, 47, 53, 56, 59, 60, 61, 62, 64, 71, 73, 77, 89, 91, 103, 106, 108, 112, 113, 126, 129, 137, 139, 145, 146, 148, 149, 159, 165, 167, 168, 169, 174, 177, 182, 189, 191

garantiertbass.de

195

Produktempfehlungen

Buch & MP3-CD, DIN A4, 128 Seiten
ISBN: 978-3-947998-21-0
Art.-Nr. 20287G

Plektrum Bass
von Christoph Herder

Alles, was du über das Plektrumspiel auf dem E-Bass wissen solltest!

Teil 1: Viele hilfreiche Informationen zur Geschichte von Plektrum, E-Bass und den bedeutendsten Plektrumbassisten, eine kleine Warenkunde inkl. Tipps zum Kauf eines Plektrums, in der die verschiedenen Formen, Größen, Materialien, Oberflächen und Stärken vorgestellt werden, um die zentrale Frage zu beantworten: *Welches Bassplektrum ist optimal für dich?*

Teil 2 geht es in die Spielpraxis! In neun aufeinander aufbauenden Kapiteln werden alle wichtigen Plektrumtechniken wie Downstroke, Upstroke, Left Hand Muting und Palm Muting, und wie du sie am besten in den unterschiedlichen rhythmischen Zusammenhängen anwenden kannst, erklärt und geübt. Ein Spielstück rundet jedes Kapitel ab!

Buch, MP3-CD & Online Downloads
DIN A4, 296 Seiten
ISBN: 978-3-947998-14-2
Art.-Nr. 20281G

Bass Matrix
von Philipp Rehm

Entschlüssele die Geheimnisse der Bass Grooves!

Tauche ein in die faszinierende Welt des Bass-Spiels und entdecke alles, was du schon immer über Rhythmen, Basslines und Groove Design wissen wolltest. Bringe deinen Bass-Motor auf Hochtouren mit dem innovativen Ansatz der BASS MATRIX.

– Mache dein Timing und deinen Groove so solide wie einen Felsen.
– Entschlüssele die Magie hinter Riffs und Basslines.
– Entdecke ihren unwiderstehlichen Charme.
– Stärke deine rhythmischen Skills mit Subdivisions und Groupings.
– Schöpfe aus einem riesigen Fundus an Bass-Tools.
– Kreiere stylische Basslines und Bass & Drum-Patterns.
– Lass es fett grooven, nice & easy, in jeder Groove-Situation!

Keine Sorgen mit dem Notenlesen. Die BASS MATRIX-Notation ist so intuitiv wie bei einem Drumcomputer. Sie zeigt dir genau, wo jeder Ton sitzt und wie lang er klingt!

Buch & CD, DIN A4, 120 Seiten
ISBN: 978-3-933136-30-5
Art.-Nr. 20113G

Garantiert Walking Bass lernen
von Eddi Andreas

Garantiert Walking Bass lernen richtet sich an E-Bassisten und Kontrabassisten, die spielend Walking Bass lernen möchten. Schritt für Schritt wird der Leser an das Erstellen professioneller Basslinien herangeführt. Vom Deuten und Verstehen der Akkordsymbole über die Grundlagen der Jazz-Harmonik gelangt der Leser schnell zum Ziel: der Kreation eigener Basslinien! Dabei gelingt es Autor Eddi Andreas, ein ideales Gleichgewicht zwischen Praxis und Theorie zu schaffen. Zusätzliche Drillübungen, Lead Sheets und CD-Play-Alongs gängiger Standard-Akkordfolgen liefern ausgiebiges Spielmaterial. Und die Internet-Unterstützung bietet einen weiteren Service zur Sicherung des individuellen Lernerfolgs.

Buch & DVD+, DIN A4, 168 Seiten
ISBN: 978-3-943638-37-0
Art.-Nr. 20206G

Bass Ensemble
Basslinien • Solos • Akkorde
von Eddi Andreas

„Wie bilde ich meine eigenen Basslinien?" „Wie kann ich mein Solospiel entwickeln?" „Wie spiele ich Akkorde auf dem Bass?" –

Die richtigen Antworten findest du in **Bass Ensemble**!

Das **Drei-In-Eins-Konzept** (BASSLINIEN • SOLOS • AKKORDE) führt alle drei Bereiche zusammen (auch als Splitscreen im Videoformat). Das ermöglicht dem Bassisten, von Anfang an eine Verbindung zwischen den drei Hauptbereichen herzustellen. Jedes vorgestellte Konzept wird zunächst auf die Basslinien, dann auf die Solos und schließlich auf die Akkorde angewendet. So lernst du die Zusammenhänge von Akkorden und Skalen zu verstehen und sie in jeder Position auf dem Griffbrett zu spielen.

alfred.com

Garantiert Bass lernen

Ausklappbare Grifftabelle

Diese Grifftabelle für Vier- und Fünfsaiter
kann im ausgeklappten Zustand
parallel zu den Buchseiten mitgelesen werden.

garantiertbass.de

Garantiert Bass lernen

garantiertbass.de